Hubertus Meyer-Burckhardt

Zehn Frauen

Dieses Buch ist Barbara Rudnik gewidmet.

HUBERTUS MEYER-BURCKHARDT

Zehn Frauen

Meyer-Burckhardts Frauengeschichten

Inhalt

Vorwort

Wir schenken uns Zeit, wir tauschen Gedanken aus, wir leihen das Ohr. Wenn die deutsche Sprache versucht, der Kostbarkeit eines Zusammentreffens zweier Menschen gerecht zu werden, dann verwendet sie bezeichnende Bilder. Bilder, die mit dem Materiellen nichts, rein gar nichts zu tun haben.

Im Gespräch „schenken" wir einander Zeit, wir „tauschen" uns aus, wir „leihen" dem anderen ein Ohr. Und erst wenn wir dem Gesprächspartner, dem wir ja auch Vertrauen geschenkt (!) haben, unter Umständen etwas Unwahres unterstellen, wenn wir also eine Schwindelei vermuten, dann erst verwenden wir einen Begriff aus der materiellen Welt: Das „kaufen" wir ihm oder ihr dann nicht ab.

Ein Gespräch setzt Mut voraus.

Bevor wir im Privaten von „meinem Partner" sprechen, vergeht sehr viel Zeit. Da sind wir vorsichtig. Auch der Partner im Beruflichen, etwa der Partner in einer Rechtsanwaltskanzlei, muss sich in Geduld üben, bevor er sich Partner nennen darf. Nur im Gespräch sind wir freigiebiger, entscheidungsfreudiger, ja vielleicht eben doch auch mutiger. Führen wir ein Gespräch mit einer anderen Person, dann nennen wir diese Person sofort Gesprächspartner beziehungsweise Gesprächspartnerin.

Und hier in diesem Buch, das Sie in den Händen halten, sind nur Gesprächspartnerinnen versammelt. Ich unterhalte mich nämlich lieber mit Frauen als mit Männern. Es mag Ausnahmen geben, aber meine Aussage stimmt gleichwohl in ihrer Grobkörnigkeit. Warum? Weil Frauen, nach meiner Beobachtung, zunächst die Person in den Mittelpunkt eines Gedankenaustausches stellen, dann irgendwann die Funktion, die sie gegebenenfalls bekleiden. Bei Männern ist es genau andersherum. Männer stellen zuerst ihre (beruflichen) Erfolge und Siege ins Schaufenster und gelegentlich ist man froh und dankbar, wenn man dann hinter der Fassade überhaupt noch eine Person findet. Oft begegnet einem dann das große Schweigen. Und nicht jedes stille Wasser ist zwingend tief.

All diese Gespräche sind für mich jederzeit erinnerlich, also unvergesslich.

Ich habe Fragen gestellt, um dann zuzuhören, besser: hinzuhören. All diese Gespräche sind für mich jederzeit erinnerlich, also unvergesslich. Es waren zauberhafte Momente, Stunden, für die ich dankbar bin.

Deshalb bin ich sehr glücklich, dass mich Gräfe und Unzer in die Lage versetzt, diese Gespräche, die eigentlich für das Radio, den Podcast auf NDR Info, geführt worden sind, nun in Buchform vorliegen. Schön, dass ich mein Glück mit Ihnen, liebe Leserinnen und Leser, „teilen" darf. Schon wieder ein Verb, das mit dem Materiellen nichts zu tun hat.

Hubertus Meyer-Burckhardt

PS: Ich möchte mich im Übrigen sehr bei Bettina Breitling, Eva Dotterweich, Ulrich Ehrlenspiel, Simone Kohl, Doris Schiederig und Thomas Schmitz bedanken.

Barbara Becker

Als junger Werber in Düsseldorf habe ich mal mit dem berühmten Fotografen Ross Feltus zusammengearbeitet. Der Mann hatte immerhin für die „Sunday Times" gearbeitet, für den „Stern", für Rodenstock. Er war eine Klasse für sich in dieser Zeit. Sein feines Lächeln ist mir in Erinnerung geblieben. Obgleich er ein eher zurückhaltender Charakter war, „besetzte" er mit seinem Charisma den Raum. Er war einfach da, war präsent!

Barbara Feltus, die heute Barbara Becker heißt, wird dies von ihm geerbt haben. Man kann sich ihrem Charme nicht entziehen; sie zieht einen vielmehr in ihren Bann. Barbara Schöneberger gibt freimütig zu: „In die Frau habe ich mich verliebt." Nachvollziehen kann ich es.

Und … ich habe mit ihr eine Premiere erlebt: Über 60 Frauen habe ich für die FRAUENGESCHICHTEN porträtiert. Jede dieser Frauen durfte drei Musikstücke mitbringen, die in ihrem Leben eine Rolle gespielt haben. Alle Frauen haben, während sie „ihre" Songs gehört haben, vielleicht ein wenig gelächelt, sich an etwas erinnernd, hie und da etwas gesagt. Barbara Becker war die erste Frau, die bei mir zu Gast war, die aufstand und … tanzte! Mit sich selbst. Sehr sinnlich. Und das an einem grauen Samstagmorgen im Hörfunkstudio des NDR an der Rothenbaumchaussee. Das heißt was!

Ich freu mich unglaublich, Barbara Becker gibt mir die Ehre, herzlich willkommen, Barbara.

Danke, Hubertus!

Liebe Barbara, es ist ein grauer Samstagmorgen in Hamburg. Wir haben gestern Abend gemeinsam mit Barbara Schöneberger die NDR Talk Show aufgezeichnet. Wenn ich spätnachts nach Hause fahre, dann denke ich noch mal über meine Gesprächspartner nach. Auch über dich habe ich nachgedacht und mich gefragt, wer ist diese Barbara Becker? Und da man sich ja vor Assoziationen nicht schützen kann, kam mir der Gedanke, dass sie vermutlich eine Suchende ist, eigentlich sogar ein suchendes Kind. Ist das pathetisch oder habe ich vielleicht recht?

Du hast sicher recht und ich habe gerade schon überlegt, ob ich dich unterbreche. Wer ist diese Barbara Becker? Vielleicht kannst du mich anrufen, wenn du es weißt, dann gebe ich dir meine Nummer. Tatsächlich weiß ich heute mehr über mich als noch vor einem Jahr beziehungsweise vor 10 oder 20 Jahren. Aber ich bin wirklich noch auf der Suche, um herauszufinden, wer ich bin und was ich will … und was das alles hier soll.

» Ich bin wirklich noch auf der Suche, um herauszufinden, wer ich bin und was ich will. «

Auf das Kind Barbara sind wahnsinnig viele Eindrücke eingeströmt. Du bist in Heidelberg geboren, übrigens ist ein anderer Amerikaner – das wissen die wenigsten –, der große Jackson Browne, „Running on Empty", auch in Heidelberg geboren, war dann aber sehr schnell weg, wie du auch.

Ganz schnell.

Ich denke an ein Kind, das in Heidelberg geboren wird, in Pforzheim lebt und dort eine glückliche Kindheit verbringt – glückliche Tage in Pforzheim.

Finde ich auch besser, dass du das so sagst: Glückliche Tage.

Glückliche Tage in Pforzheim – schöner Filmtitel. Wenn du an deine Kindheit zurückdenkst, was ist die vorherrschende Empfindung, was der vorherrschende Eindruck?

Da habe ich natürlich mehrere Eindrücke, aber der erste ist immer, dass ich wie in einer Enklave gelebt habe. Ich bin in der Waldorfschule groß geworden, wir waren ein bisschen sippenhaft unterwegs. Die Freunde kamen auch aus der Waldorfschule und alle anderen fanden das ein bisschen merkwürdig, nicht nur das mit der Eurythmie, sondern auch mit der Ernährung und überhaupt. Ich fühlte mich da sehr aufgehoben und insgesamt, wenn ich so an meine Kindheit denke, spüre ich schon auch Wehmut. Ich habe mich immer gefühlt, als würde ich nicht wirklich dazugehören. Ich hab' das später erst verstanden. Natürlich bin ich nicht irgendwann aufgewacht und hab' auf einmal verstanden, dass ich einfach schon äußerlich nicht dazugehöre oder, besser gesagt, vor allen Dingen äußerlich nicht dazugehöre, dass ich eigentlich viel am Rand stand.

Du warst im Schulbus in Karlsruhe das einzige schwarze Mädchen. Wir haben in der NDR Talk Show gestern auch über Rassismus gesprochen, freilich nur am Rande. Ich habe hingegen vor ein paar Tagen auf 3sat eine sehr interessante Diskussion gesehen, moderiert von Gert Scobel, und da fiel das Zitat „Rassismus ist Vorurteil und Macht".

Du hast es gestern schon so schön in der Talkshow gesagt, dass natürlich für dich als weißer Mann das Ganze, diese ganze Welt gemacht ist, dass du durch alle Türen gehen kannst. Natürlich ist nicht jeder gleich und es gibt Leute mit Vorteilen und eben Leute, die benachteiligt sind, das hast du wirklich treffend gesagt, das hat mich sehr berührt, dass du da deine Position kennst und damit auch deine Verantwortung. Ich glaube, dass ich mit dem Rassismus immer schon zu kämpfen hatte. Viele von meinen Freundinnen sehen das ganz anders, weil sie gemerkt haben, dass ich öfter im Mittelpunkt stand, aber ich würde mich heute wirklich anders betrachten. Ich habe das eingeatmet wie Luft oder wie so eine Atmosphäre, eigentlich aber wie einen Gestank. Diese Blicke, die Belustigungen, die kleinen Witze. Und dann wirst du natürlich konditioniert und bist einfach irgendwann müde, wenn du jahrelang darüber erzählst, aber es ist tatsächlich eine Aufgabe. Und bis nicht alle mitgenommen werden und nicht mehr in der Ecke stehen, werde ich darüber sprechen.

Wir müssen definitiv darüber sprechen. Ich glaube, der Rassismus begleitet diese Welt im Grunde seit der Antike. Aristoteles hat den griechischen Bürgern die Vernunft attestiert, aber den Sklaven diese Vernunft nicht zugesprochen, sie galten als minderwertig. Ich frage mich auch, wie man dem Rassismus endgültig Einhalt gebieten kann. Mächtige Gruppen schreiben schwachen Gruppen Eigenschaften zu wie: „Juden können gut mit Geld umgehen", „Schwarze können gut tanzen ..."
Singen und tanzen. Bitte das Singen nicht vergessen.

**» Ich habe mich immer gefühlt,
als würde ich nicht wirklich dazugehören. «**

Du bist aber trotz allem optimistisch. Du lebst in Amerika und kommst oft nach Deutschland. Hast du das Gefühl, dass es sich ein bisschen verbessert, dass es sich in eine gute Richtung bewegt? Wir achten ja zum Beispiel das erste Mal sehr auf unsere Sprache, wir reden beispielsweise nicht mehr vom Zigeunerbaron oder vom Mohrenkopf.
Auf jeden Fall. Es gibt allerdings Leute, die in dieser sogenannten Cancel Culture sagen, es geht nicht darum, was man wo überhaupt noch sagen darf. Ich denke, dass da auch anderen Leuten wehgetan wird, denen wir zuhören müssen, wo wir lernen müssen, auf unsere Sprache zu achten. Ich finde es auch schön, dass du darauf hinweist, wie lange das schon her ist, dass man meint, es gäbe unterschiedliche Intelligenzgruppen unter den Menschen. Und das ist tatsächlich nach wie vor gerade in Amerika so gewollt, dass education, also Bildung, etwas kostet und damit dann dieses System systematischen Rassismus betreiben kann, damit es schwierig wird, aus diesem gewollten Ghetto heraustreten zu können. Das ist für mich ein großes Problem, da ich ja aus einer Welt

gekommen bin, die für mich frei war. Ich durfte alles, wenn ich es wollte und wenn ich mich angestrengt habe. Und ich merke nun – ich lebe bereits seit 20 Jahren in Amerika –, dass es eben nicht so ist, dass du die gleichen Rechte hast von Anfang an, wenn du als schwarzes Kind in Amerika geboren bist. Und ja – darüber kann man sich den ganzen Tag aufregen.

Eine Definition von Rassismus lautet: absichtsvolles Verletzen. Ich verletze dich mit Absicht, nicht versehentlich. Du hast wunderbare Großeltern gehabt in einer etwas wirren Kindheit. Deine Mutter ist Lehrerin gewesen an Waldorfschulen, dein Vater war der berühmte Ross Feltus, ein großartiger Fotograf, den ich hier einmal deutlich erwähnen möchte. Ich habe ihn als junger Werber noch kennengelernt.
Er hat auch die ersten Bilder von Claudia Schiffer gemacht.

Er hat für „People" und im Prinzip für alle großen Magazine gearbeitet. Ich habe ihn in Düsseldorf im Rahmen einer Zusammenarbeit erlebt und erinnere mich wirklich sehr gern an Ross Feltus. Aber die Frage sei eine andere: Welche Erinnerung verbindest du mit deinen Großeltern?
Ich bin tatsächlich sehr viel bei meinen Großeltern gewesen und verbinde damit ganz unterschiedliche Sachen. Ich war mit meinem Großvater viel in großen Gärten, wie in Würzburg im Schlossgarten, und wir haben dort, gerade im Rosengarten, die Jahreszeiten betrachtet. Daher kommt wahrscheinlich auch meine Liebe zum Wald. Ich war dann später mit meiner Mutter auch sehr viel im Wald, da wir nicht in Urlaub fahren konnten. Oder meine Großmutter hat Kartoffelknödel gemacht und sie in der Wäscheschleuder geschleudert – diese Geräusche höre ich immer noch. Dann haben sie Sand auf den Balkon geschüttet, damit ich mit meiner Schwester darin spielen konnte. Wir hatten grundsätzlich Sachen zum Anziehen, die sie selbst gemacht hatten und die immer irgendwie zusammenpassten, wie bei Zwillingen. Sie haben mir auch das Dirndl genäht, in dem ich später eingeschult wurde. Ich verbinde also ganz normale Sachen mit den beiden.

Ich höre sehr deutlich raus, dass sie sich unglaublich Gedanken gemacht haben, was deiner Seele guttut.

Ja, ich glaube, dass man mich sehr unterstützt hat. Ich war bei den beiden wie in einer kleinen Bubble aus Liebe, denke ich. Dass ich dort so aufgehoben war, war tatsächlich auch ein großer Safe Space für mich.

Die sichere Blase, in die du dich immer wieder zurückgezogen hast. Ich beobachte, dass Menschen, die sich diskriminiert fühlen, häufig in Performanceberufe gehen, in der Hoffnung, dass sie dort mehr Applaus, mehr Anerkennung bekommen. Vielleicht glauben sie auch, sich für irgendwas entschuldigen zu müssen, und fangen dann an, in Entertainmentberufe zu gehen.

Es ist wohl so. Du kannst sicher tanzen, du kannst sicher singen und wir brauchen noch eine, die entsprechend aussieht, um das Ganze ein bisschen international zu gestalten. Das war sicher auch bei mir der Fall. Damals, ich weiß nicht, ob du dich an „Hathaway" erinnerst, „Shoutout", mit dem haben wir früher gemodelt, er und ich in der Gruppe, um die ganze Sache ein bisschen internationaler zu gestalten. Das gab es im Osten auch, wir haben vorhin schon mal darüber gesprochen mit meiner Freundin Ariane, die mich hierhin begleitet hat. Und es ist tatsächlich so, dass man uns so ins Bild gesetzt hat, um vielleicht auch ein anderes Bild nach außen zu tragen.

Du bist auf der Waldorfschule gewesen. Deine Mutter war ja auch Lehrerin an einer Waldorfschule. Und da ich selbst damals eine Freundin hatte, die auf einer solchen Schule war, weiß ich, dass Waldorfschüler sehr kreativ angeleitet werden – kannst du deinen Namen tanzen?

Eurythmie meinst du. Ich muss sagen, ich hab' all das gerne gemacht und hatte vor allem sehr gute Lehrer. Und ich weiß wirklich um die Bedeutung, was das mit einem Kind machen kann, wenn es einen guten Lehrer hat, das kann dann nämlich irgendwann eine Leidenschaft werden. Ich habe wahnsinnig gerne Eurythmie gemacht. Das finden manche Leute unglaublich komisch, aber ich mache teilweise heute noch zur Konzentration meine Heileurythmie oder manchmal einfach zu klassischer Musik. Viele Sachen sind ja auch ähnlich, eben tänzerisch. Ich mache gerade eine App, die heißt „Fasziale Schwungbewegung" und ist für Menschen, die sich gerne ein bisschen tänzerisch und rhythmisch bewegen möchten.

Die Faszien sind Muskeln?
Nein, Faszien hat jeder Mensch überall im ganzen Körper als sogenannte Faszienketten, die alle Organe und Muskeln umhüllen. Die müssen, bevor du dich überhaupt bewegen willst oder eine Bikinifigur bekommen möchtest, mit Bauch-Beine-Po-Übungen gedehnt werden, und das machst du am besten mit dem Gummibandeffekt, nämlich mit den Schwungbewegungen. Dadurch wird zusätzlich auch noch Serotonin ausgeschüttet und du bist glücklich, weil du dir wieder selbst die Schuhe zubinden kannst, ganz normal vom Sofa aufstehen kannst oder den sogenannte Schürzengriff machen kannst.

Frau Becker, ich hab' es mir gemerkt. Ich lege aber Wert darauf, dass ich die Schuhe noch selbst zubinden kann. Liebe Barbara, wir machen ein kleines Spiel. Ich sage dir nacheinander zehn Begriffe und du antwortest bitte sehr spontan, was dir dazu einfällt. Wenn dir dazu nichts einfällt, sagst du einfach: weiter.
Weiter.

Familie. Die Besten. **Freiheit.** Ist das Einzige, was zählt. **Heimat.** Mit den Besten. **Gott.** Ist überall. **Essen.** Alles. **Trinken.** Mehr. **Söhne.** Die Besten. **Männer.** Die Zweitbesten. **Musik.** Die gesamte von … bis.

Es ist guter Brauch bei Meyer-Burckhardts Frauengeschichten, dass wir immer einen Song von Rod Stewart spielen, und der ist heute sehr amerikanisch. Wir spielen „Great Day".

Es ist ein Jammer, dass dies keine Fernsehshow ist, denn Barbara Becker hat während des ganzen Songs getanzt und Georg, unser Toningenieur, hat vergessen, die richtigen Knöpfe zu drücken. Du bist, wie Barbara Schöneberger gestern sagte, einfach die erotischste Frau, die ich je gesehen habe.
Ich hab' tatsächlich noch eine Liebeserklärung bekommen, aber sie hat mir auch gesagt, dass sie in festen Händen ist.

Ist sie!
Ich bin mit ihr verabredet.

Aber da geht was!
Ja, sie hat gesagt, sie ist in mich verliebt. Ich liebe sie schon lange.

Ich bin mit dem Ehemann befreundet, ich lenke ihn ab.
Mit Golfen – da ist man lange weg.

> **» Bei uns ist alles ein bisschen Patchwork und meine Freunde zähle ich auch dazu. «**

Du hast gerade gesagt, Familie ist das Wichtigste, das Beste. Ist die Familie dein Hort, sind das vor allem deine beiden Söhne?
Die engste Familie besteht natürlich aus mir und meinen Kindern, da wir zu dritt auf einem anderen Platz der Erde gewohnt haben, wo ich jetzt immer noch lebe. Dann selbstverständlich meine Mutter, meine Schwester und meine beiden Halbbrüder, die eigentlich meine richtigen Brüder sind. Und noch andere, bei uns ist alles ein bisschen Patchwork, das kenne ich schon ein bisschen länger, und meine Freunde zähle ich auch dazu. Natürlich ist auch der Vater ein Teil dieser Familie, das ist ganz wichtig.

Wie ist das? Ich stelle mir das sehr, sehr schwer vor. Wir haben hier ein eisernes Prinzip: Ich frage persönlich, aber nie privat.

Was ist denn da der Unterschied?

Privat ist intim, persönlich ist das, was du ohnehin preisgegeben hast. Du warst mit Boris Becker verheiratet und Boris war ja quasi Deutschlands nationales Erbe.

Ist er immer noch.

Kann man überhaupt eine Ehe führen, die permanent im Fokus der Öffentlichkeit stattfindet? Und wenn ja, wie?

Du meinst eine für immer?

Na ja, zumindest für ein paar Jahre. Du warst immer die Frau an seiner Seite, du hast ihn permanent begleitet. Ihr wart im Buckingham Palace, ihr wart bei Nelson Mandela, bei Muhammad Ali. Gibt es aus dieser Zeit eine Begegnung, an die du dich besonders gerne erinnerst? Wahrscheinlich Mandela?

Natürlich Mandela! Er war für uns alle eine Art Vaterfigur, eben der, der sich für uns in den Wind gestellt hat, der sein eigenes Leben, seine ganzen guten Jahre, seine Kinder, seine Ehe in die zweite Reihe gestellt hat, um für Freiheit und Frieden zu kämpfen – für uns. Deswegen war er das Idol. Niemals werde ich auch nur eins seiner Worte, die er gesagt hat, vergessen. Ich hatte wirklich das große Glück, viele wichtige und interessante Menschen zu treffen, konnte viele Sachen lernen, mitnehmen und aufschreiben.

Ich habe Boris Becker zweimal in meinem Leben getroffen. Ehrlich gestanden hätte ich nicht gedacht, dass er tatsächlich doch das ruhige Gespräch sucht, dass er auch gerne zuhört. Und dass er, wenn er Vertrauen gefasst hat, doch bereit ist, über verschiedene Dinge zu sprechen.

Ich kenne ihn ja nur so und finde es schön, wie du das beobachtet hast. Er ist ein sehr tiefgründiger Mann und auch jemand, dem man gerne zuhört. Er weiß einfach sehr viel.

Ich will nur eine Frage zu Boris stellen. Er ist ein Mann, dessen ganze Jugend, man muss ja fast sagen Kindheit, vor den Augen der Öffentlichkeit stattgefunden hat. Jeder Irrtum, jeder Seitenweg, alles wurde penibel beobachtet. Du warst ihm eine Ehefrau, bist die Mutter seiner Kinder, aber warst du ihm am Ende auch so etwas wie eine mütterliche Freundin?
Nein, ich bin wirklich nur das eine Jahr älter, ich weiß nicht, ob man das sieht.

Ich meine jetzt im Hinblick auf …
… ob ich was gekocht habe?

Habt ihr Gespräche geführt, wo du schon mal gesagt hast: Boris, mach das so, mach es nicht so, das kannst du nicht machen …?
Als Partner gibt man natürlich Rat. Ich weiß nicht, ob das mütterlicher Rat ist. Aber bei einigen Sachen, die er gemacht hat, da konnte ich ihm nicht wirklich weiterhelfen. Weißt du, dass ich ganz schrecklich Tennis spiele?

Das wäre noch eine Frage gewesen.
Da konnte ich ihm wirklich nicht helfen. Ich muss sagen, diesen Mut, den man haben muss, um alleine für sich verantwortlich zu sein, wenn's drauf ankommt: 0:40, zwei Sätze zurück und dann drei Asse zu schlagen – da hab' ich schon überlegt, wer er ist, wie er das macht. Bis heute ist mir da nichts eingefallen, wie, also …

… welche Nervenstärke er hat?
Ja, und überhaupt. Wie man konstituiert sein muss, was da im Kopf passiert und wie der Fokus so sein muss. Also ich meditiere ja auch ein bisschen, aber das ist noch mal eine komplett andere Geschichte.

Bleiben wir beim Thema Meditieren. Du hast vorhin einen interessanten Satz gesagt „Gott ist überall". Das ist ein altes Bild des Mystizismus: Gott ist in den Pflanzen, Gott ist in den Bäumen, in den Tieren, im Menschen, in mir, in dir. Ist das der Gedanke, der dich durchs Leben trägt, dass das Göttliche allgegenwärtig ist, vielleicht auch da, wo man es am Ende nicht vermutet?

Gerade da ist es auch. Ich denke, dass wir als Menschen, als Lebewesen alle dasselbe tun wollen, und ich glaube, das ist das, was the Buddha Mind oder der Gottgedanke, der Gottesfunke in uns ist, und das möglichst, ohne unser Ego zu leben, wäre natürlich die Idee. Für mich ist Gott tatsächlich in jedem Menschen und in allem, was ich sehe.

Hast du deine beiden Söhne religiös erzogen? Habt ihr beispielsweise gemeinsam gebetet, als sie kleiner waren?

Ich bete tatsächlich jeden Tag. Andere Leute sagen dazu meditieren. Ich bete, ich meditiere, ich habe eine Art Ritual oder Rhythmus gefunden, wo ich andocken kann bei mir, an die Stärke oder an die Kraft. Diesen Moment, den ich habe, wo ich connecte … was wäre ein deutsches Wort?

>> **Für mich ist Gott tatsächlich in jedem Menschen und in allem, was ich sehe.** «

Wo du dich verbindest.

Danke schön, ich glaube, ich bin heute mit dem amerikanischen Fuß aufgestanden.

Es ist aber auch noch sehr früh, ein grauer Samstagmorgen.

Ein paar Ausreden gibt es immer. Es ist tatsächlich so mit der Sprache, es kommt und es geht. Gestern habe ich noch gedacht, dass Ralf Moeller jetzt auch wieder besser Deutsch spricht, weil er bereits eine Weile hier war.

Ralf Moeller hatte gestern in der Talkshow so einen leichten Ruhrpott-slang drauf, was ich sehr sympathisch fand.
Über deine Kinder spreche ich übrigens deshalb, weil du über die „aus-geflogenen" Kinder ein Buch gemacht hast, gemeinsam mit Christiane Soyke. „Mama allein zu Haus: Wie geballte Freundinnen-Power uns vor dem Empty-Nest-Syndrom bewahrte". Ein Buch über das Loslassen, über die Fähigkeit, loszulassen.
Oder über den Versuch.

Ich weiß nicht, ob du meine Meinung teilst, dass die Liebe zwischen Mann und Frau im positiven Sinne immer etwas Egoistisches hat. Man möch-te auf seine Kosten kommen. Aber die Liebe zu einem Kind ist eine völlig selbstlose Liebe und umso schmerzhafter, wenn diese selbstlose Liebe eines Tages keine Erwiderung mehr erfährt.
Sie erfährt eine andere Erwiderung, würde ich sagen, man muss dann viel-leicht richtig zuhören oder reinhören. Tatsächlich ist dieses Verlassenwerden anders, als wenn ein Partner uns verlässt. In diesem Fall haben wir uns nicht losgelassen als Menschen, sondern die beiden sind auf ihrem Weg unterwegs beziehungsweise sind in ihre Welt gegangen. Meine Aufgabe verändert sich und auch das Zusammenleben ist anders. Man trifft sich und verabredet sich anders. Das Schöne bei erwachsenen Kindern ist, dass sie immer zurückkom-men. Natürlich ist es kürzer als im normalen Alltag, aber sie kommen zurück und sie wollen dann auch Zeit mit dir verbringen oder mit mir – ich weiß gar nicht, warum ich in der dritten Person hier spreche. Also: Sie wollen Zeit mit mir verbringen.

Darf man aus Kinderzimmern Gästezimmer machen?
Es sind schon eine ganze Weile Gästezimmer draus geworden. Bei mir ist fast immer das Haus voll, Gott sei Dank. Im Moment wohnt auch gerade jemand in Elias' Kinderzimmer.

Gibt es eine Tageszeit, wo du die Jungs besonders vermisst?

Ich vermisse sie immer. Wir müssen nicht ständig zusammen sein, aber ich liebe die Zeit mit ihnen, weil ich natürlich dann auch Musik höre und es wird gemalt. Es ist wahnsinnig inspirierend, sie bringen immer neue Sachen mit nach Hause oder neue Leute. Die Zeit ist so unglaublich schnell vorbeigegangen. Ich habe gestern noch mit ein paar Leuten aus deiner Redaktion gesprochen, die auch Kinder haben, ganz kleine oder auch pubertierende, und wo man momentan gerade mit diesem Homeschooling durchdreht und denkt, es hört nie auf. Ich habe das Gefühl, mich nur kurz umgedreht zu haben und dann sind meine Jungs schon ausgezogen. Also ich musste lernen, mich wieder neu zu sehen und mir selbst einfach auch zu genügen. Wie du es gerade schon richtig beschrieben hast, habe ich tatsächlich lange Zeit nichts anderes gemacht. Auch wenn ich viel gearbeitet habe, aber die Kinder standen immer im Fokus und das größte Stück von mir haben sie bekommen. Jetzt darf ich anders helfen. Ich werde weiter gebraucht, aber ich habe sehr viel Zeit, mich um mich selbst zu kümmern – und das ist eine schöne Aufgabe.

Mich um mich selbst kümmern ... Männer sind ja im Vergleich zu Frauen, glaube ich, relativ simpel gestrickt.
Wenn du das sagst.

» **Ich musste lernen, mich wieder neu zu sehen und mir selbst einfach auch zu genügen.** «

Ich glaube, Väter erleben sich nicht.
Georg findet das nicht (schaut hinüber zu Georg, der am Mischpult sitzt).

Georg, unser Toningenieur, findet das nicht, aber ich will begründen, warum ich das glaube. Wenn Kinder die Familie verlassen, entdeckt der Vater sich nicht neu. Er vermisst die Kinder sicherlich, er hält Kontakt zu ihnen, aber es gibt keine neue Männlichkeit, die man an sich entdeckt als Mann.

Bei Müttern, denke ich, gibt es doch den Versuch, die Weiblichkeit neu zu entdecken, wenn die Kinder weg sind. Das erzählen mir zumindest Freundinnen immer wieder, die in deiner Situation sind. Trifft das auf dich zu?

Ich denke, es geht nicht so sehr um die Weiblichkeit, sondern es ist eigentlich mehr eine Sinnfrage. Die Überlegung, für wen mache ich jetzt weiter und wer bin ich überhaupt? Deswegen war es so schön, als du anfangs gesagt hast, wer ist diese Frau? Da habe ich gedacht: Oh mein Gott, Hubertus, du bist schon so nah dran, erzähl mir, wer ich bin.

Ich habe aber auch trauernde Männer kennengelernt, weil sich auch in der Ehe, wenn man denn eine hat, etwas verändert oder das Verhältnis zur Partnerin ganz anders wird. Wenn die Kinder ausziehen, verändert sich einfach viel und das Trauern bleibt nicht nur den Müttern überlassen. Was bei mir natürlich wegfällt, ist, dass ich allein zu Hause sitze. Ich bin nicht einsam, ich kann allein bestimmen und ja, das musste ich erst herausfinden.

Das ist eine neue Freiheit, die man üben muss.

Genau.

Gleichwohl gibt es sicherlich Zeiten in der Pubertät, wo man die Kinder, Entschuldigung, eigentlich ...

... an die Wand klatschen wollte.

Ja, wo man sagt: Mein Gott, warum ist er so? Ich kenne das auch von meinem Sohn. Der hat mich doch vor zwei Jahren noch geliebt, ich war sein Hero und nun bin ich Zero.

I love it. Ich habe angefangen, Bücher zu lesen, in denen beschrieben wurde, was in der Zeit zum Beispiel mit den Hormonen passiert, und ich habe dann einfach verstanden, dass sie gar nicht anders können. Da fehlt einfach noch was, dieses Gehirn ist noch nicht ausgereift. Dieser Abnabelungsprozess, der ja dann passiert, bereitet einen vor auf das, was kommt: Abnabeln, um dann anders zurückzukommen. Es braucht diese Veränderung.

Aber es war ja so, dass beide Kinder sofort gegangen sind.
Am Tag danach.

Am Tag nach dem Abitur, der Graduation, was auch immer.
Graduation.

Da sind sie beide raus? Dann gibt es diesen einen Tag, an dem man so-zusagen die Postkutsche, das Taxi oder das Auto wegfahren sieht, man dreht sich um, geht ins Kinderzimmer und fängt an zu weinen. Das war bei mir so, obwohl ich nicht sehr nah am Wasser gebaut bin. Ich habe mich im Kinderzimmer auf das Stühlchen gesetzt und gedacht: Ich vermisse ihn. Und vor allen Dingen die gemeinsame Zeit.
Mir geht es immer wieder so. Wenn sie beide da sind, das ist zwar selten, geht es mir natürlich am besten. Auch wenn nur einer da ist, ich halte wirklich die Zeit an. Ich halt' sie einfach an. Ich habe gemerkt, dass die Zeit wirklich zum Dehnen bereit ist. Man kann sich richtig reinsetzen, sie länger und breiter machen. Ich husche nicht mehr über den Tag hinweg, sondern er wird ausge-breitet und eingeatmet mit allem. Er wird wirklich zum Genuss gemacht. Aber manchmal überkommt es mich auch, so wie du es gerade beschrieben hast, wie du auf dem Stühlchen sitzt, da hätte ich schon fast wieder geheult.

Ich hatte die beste Mutter der Welt, aber sie neigte leider dazu, als ich die ersten Studentenbuden hatte, die natürlich dementsprechend aussahen, sich da, ich sag' mal „einzubringen".
Das kenne ich.

Sie sagte dann: Junge, ich komm' mal vorbei und mache etwas Ordnung. Ich musste viel Überzeugungskraft aufbringen, um zu sagen: „Mami, alles will ich, aber das genau nicht." Ich befürchtete natürlich auch, dass sie auf irgendwelche Fundstücke der letzten Nächte traf, die mir unangenehm ge-wesen wären. Bist du so eine Mutter, die Studentenbuden renoviert?

Ich habe beides. Elias, der mich immer dabeihaben möchte, ob einkaufen, einrichten oder einräumen. Bei Noah ist es inzwischen so, dass ich auch schon mal was mitbringen darf.

Mit Elias bist du auch viel gereist, oder?
Mit Noah war ich auch viel unterwegs, in Afrika und Asien beispielsweise. Aber mit Elias ist es wirklich so, dass er mich oft dabeihaben möchte und auch meinen Geschmack gut findet.

Wie schön! Noah ist Maler, er ist Künstler. Und natürlich entdeckt man als Mutter sicherlich Facetten an den Kunstwerken, wo man sagt: Das hat mein Sohn gemacht, das ist mein Sohn, der ist aus mir herausgekommen, der war doch gerade noch so klein, und jetzt? Ist das manchmal auch erschreckend?
Ich muss sagen, er hat sich wirklich komplett aus sich heraus entwickelt und ist gerade in Berlin in einer Phase und in einer Umgebung, die er brauchte und wo er auf nahrhaften Boden getreten ist. Ja, ich steh' dann staunend davor, genau wie du gerade sagtest, und bin natürlich sein größter Fan, ist klar.

Reden wir mal uncharmanterweise über das Älterwerden. Ich sage nicht das Alter, denn vor mir sitzt die schönste Frau, die je das Gelände des NDRs betreten hat. Wie erlebst du es?
Du hast jetzt gerade deine Brille abgenommen.

Uns trennt vor allen Dingen in Coronazeiten so eine lächerliche Scheibe hier.
Und die ist nicht mal geputzt.

Richtig, und das an einem grauen Samstagmorgen. Formulieren wir es anders: Wie erlebst du das Vergehen von Zeit?
Ich erlebe das jeden Tag neu und bin jeden Tag mit noch mehr Lust dabei, muss

ich sagen. Natürlich hätte ich gern die Zeit zurück, zum Beispiel als wir neben dem Telefon gewartet haben, als man das noch nicht mitnehmen konnte – die Zeit hätte ich auch gern zurück. Aber ansonsten muss ich sagen, ich liebe auch das Altern. Wenn mir weniger wehtun würde, wäre es noch besser, aber ich finde das Leben insgesamt sehr schön. Das Altern und das Älterwerden gehört nun mal dazu und ist auch richtig. Die Kinder, die gestern mit uns in der Sendung saßen, erleben eine ganz andere Welt, schauen auf eine ganz andere Welt und gehen in eine ganz andere Welt. Und wir, die wir nicht zurückblicken, aber die wir schon an einer anderen Stelle stehen, mit nicht weniger Kraft, aber mit einer anderen Hoffnung. Mir ist das bewusst geworden, auch mit meinen Kindern, dass diese Zeit den Kindern gehört. Ich ziehe mich auch ein bisschen zurück. Nicht auf die Altenbank, aber in meine Zeit zurück. Diese Zeit, die jetzt mir gehört, in der ich mich noch mal neu erfinden und entfalten darf, ist eine wichtige Zeit. Man betrachtet die Dinge anders, weniger gehetzt, weniger von Selbstzweifeln getrieben, mit mehr Liebe zu sich selbst. Ich finde Altern schön.

Du sagtest gerade, ich zitiere dich: „Eine Zeit, wo ich mich neu finden darf." Finden setzt suchen voraus. Wonach suchst du?
Bliss! Tatsächlich Glück.

» Ich liebe das Altern. Ich finde Altern schön. «

Ich bin ein Mensch, der Zitate sammelt. Und zwar, weil ich es liebe, wenn jemand sprachlich auf eine großartige Idee gekommen ist, auf die ich nicht gekommen bin. Und der große deutsche Dichter Novalis hat gesagt: „Glück ist das Talent für das eigene Schicksal." Hast du Talent für dein Schicksal?
Vielleicht hat meine Mutter mir das früh beigebracht oder ich habe es an ihr gesehen: Wenn das Leben auf mich zukommt, habe ich die Möglichkeit, so zu reagieren, wie ich es kann. Also ich kann mein Glück selbst schmieden, das Schicksal schmieden – wie heißt dieser Spruch?

Jeder ist seines Glückes Schmied.

Vielen Dank, wäre mir gleich eingefallen. Es ist tatsächlich so, dass ich das Gefühl habe, inzwischen besser mit dem, was mir von außen oder auch von innen entgegenkommt, umgehen zu können, und dass ich das Glück und auch das Gute im Auge behalten möchte. Wirklich immer das volle Glas, wirklich immer: ja! Nicht beschweren, sondern wie geht's weiter? Next. Und auch nicht die Vergangenheit mitschleppen, sondern sich im Hier und Jetzt bewegen. Ich habe natürlich das große Glück, dass ich zum einen hier geboren bin, in einer Gesellschaft, wo ich sehr viele Möglichkeiten habe und hatte als Frau, als schwarze Frau. Und dass ich es natürlich als meine Aufgabe sehe, anderen Frauen, anderen Menschen, die am Rande stehen, meine Hand zu reichen, dass ich sie mitnehmen kann und ihnen die Hoffnung geben kann, dass es auch gut ausgehen kann.

Wenn wir schon mal Besuch aus Florida, genauer aus Miami, haben, würde ich gerne ein bisschen über amerikanische Mentalität versus deutsche Mentalität sprechen. Warum möchte ich das? Nachdem du gestern bei uns in der NDR Talk Show warst, habe ich mir noch ein paar Mails angeschaut, die nach der Sendung reingekommen sind. Da gab es schon die eine oder andere Mail, wo gesagt wurde: Na ja, die Barbara Becker hat gut reden. Ihr geht's finanziell sehr gut, sie kann im Prinzip gar nicht beurteilen, wie es mir als alleinerziehender Mutter mit wenig Geld geht. Da mag etwas dran sein, aber ich werde immer sehr allergisch, wenn ich bei uns Deutschen diese gewisse Neigung zum Sozialneid erkenne – zum Beispiel, wenn Menschen sagen: „Der oder die kocht ja auch nur mit Wasser!" Dieser Satz wird immer mit einem Ausdruck der Erleichterung ausgesprochen, nie mit Bedauern, wie: „Gott sei Dank, genauso mittelmäßig wie ich selbst." Erlebst du Amerika anders? Erlebst du Amerika in der Beziehung offener oder ist das eine Illusion, gibt es dort denselben Sozialneid wie in Deutschland?

Den gibt es in Amerika genauso, aber es wird wahrscheinlich anders darüber gesprochen. In den prägenden Jahren, also die, die man für immer mitschleppt und wo es um Traumata oder Prägungen geht, haben meine Schwester und ich uns beispielsweise auch gegenseitig die Salami vom Brot geklaut.

Meine Mutter hat auch drei Kinder allein großgezogen. Ich war erst mit meinen Kindern allein, als sie schon etwas älter waren, und ich hatte natürlich finanzielle Unterstützung vom Vater. Auch wenn es mir finanziell sehr gut geht, habe ich doch nie vergessen, und werde es auch niemals tun, dass meine Mutter sich meine Geigenstunden vom Munde abgespart hat, sie immer dieselben Klamotten hatte, sich nichts gegönnt hat und alles in die Kinder gesteckt hat. Das ist eine Sache, die man auch nicht loswird. Das ist ein Teil meiner Kindheit und deswegen kann ich sehr gut mitfühlen. Natürlich lebe ich heute anders, aber trotzdem sehe ich mit wachen Augen und höre mit offenen Ohren, was in den Menschen vorgeht, denen es nicht gut geht.

Zwei Freundinnen von mir aus der Schulzeit sind mit amerikanischen Männern verheiratet und leben mit ihren Familien in Amerika. Ich habe sie beide mal gefragt, ob es irgendwas gibt, was sie vermissen, wenn sie in Massachusetts und in Ohio durch die Stadt gehen. Beide haben komischerweise die gleiche Antwort gegeben, als ob sie sich abgesprochen hätten, was aber nicht der Fall war: „Ja, die Tiefe der Verbindungen. Man sagt sehr schnell ‚friend of mine‘, aber die deutsche Freundschaft, das ist etwas, was es da so nicht gibt." Haben sie recht?

Das ist so, aber ich denke, insgesamt müssen wir Freundschaften pflegen. Auf meinen Deutschlandreisen spüre ich schon, dass die Leute tiefsinniger oder tiefgründiger sind. Dieses oberflächliche Geplänkel – das merke ich auch im Gespräch mit dir – ist deutlich weniger als in Amerika. Es geht wirklich mehr um das Sich-dem-anderen-Zeigen und um eine gewisse Verletzlichkeit, die man untereinander hat. Dinge werden angesprochen, nicht um Menschen zu nahe zu treten, sondern um herauszufinden, wer sie sind. Ich glaube, das ist in Amerika oftmals nicht so oder einfach weniger. Meine Freundinnen sind eher international, ich habe nur eine einzige amerikanische Freundin, die allerdings auch tiefgründiger ist. Miami an sich ist ja irgendwie auch eine Enklave von

Rübergemachten oder Zugereisten. Sehr viele kommen aus Südamerika beziehungsweise aus der ganzen Welt.

Ich habe einige Filme in Amerika koproduziert, habe für zwei amerikanische Firmen gearbeitet, war insgesamt also sehr, sehr oft in den USA und habe somit eine Nähe zur amerikanischen Mentalität. „Let's have a real good time" – dementsprechend haben die Amerikaner beispielsweise die große Bereitschaft, schnell mal zu feiern. Da sind wir, glaube ich, etwas spaßbefreiter hier im Norden.

Das ist richtig.

Wir haben schon übers Älterwerden gesprochen und ich habe mit Vergnügen gelesen, dass zu deinem 41. Geburtstag niemand Geringerer als Lionel Richie „Three Times a Lady" gesungen hat. Wie kam es denn dazu?

Es war tatsächlich so, dass ich mit 40 dachte, echt alt zu sein. Mit 40 war ich noch verheiratet, mit 41 dann geschieden, zum zweiten Mal. Da habe ich gedacht, jetzt bin ich so wahnsinnig alt geworden und zum 40sten hatte ich ein Riesenfest, und nun? Da hab' ich Lenny angerufen und hab' gesagt …

… Lenny Kravitz, ein Freund von dir?

Ja, genau. Und ich frage ihn also: Was soll ich nur machen? Sagt er: Komm nach New York, wir machen was ganz Kleines, nimm die Kinder und wir feiern allein. Es begann dann morgens damit, dass er mich zu einem Gospelbrunch schickte mit den Kindern, die er angerufen hatte. Dann hat er die ganze Zeit gesagt: Du weißt nicht, was ich noch für dich geplant habe. Irgendwann sind wir dann zu ihm gegangen, die Tür ging auf und am Klavier saß Lionel mit einem riesengroßen Strauß weißer Rosen, wirklich riesengroß. Ich glaube, danach habe ich nur noch einmal so viele Rosen bekommen.

Es gab auch Champagner, Dom Perignon?

Genau, es gab Dom Perignon aus der ganz großen Flasche.

Also ein ganz kleines Fest.
Ja, wenn ich dann mal meine Biografie schreibe …

… dann ist das das erste Kapitel.
Auf jeden Fall eins davon, denn diese Bilder gibt es tatsächlich noch. Meine Kinder waren auch dabei, die kannten Lionel allerdings damals noch nicht. Es war herrlich! Die Party war klein, aber mehr als fein. Ich denke heute immer noch: Was für ein schönes, feines, kleines Fest.

Ich mache jetzt was ganz Gemeines. Wir spielen für dich, Barbara, etwas von The Commodores. Und zwar den einzigen Hit, wo Lionel Richie nicht der Lead Vocalist war, nämlich „Night Shift".
Schön, dass du das kennst, Hubertus! Ich möchte eigentlich auch nur mit Leuten reden, die diese Lieder kennen.

[L i e d   w i r d   g e s p i e l t]

Das war „Night Shift" von den The Commodores, der erste große Hit ohne Lionel Richie, der für dich zum 41. Geburtstag Klavier gespielt hat. Aber warum habe ich ihn gespielt? In „Night Shift" geht es um die Nachtschicht, es geht um den Tod. Hast du Angst vorm Tod?
Ich mach gerade jeden Donnerstag mit meinen Freundinnen einen Kurs, bei einem Mönch, der in Kanada lebt, aber aus Laos kommt. Der Kurs heißt „Happy life, happy death", und da er noch nicht zu Ende ist, ist die Angst vor dem Sterben auch noch da. Das Wissen, dass wir alle einmal gehen müssen, und zwar allein, so wie wir allein gekommen sind, lässt uns, glaube ich, bewusst werden, dass wir uns mehr und mehr mit dem Jetzt anfreunden müssen. Wenn dir bewusst ist, dass jeder Atemzug, jeder Tag gezählt ist, dann ist es wichtig, mit wem du deine Zeit verbringst, und dann haben wir irgendwann auch nichts mehr zu bereuen. Denn wir haben diese Zeit, die wir hatten, genutzt. Allerdings habe ich noch kein ganz klares Bild davon. Ich möchte

natürlich 120 Jahre alt werden, möglichst gesund und genau so, wie es jetzt ist. Ich habe den Wunsch, zu leben, aber ich weiß natürlich, dass das Sterben dazugehört. Und deshalb muss man sich auch noch einmal anders mit dem Alter auseinandersetzen.

> **» Wenn dir bewusst ist, dass jeder Atemzug, jeder Tag gezählt ist, dann ist es wichtig, mit wem du deine Zeit verbringst. «**

Der Mönch kommt jeden Donnerstag für ein oder zwei Stunden?
Er kommt für eine Stunde per Zoom.

Per Zoom, okay! Aber wie darf ich mir das vorstellen? Lest ihr religiöse Texte, besprecht ihr etwas, singt ihr, atmet ihr, was macht ihr da?
So schön, als wärst du dabei gewesen, Hubertus, wirklich. Genau das: Wir fangen an mit dem Atem, denn damit beginnt und endet alles – der erste und der letzte Atemzug. Letztendlich geht es nur ums Atmen. Wir fangen an mit Chanting, dem Singen, also mit Purification.

Reinigung?
Ja, Reinigung. Durch die ganzen Chakren und dann meditieren wir. Es ist ganz lustig, weil es nicht unbedingt eine guided Meditation ist.

Keine geführte Meditation.
Genau, entschuldige, dass du immer den Übersetzer machen musst. So sorry!

Ach, ich bin der Anwalt des Publikums.
Nein, das muss nicht sein, ich spreche ja eigentlich auch Deutsch.

Tröstet es dich im Dialog mit diesem Mönch, wenn er dir sagt – ich weiß nicht, ob er das tut –, dass man wiedergeboren wird?

Ich denke, Religion an sich dient schon als Hilfe oder als Stütze für dieses Chaos, für das Leben – was immer Leben bedeutet. Wir haben keine Kontrolle über das, was uns wichtig ist, sitzen hier sozusagen nackt und sind sehr verletzlich insgesamt. Ich weiß nicht, ob ich nach Trost oder nach Ruhe suche.

Du suchst dir immer wieder Schutzräume und definierst das auch: Ich ziehe mich zurück, um mich zu schützen.
Ich weiß nicht, ob das Schutz ist oder die erste echte Auseinandersetzung mit der Trauer, sie nicht wegzuschieben. Es hat mich früher schon wirklich zu Tränen gerührt, wenn man sagte, du kommst und du gehst allein, denn ich war am liebsten in der Symbiose unterwegs. Mit einem, mit zweien oder am liebsten jetzt mit dreien und noch mehr. Dass wir einander die Hand halten für immer und dieses allein kommen und allein gehen, das ist das Leben. Und damit möchte ich mich anfreunden.

Nein, das tue ich nicht. Immanuel Kant, der große Philosoph aus Königsberg, hat gesagt, die Summe aller seiner Arbeit ist: „Was darf ich hoffen?" Das blieb übrig von Immanuel Kants großem Werk. Worauf hoffst du? Das sei meine letzte Frage.
Ich hoffe, um es lapidar zu sagen, dass ich mit Barbara (Schöneberger) eine Band gründe und mit dir demnächst wieder rezitieren darf.

Ich würde am Schlagzeug sitzen.
Okay. Das würde dann Barbara (Schöneberger) entscheiden. Und du hast ja gestern, glaube ich, Morgenstern rezitiert, das kenne ich noch gut aus der Waldorfschule – lass uns gemeinsam poetisch werden.

Senta Berger

Der Künstlerin, der Schauspielerin Senta Berger gerecht zu werden, sie angemessen zu beschreiben, ist nicht möglich. Der Facettenreichtum ihrer künstlerischen Laufbahn ist zu vielschichtig. Allein die Kolleginnen und Kollegen aufzuzählen, mit denen sie gearbeitet hat, lässt den Leser, den Betrachter atemlos werden. Von Kirk Douglas bis Alain Delon, von Yul Brynner bis Klaus Maria Brandauer, von Rudolf Noelte bis Frank Beyer. In Hugo von Hofmannsthals JEDERMANN spielte sie die Buhlschaft, erst neben Curd Jürgens, später dann neben Maximilian Schell, häufiger als jede andere Schauspielerin vor ihr oder nach ihr.

1981 habe ich sie einmal auf der Hinterbühne des Schiller-Theaters in Berlin persönlich getroffen. Zufällig. Ich arbeitete zu dieser Zeit dort als Regieassistent, während Senta Berger der Star war in einer Inszenierung von Arthur Schnitzlers REIGEN. Vermutlich ziemlich hilflos muss ich ihr irgendein Kompliment gemacht haben, verstrickte mich verlegen in einen etwas zu langen Satz. Sie hörte gleichwohl geduldig zu und erwiderte schließlich mit so einem „wissenden Lächeln": „Wichtig ist, dass man eine Basis hat und sein Fundament kennt."
Fast 40 Jahre später haben wir unser Gespräch für die FRAUENGESCHICHTEN in München aufgezeichnet. Kurz vor der Aufnahme des Gespräches bat sie, noch einmal kurz ihren Ehemann, Michael Verhoe-

ven, anrufen zu dürfen. Sie wolle nur wissen, ob er gut zu Hause angekommen sei. Als ihr Mann ihr versicherte, dass dies der Fall sei, ließ sie ihr Smartphone in der Handtasche verschwinden, wandte sich lächelnd mir zu und gab mir das Zeichen: Wir können beginnen. Es war dasselbe „wissende Lächeln" wie damals auf der Hinterbühne des Schiller-Theaters.

━━━

Ich freue mich sehr, denn bei Meyer-Burckhardts Frauengeschichten gibt mir heute Senta Berger die Ehre. Herzlich willkommen!
Danke, danke!

Frau Berger, wenn Sie einem Kind den Beruf der Schauspielerin/des Schauspielers zwar kindgerecht, aber doch so erklären müssten, dass es diesem Beruf in seiner Vielschichtigkeit gerecht wird: Wie würde das aussehen?
Also gerecht wird man diesem Beruf sicherlich nicht. Aber ich glaube, die nächstliegende Erklärung für ein Kind wäre das Spiel „Vater-Mutter-Kind". „Das spielst du doch auch", würde ich sagen. „Mal bist du der Vater und dann sagst du, ach nein, ich möchte jetzt auch mal die Mutter sein, und dann wechselt ihr. Ihr denkt euch eine Geschichte aus und stellt sie dar. Und in dieser Geschichte gibt es nicht nur Liebe und Harmonie, sondern ihr streitet auch mal, was vielleicht für die Leute, die euch zuhören und zusehen, ganz aufregend ist. Dann werdet ihr älter, erzählt immer noch Geschichten, spielt immer noch Vater-Mutter-Kind. Und ich mache das mein ganzes Leben lang."

Max Reinhardt, der berühmte Regisseur, hat den Beruf des Schauspielers wie folgt beschrieben: „Ein Schauspieler ist ein Mensch, dem es gelungen ist, die Kindheit in die Tasche zu stecken und sie bis an sein Lebensende darin aufzubewahren." Gibt das aus Ihrer Sicht den Beruf wieder?
Zum Teil schon. Max Reinhardt hat gewusst, dass man ein gewisses Talent zur

Beobachtung haben muss in diesem Beruf. Am meisten lernen wir als Erwachsene im Beruf des Schauspielers etwas vom Spiel der Kinder: Wie sie zuhören, wie sie staunen, wie sie überrascht sind, wie sie still und stumm werden vor Schmerz. Wie man eben als Kind ganz unbewusst agiert, und das muss man dann wieder bewusst herstellen und festhalten in diesem Beruf. Ich finde es auch wirklich faszinierend, denn auch alle großen Regisseure haben sich auf diesen Satz und auf diese Haltung bezogen. Kortner, natürlich, hat immer gesagt: „Schaut euch die Kinder an.“

Fritz Kortner wird der Satz zugeschrieben, der ein bisschen böse ist: „Schauspieler sind im Grunde angenehme Leute, wenn man einmal von den erfolgreichen und den erfolglosen absieht.“
Er konnte sehr böse sein. Aber er war auch pointiert und das wollte er auch sein. Ich glaube, das mit dem böse sein nehme ich doch wieder zurück. Er wollte manches Mal böse scheinen.

> **» Am meisten lernen wir als Erwachsene im Beruf des Schauspielers etwas vom Spiel der Kinder. «**

Ihre Kindheit, scheint mir, war eine sehr harmonische Kindheit. Sie waren eine späte Tochter. Ihre Eltern waren, zumindest für damalige Verhältnisse, nicht mehr ganz jung, als Sie geboren wurden. Hat auf Ihnen gleichwohl ein gewisser Druck gelastet, Erwartungen zu erfüllen?
Überhaupt nicht. Außerdem war ich ein sehr braves, fröhliches, gefügiges Mädchen. Ich hatte auch keinen Grund, anders zu sein, bis tief in die Pubertät hinein. Da muss ich allerdings ehrlich sagen, war meine Mutter, als ich so 15, 16 Jahre alt war, doch recht enttäuscht von mir. Meine Mutter war eine wunderbare Kindermutter, aber sie konnte mit Kindern im sogenannten Teenageralter, wie man damals gesagt hat, gar nichts anfangen. Sie hatte furchtbare Angst um mich, vielleicht auch zu Recht, denn ich denke, ich war gefährdet. Ach Gott,

ja, jeder in der Pubertät ist natürlich irgendwie gefährdet. Ich habe sie dann anschließend entschädigt durch einen recht geraden Weg, auf dem sie mich begleitet hat. Und mein Vater hat im Grunde von mir nur erwartet, dass ich meinen Talenten nachgebe, dass ich sie erkenne und dass ich sie auch ausübe. Ich war und bin sehr musikalisch. Ich habe schon mit fünf Jahren angefangen, Klavier zu spielen, und mit sieben Jahren habe ich mit meinem Vater bereits vierhändig gespielt. Nicht so aufregende, tolle Sachen, aber immerhin. Ich war am Konservatorium und habe dort weiter Klavier gelernt und studiert, ich habe in der Staatlichen Ballettschule in Wien Ballett gelernt und ich habe letztendlich alles hingeschmissen zwischen meinem 15. und 16. Lebensjahr. Da war mein Vater wirklich verstört und hat auch eine Weile nur das Nötigste mit mir geredet.

Senta ist kein häufiger Name. Es ist die weibliche Hauptrolle in „Der fliegende Holländer" von Richard Wagner. Haben Sie Ihre Eltern als Kind mal gefragt, warum Sie Senta heißen?
Ich habe sie fast täglich gefragt, denn ich fand diesen Namen auch ziemlich absonderlich. Aber die Erklärung ist leicht. Zu diesem Namen hat mein Vater tatsächlich diese besondere Verbindung als Wagnerianer. Er hat selbst Musik studiert am Konservatorium in Wien und war, glaube ich, schon mit 16 Jahren oder früher fast jeden Abend am Stehplatz in der Wiener Staatsoper und seine besonderen Götter waren eben Wagner, Bruckner, Brahms, Mahler. Für ihn war Senta sozusagen eine Hommage an die tugendhafte Senta, an die Frau, die auf den Mann wartet und dem sie alles verzeiht. Das hat er alles in mich hineinprojiziert, aber ganz so ernst hat er es wohl nicht gemeint.

Ich habe vor Kurzem ein Gespräch mit Konstantin Wecker geführt. Er erzählte über seinen Vater, der ebenfalls Musiker war, aber kein sehr erfolgreicher, der immer zu ihm gesagt habe: „Meine Zeit war eben nicht. Ich habe mein Bestes gegeben und ich kann auch gut damit leben, dass ich das große Publikum nicht erreicht habe, aber vielleicht schaffst du

das, mein Sohn." Ihr Vater, liebe Frau Berger, war Wiener Liederkomponist und hat das große Publikum auch nicht erreicht. Sie sind in finanziell eher kargen Verhältnissen groß geworden. Hat ihn das bekümmert?

Ich glaube, am Ende seiner Jahre hat es ihn tatsächlich bekümmert. Da hat er sein Leben überdacht und wahrscheinlich sich selbst zur Rechenschaft gezogen beziehungsweise hat er Rechenschaft abgegeben über die Versäumnisse in seinem Leben. Mein Vater war ein schwacher Mann, ein schwacher Mensch. Er hat immer bequeme und einfache Wege gesucht, um in Harmonie mit seinen eigenen Eltern leben zu können. Im Grunde war er für mich mein erster Mäzen, wenn man das so sagen kann, denn er hat erkannt, was möglicherweise in mir schlummert, und hat mich auf eine Schiene gesetzt, auf der ich mich dann allein weiterbewegen konnte und daraus sogar einen Beruf machen konnte. Ich glaube, dass er stolz war auf mich, ohne dass er das jemals gesagt hätte, denn das Wort Stolz wäre ihm nicht über die Lippen gekommen, weil es eher ein missbrauchtes Wort ist. Er war froh über mich, so würde ich es sagen.

> **» Für ihn war Senta sozusagen eine Hommage an die tugendhafte Senta. «**

Sie haben vorhin mit Entschiedenheit gesagt, dass auf Ihnen keine große Erwartungshaltung lag. Das will ich gerne glauben, aber es fällt mir ein bisschen schwer, denn Ihr Vater war bereits 40 und Ihre Mutter 39 Jahre alt, als sie zur Welt kamen. Es waren schwierige Jahre, politisch schwierige Jahre, und dann ist da eine Tochter, die sehr früh Anlass zum Optimismus gegeben hat, dass sie eine gewisse Karriere macht. Ist es nicht für ein junges Mädchen doch ein Druck, wenn man die Eltern glücklich sehen möchte?

Überhaupt nicht, den Druck habe ich mir selbst gemacht. Ich kam ins Reinhardt Seminar und war sehr irritiert bei vielem, denn ich war sehr jung, gerade mal 16 Jahre alt, und habe mich zum ersten Mal im Vergleich mit den anderen erlebt. Bis dahin war ich sozusagen die Senta in der Familie, die was vorspielt oder vorsingt. Aber plötzlich habe ich mich erlebt im Vergleich und ich habe dort mein ganzes jugendliches Selbstbewusstsein, wenn man das überhaupt in dem Alter schon haben kann, erst mal verloren. An einem Vormittag, als wir Vorsprechen hatten, kam eine amerikanische Produktion zu uns ins Seminar, um uns zu besuchen. An der Spitze der damals so berühmte Yul Brynner, die ebenso berühmte Deborah Kerr und der Regisseur Anatole Litvak. Meine alte Freundin, die damals junge Schauspielerin Susi Nicoletti, fragte: „Wer spielt was vor? Wer traut sich? Senta, komm her!" Mein Freund Wolfi Reinthaler und ich haben dann aus „Woyzeck" vorgesprochen, die Szene zwischen Woyzeck und Marie. Als wir fertig waren, kam Litvak zu mir und sagte: „Melden Sie sich bei mir im Produktionsbüro, ich habe eine kleine Rolle für Sie." Ich bin dann zum Direktor des Seminars gegangen und habe gesagt, ich könne eine kleine Rolle spielen und würde auch sehr viel Geld dafür bekommen. Allerdings war damals sehr viel Geld vielleicht 300 Mark. Der Direktor fand das aber unmoralisch und ich bekam die Erlaubnis nicht. Natürlich habe ich es trotzdem gemacht. Das Drehbuch war von George Tabori. Ich habe also Tabori damals kennengelernt, der in meinem späteren Leben ein wichtiger Freund wurde. Meine Mitschülerinnen, Erika Pluhar und Heidelinde Weis, haben tapfer für mich gelogen und sagten: „Ja, wir glauben, die Senta hat gerade eine kranke Mutter, oder nein, nein, eine kranke Großmutter. Sie hat eine kranke Großmutter, ja, ja." Ich hatte aber nicht an die Pressefotografen gedacht, die ständig um uns herum im Atelier waren. Und so war dann mein Foto mit Yul Brynner in der Zeitung und daraufhin musste ich das Seminar innerhalb weniger Tage verlassen. Da habe ich natürlich eine große, große Schuld gefühlt. Schließlich ist meine Mutter putzen gegangen für mich und mein Vater hat mir das Studium überhaupt erst ermöglicht und erlaubt, dass ich in die Schauspielschule gehe.

Es war eine renommierte Schule und Sie waren die jüngste Anwärterin. Sie gingen, wie Sie eben schon erwähnt haben, in eine „Meisterklasse", wenn man so will. Marisa Mell, Elisabeth Orth, Heidelinde Weis, Erika Pluhar. Haben Sie damals gespürt, dass da Talente zusammengekommen sind,

die außerordentlich sind?

Das hat damals keiner geahnt. Später haben wir natürlich darüber gelacht, als es plötzlich hieß, wir hatten diesen besonderen Jahrgang, diese Meisterklasse. Wir hatten auf jeden Fall viel Spaß miteinander. Nachdem ich dann rausgeflogen war, wurde ich zu einem Vorsprechen in das Theater in der Josefstadt in Wien eingeladen. Übrigens wieder durch die Vermittlung meiner Schauspiellehrerin Susi Nicoletti, die das Gefühl hatte, an mir wird unsinnigerweise ein Exempel statuiert. Ich fing dann sechs Wochen später mit den Proben an und zwölf Wochen später hatte ich meine erste Premiere an diesem Theater. Die Verbindung zu meinen früheren Mitschülern blieb trotzdem bestehen. Ich war jetzt halt engagiert am Theater und sie hatten noch ein Jahr vor sich, aber wir haben uns weiterhin in denselben Kneipen und Kaffeehäusern getroffen.

Was mir auffällt, dass schon in den frühen Filmen, in denen Sie selbst noch kleine Rollen gespielt haben, die Großen des Burgtheaters zu Ihren Kollegen gehört haben. Im Film „Die unentschuldigte Stunde", unter der Regie von Willi Forst, spielten beispielsweise Adrian Hoven, Hans Moser, Josef Meinrad und Rudolf Forster mit. War das für Sie verwirrend, so schnell in einem solch hochkarätigen Kollegenkreis zu sein?

Erst mal nicht, denn ich war ja wirklich noch ein kleines Mädchen, und ich kann mich erinnern, dass ich mir gleich am ersten Drehtag ein Autogramm von Hans Moser geholt habe. Ich war nicht seine Kollegin, sondern eher eine Verehrerin von ihm, und das konnte man auch wirklich sein. Ich habe meine Mitarbeit an „Die unentschuldigte Stunde", „Die Lindenwirtin vom Donaustrand" oder an ähnlichen Filmen sehr ernst genommen. Die Großen des Burgtheaters haben ihre Rollen natürlich sehr gut gespielt, aber genauso offensichtlich haben sie sich auch über das lustig gemacht, was sie da spielten. Das heißt, sie führten eigentlich ein Doppelleben und hatten auch eine Art von Doppelmoral. Sie haben beim Film mit Heimatfilmen und anderer sehr leichter Kost viel Geld verdient. Und abends spielten sie im Burgtheater „Iphigenie auf Tauris", Schnitzler, Schiller oder was auch immer, und wenn sie am nächsten

Tag wieder zu den Dreharbeiten kamen, haben sie sich über die „dummen G'schichten" lustig gemacht. Das hat mich sehr irritiert. Musste man seine Arbeit nicht ernst nehmen? Später, am Anfang meiner internationalen Karriere, sollte ich mich immer wieder der deutschen Presse gegenüber rechtfertigen, weil ich diese „seichten" Filme gemacht hatte. Aber es waren die Filme dieser Zeit und teilweise sicher nicht besonders tiefschürfend. Ich habe aber mein ganzes Handwerk bei diesen Filmen gelernt und will sie nicht missen.

Das war auch die Zeit, wo Sie Ihre Eltern mal richtig enttäuscht haben. Sie sind nicht nur aus dem Max Reinhardt Seminar geflogen, sondern haben auch noch Geld verdient, was Ihnen eigentlich verboten war. Und irgendwann in dieser pubertären Phase ist Ihre Mutter wohl mal mit Ihnen eine Straße entlanggelaufen und Sie hatten einen Rollkragenpullover an. Ihre Mutter soll gesagt haben – korrigieren Sie mich, wenn ich das falsch wiedergebe –, dass Sie entweder einen Schritt vor oder einen Schritt hinter ihr gehen sollen, so würde sie sich nicht mit Ihnen zeigen. Was war so schlimm an einem Rollkragenpullover?

Zu diesem Zeitpunkt war ich noch Schülerin im Gymnasium. Ich schwärmte damals für Sophia Loren. Ich hatte den Film „Schade, dass sie eine Kanaille ist" – Peccato che è una canaglia – mit ihr und Marcello Mastroianni gesehen und ich wollte so sein wie sie, wollte genauso aussehen. Ich war 15 und bis dahin war ich eigentlich das Mädchen, das mit Pferdeschwanz, weißer Bluse, Rock und weißen Söckchen in die Schule ging. Nachts habe ich dann meinen besten Rollkragenpullover mit der Papierschere ausgeschnitten. Er sollte so einen tiefen Ausschnitt haben wie der ausgeschnittene U-Boot-Pullover von Sophia Loren. Ich habe ihn über eine Schulter gleiten lassen, wie ich das im Film bei ihr gesehen hatte, zog meine flachen Ballerinas an, mit denen man eigentlich nur tanzt und trainiert, und mit einer halben Tube Mahagonifarbe habe ich mir die Haare getönt. Die andere Hälfte habe ich übrigens meiner besten Freundin Heidi zur Verfügung gestellt. So verwandelte ich mich in eine andere Person, obwohl ich doch eigentlich noch dasselbe Kind war, aber ich wollte halt eine ganz andere Identität annehmen, weil ich selbst noch keine hatte. Meine Mutter war damals arbeiten und ich immer noch Kind genug, um sie von der Straßenbahn abzuholen. Ich löste mich in der Dunkelheit aus dem Hauseingang, wo ich auf sie wartete, und stand vor ihr. Sie war fassungslos und sagte: „Mit mir gehst du nicht. Du kannst hinter mir gehen oder vor mir. Aber mit mir gehst du nicht." Das hat mir sehr wehgetan und mir einen richtigen Stich versetzt.

> **» Ich habe aber mein ganzes Handwerk**
> **bei diesen Filmen gelernt und**
> **will sie nicht missen. «**

Es ist guter Brauch, dass bei Meyer-Burckhardts Frauengeschichten die eingeladenen Frauen immer drei Lieder mitbringen, die eine Rolle in ihrem Leben gespielt haben. Ihr erster Song ist „Back in my arms again" von den Supremes.

[Lied wird gespielt]

Wir sind einer Meinung, liebe Senta Berger, dass diese Musik sehr sexy ist und einfach schön. Dieses Lied erinnert Sie an die Zeit, nachdem Sie 1962, mit Anfang zwanzig, nach Amerika gegangen sind. Und wie auch schon in Wien haben Sie die Größten der Zunft sehr schnell kennengelernt. Ich nenne hier jetzt mal Charlton Heston, Frank Sinatra, Dean Martin, Richard Harris, George Hamilton, Kirk Douglas, John Wayne und noch einige andere. Hatten Sie denn da wenigstens mal Lampenfieber, waren nervös und haben sich gefragt: „Bin ich gut genug?"

Ich wäre gar nicht auf die Idee gekommen, nach Amerika zu gehen, wenn ich nicht geholt worden wäre. Es war ein sehr, sehr großer Schritt, den ich getan habe aus der Naivität, aus dem Nichtwissen heraus, was da überhaupt auf mich zukommt. Aber ich war in sehr guten Händen. Der amerikanische

Agent Lew Wasserman, der unter anderem Tony Curtis, Bette Davis und Fred Astaire vertrat, hat mich Paul Kohner empfohlen. Kohner war der Agent, der auch europäische Schauspieler vertreten hat und eben auch mich durch all die Jahre, Jahrzehnte. Ich war da sehr aufgehoben, sonst hätte ich vermutlich diese erste Zeit gar nicht durchgehalten, und ich war von einer gesunden Wiener Skepsis begleitet. Die habe ich vermutlich von meinem Vater geerbt. Ich habe mir eigentlich von Anfang an dieses System Los Angeles, Hollywood und alles, was damit zusammenhängt, genau angeguckt. Immer unter dem Aspekt, ob ich das wirklich will, ob ich dort bleiben und leben will. Es war merkwürdigerweise doch eine sehr erwachsene Distanz, die ich da als junges Mädchen gefühlt habe und die mich die Dinge sehr kritisch beobachten ließ. Lampenfieber habe ich eigentlich immer gehabt und ich habe es auch heute noch, natürlich nicht mehr in dem Ausmaß wie bei diesen ersten Begegnungen. Ich kann mich nicht erinnern, Angst vor einem meiner amerikanischen Partner gehabt zu haben, nein. Aber diese Gedanken, ob ich bestehe, ob ich die Sprache so sprechen werde, dass es genügt, und wie ich überhaupt filmische Erfahrungen sammeln kann, die waren natürlich da. Ich war ja erst Anfang 20, das ist sehr, sehr jung.

In Amerika lernten Sie auch Kirk Douglas und seinen Sohn Michael kennen, der in einer Produktion Regieassistent war. Kirk Douglas war der Sohn russischer Juden und hat Sie mal mit der Aussage konfrontiert: „Your people murdered twenty million of my people." Wie geht man als junge Schauspielerin mit solchen Aussagen um?
Ich bin von einer großbürgerlichen jüdischen Familie, den Kohners, ans Herz gedrückt worden und ich habe in den amerikanischen Emigrantenkreisen mehr gelernt über die jüngste europäische, deutsche oder österreichische Geschichte, als ich es jemals in der Schule oder über die Literatur hätte lernen können. Auf der einen Seite war ich sehr vielen Ressentiments ausgesetzt, auf der anderen Seite habe ich aber auch unendlich berührende Erlebnisse gehabt, beispielsweise mit Hanna Kohner, der Frau von Walter Kohner. Wir waren

im Sommer mal gemeinsam schwimmen und da sah ich zum ersten Mal ihre Lagernummer, die am Unterarm tätowiert war. Ich habe sie gefragt, warum sie mir das niemals erzählt hat. Sie sagte nur: „Aber geh', Kind, ich will doch, dass du die Menschen liebst." Das werde ich nie vergessen. Das war ein ganz großes Umarmen und eine Vergebung. Ich meine, was war mir zu vergeben? Ich musste nur wirklich gut Bescheid wissen. Und das habe ich in Amerika gelernt und seitdem lässt mich Geschichte nicht los. Die Ressentiments, denen ich tatsächlich ausgesetzt war, haben sich hauptsächlich am Anfang meines Aufenthalts in Amerika abgespielt. Beispielsweise kam ein baumlanger Oberbeleuchter jeden Morgen ans Set und flüsterte mir ins Ohr „You german pig". Anfangs war ich so irritiert, dass ich es gar nicht erzählen konnte, aber dann habe ich es doch mal getan und er wurde sofort entlassen. Dann habe ich eine Begegnung gehabt mit dem Filmmogul Darryl F. Zanuck, der mich zu sich in seine New Yorker Hotelsuite gebeten hatte. 1964 war ich 23 und ich konnte mir gar nicht vorstellen, was mich dort erwarten würde in dieser Suite. Es war sehr, sehr unangenehm und das werde ich Paul Kohner nie verzeihen, dass er mir nicht eine kleine Warnung mit auf den Weg mitgegeben hat, sondern mich einfach so da hat hingehen lassen. Alles, was man jetzt über die Erlebnisse in den Me-too-Debatten hört, das ist mir damals tatsächlich widerfahren. Da ich aber immer schon sehr schlagfertig und auch schlagkräftig war, bin ich irgendwie aus dem Zimmer rausgekommen, habe aber einen Schuh verloren. In Erinnerung habe ich noch, dass er mir nachrief: „Schau doch, was du mit mir machst, du little german Fräulein!" Das war wirklich an der Grenze zum Hass und, sagen wir mal, eine merkwürdige Begegnung mit einer feindlichen Erotik.

> **» Lampenfieber habe ich eigentlich immer gehabt und ich habe es auch heute noch. «**

Das ist keine gute Mischung.

Genau. Das ist keine gute Mischung. Ich bin dann auf der Fifth Avenue mit einem Schuh nach Hause gegangen, habe mir furchtbar leidgetan und mir gedacht, dass mir das nie wieder passieren wird. Und es ist mir auch nie wieder passiert.

Paul Kohner, der große amerikanische Agent, von dem Sie gesprochen haben, hat seine ersten Jahre auf europäischem Boden verbracht, bevor die Nazis kamen. Übrigens war Paul Kohner, ihm sei post mortem noch Ehre erwiesen, auch der Agent von Marlene Dietrich, Greta Garbo, Billy Wilder, Liv Ullmann und anderen Größen des Filmgeschäfts.
Wenn wir schon dabei sind, sollten wir die Ehre ausdehnen auf sein größtes Verdienst: Er hat die Emigrantenhilfe ins Leben gerufen.

Darauf wollte ich hinaus.
Er hatte von Menschen wie beispielsweise Fritz Lang, Ernst Lubitsch oder Billy Wilder, die bereits in Amerika fest angekommen waren und es sich leisten konnten, Geld bekommen. Auch von William Dieterle, dessen Frau in erster Linie dafür verantwortlich war, dass es darüber auch eine Art von Buchhaltung gab. Diese Gelder sind unter anderem an Bertolt Brecht, Heinrich Mann, Alfred Polgar und Alfred Döblin gegangen, an die Menschen, die damals ohne Geld und Hoffnung in Kalifornien angekommen sind.

Kommen wir wieder zurück zur Musik. Wir haben eben schon die „Supremes" gehört und nun kommen wir zu den „Eurhythmics", einer Band, die in Ihrem Leben eine gewisse Rolle spielt. Kann man das sagen?
Ja, warum spielt die eine Rolle? Vielleicht, weil es so die erste Musik war, die mein Sohn mir empfohlen hat. Simon war damals 14 oder 15 und er fand meinen Musikgeschmack natürlich ziemlich antiquiert. Er hat mich quasi gezwungen, die Eurhythmics zu hören oder auch Michael Jackson selbstverständlich. Und die ersten Sachen von Michael Jackson fand ich auch hinreißend. Und sind es immer noch. So bin ich zu den Eurhythmics gekommen und zu „When tomorrow comes".

[L i e d   w i r d   g e s p i e l t]

**» Als ich in Berlin ankam, habe ich
meinen ersten Plattenspieler am Ku'damm gekauft
und meine ersten sehr hohen Schuhe. «**

**Liebe Senta Berger, können Sie eigentlich den Kurfürstendamm in Berlin
rauf- oder runtergehen, ohne ununterbrochen an wesentliche Ereignisse
Ihres Lebens erinnert zu werden?**

Das kann ich natürlich nicht. Der Kurfürstendamm spielt eine ganz große
Rolle in meinem Leben. Als ich in Berlin ankam, habe ich meinen ersten Plattenspieler am Ku'damm gekauft und meine ersten sehr hohen Schuhe. Ich war
im Restaurant „Maison de France" essen, wo man eigentlich nur hineingelassen
wurde, wenn man mit einem Ausländer als Begleitperson kam. Dort habe ich
meinen ersten Krabbencocktail gegessen. Erst habe ich mich furchtbar gegru-
selt, aber dann fand ich es wunderbar. Auch die vielen Kinos und einfach alles,
halt der Ku'damm. Allerdings verbinde ich damit auch ein bisschen meine
anfängliche Einsamkeit, die sich dann aber sehr schnell in eine Zweisamkeit
verwandelte. Ich habe während der Dreharbeiten in Berlin, da spielte übrigens
auch der Ku'damm eine große Rolle, meinen Mann, Michael Verhoeven, kennengelernt. Schon am ersten Tag des Kennenlernens habe ich ihn – damals ein
frecher, junger, schöner, charmanter Bursche – in meinem alten, klapprigen
VW-Käfer mitgenommen. Er hat mich allerdings so irritiert, dass ich gefühlt
jede zweite rote Ampel überfahren habe. Später, kaum dass wir uns unserer
Liebe und Leidenschaft füreinander bewusst waren, wäre es auch fast schon
wieder zu Ende gegangen, denn wir hatten einen furchtbaren Streit. Nach
einem gemeinsamen Drehtag sind wir wieder den Kurfürstendamm runterge-
fahren, denn ich wohnte in der Meineckestraße im Parkhotel Zellermayer. Das
war die damalige Volksbühne, gleich um die Ecke bei der Akademie. Ich hatte
Michael also mitgenommen und wir stritten unterwegs heftig über Fellini und
über den Film „8 ½".

Ich finde, das hat Stil, wenn sich der erste Streit zwischen zwei veritablen Filmschaffenden – wir kommen auf Ihren Mann, Michael Verhoeven, auch noch kurz zu sprechen – an einem sehr, sehr guten Fellini-Film entzündet. Das hat wirklich Stil!

Obwohl wir verliebt waren, wollte keiner die Karten aus der Hand geben und dem anderen recht geben. Wir haben unsere Positionen vehement vertreten und uns beide so furchtbar aufgeregt, dass Michael versucht hat, während der Fahrt auszusteigen. Ich hätte ihm allerdings gleich sagen können, dass das nicht geht, weil die rechte Tür immer schon geklemmt hat.

Wie gut!

Allerdings war er so frech, dass er dann einfach das Fenster runtergekurbelt hat, und als ich an einer Ampel, kurz vor der Meineckestraße, anhalten musste, ist er durch das Seitenfenster auf den Ku'damm hinausgehechtet. Das hat wirklich einen nachhaltigen Eindruck auf mich gemacht, der einfach nicht zu verwischen ist.

Als Ihre Söhne klein waren, haben Sie Ihre beruflichen Aktivitäten zurückgefahren. Ist Ihnen das schwergefallen?

Überhaupt nicht. Ich habe meine Kinder vielleicht sogar mehr gebraucht als sie mich. Sie waren immer in der Obhut einer großen, liebevollen Familie, denn meine Mutter lebte auch bei uns. Nachdem Simon geboren war, habe ich ernsthaft darüber nachgedacht, meinen Beruf nicht nur zurückzufahren, sondern ihn aufzugeben. Als Simon etwa ein halbes Jahr alt war, ging ich mal im Winter ganz gedankenversunken durch einen verschneiten Wald in der Nähe von München und es kam mir der Intendant des Münchner Residenztheaters, Kurt Meisel, entgegen. Wir begrüßten uns und er sagte: „Senta, Sie schauen so ernst. Was geht in Ihnen vor?" Ich antwortete: „Wissen Sie, ich überlege gerade, ob ich meinen Beruf aufgeben muss. Ich habe jetzt ein Kind und das kann ich nicht allein lassen. Ich kann es einfach nicht!" Er erwiderte: „Überlegen Sie sich das gut. Die Kinder werden groß. Sie werden sie entlassen als Mutter, aber dann haben Sie noch Ihren Beruf und Ihr Beruf wird Sie glücklich machen. Überlegen Sie sich das." Er meinte das nicht böse, aber letztendlich war es die Wahrheit und ich habe es mir überlegt. Wir sind dann sehr viel mit Reisebettchen, Omi, Vater oder Tante gereist und haben das immer sehr gut hinbekommen. Gemietete Häuser, gemietete Wohnungen. Es war eine Freude, den Simon in Rom aufwachsen zu sehen, wo wir lange gelebt haben, und als dann zwei Kinder da waren, habe ich sehr viel Theater gespielt.

Und ganz großartig finde ich, dass sich die Kinder immer dann, wenn sie beruflich unterwegs waren, sehr loyal und gut verhalten haben – das weiß ich aus verschiedenen Interviews.
Da sind sie bereits zur Schule gegangen und haben sich gesagt, die Mama ist jetzt nicht da, wir dürfen ihr keinen Kummer machen.

Was für fabelhafte Söhne!
Aber wenn die Mama da war, haben sie gemeint, dass sie stark genug ist, es auszuhalten, wenn sie schwänzen.

Das ist eine sehr pragmatische Lebensweise. Ich komme jetzt noch einmal auf Michael Verhoeven zurück, den ich nur oberflächlich kennengelernt habe, und versuche mir ein Bild zu machen. Auf der einen Seite – helfen Sie mir, liebe Senta Berger – hat ihn gestört, dass Sie einen abgebrochenen rot lackierten Fingernagel hatten beim ersten Date, was ja für eine gewisse Akribie spricht, und auf der anderen Seite erwähnten Sie, dass das Arbeitszimmer Ihres Mannes für einen weiteren Haushaltsteilnehmer nicht zu betreten ist, da bereits das Öffnen der Tür von außen kaum möglich ist, weil alles voll ist mit Zeitungen, Büchern und sonstigen Materialien. Das ist ja eher eine widersprüchliche Charakterbeschreibung.
Das finde ich nicht. Ich glaube, dass Michael Frauen wirklich verehrt. Und dazu gehört auch ein gewisses Bild, das er sich von einer Frau macht. Als wir uns das allererste Mal getroffen haben, war ich wohl sehr vorlaut und frech. Wir

diskutierten darüber, ob der deutsche Film noch zu retten ist, denn das war das große Thema zu der Zeit, in den 60er-Jahren.

Das Oberhausener Manifest.
Genau. Und die kleine Wienerin mit dem abgeblätterten Nagellack wusste natürlich, wie man den deutschen Film retten könnte, und hat furchtbar g'scheit dahergeredet. Das hat ihn wirklich gestört und er wollte irgendetwas finden, was er nicht an mir mochte. Und das war also ein ungepflegter Fingernagel. Das andere, das Arbeitszimmer, das ist eine Haltung des Sammlers und Jägers. Das kann man nicht mehr ändern. Man kann auch die Türe heute noch nicht richtig aufmachen.

Aber er kommt manchmal raus?
Er kommt manchmal raus, ja.

Er ist ein guter Tänzer.
Toll, einfach fantastisch. Natürlich die Tänze, wo man sich noch in die Augen guckt und wirklich miteinander tanzt. Man kann ja auch offen miteinander tanzen. Ich meine, das, was man jetzt so sieht in den großen Diskotheken, wo man irgendwie aneinander vorbeigroovt, das kann er nicht. Aber Cha-Cha-Cha und Samba zum Beispiel haben wir getanzt und tanzen heute noch. Jedes Jahr zu Silvester zum Beispiel, egal wo und wie, tanzen wir den Donauwalzer. Das ist sehr schön … und ich erzähle Ihnen lauter Dinge, die Sie überhaupt nichts angehen.

> » Jedes Jahr zu Silvester zum Beispiel, egal wo und wie, tanzen wir den Donauwalzer. «

Stimmt, aber es ist nicht meine erste Aufgabe, den Gast vor sich selbst zu schützen. Nein, ich habe mich gefragt, welchen Song von Rod Stewart hätte sich Michael Verhoeven für seine Frau ausgesucht? Ich glaube, Michael Verhoeven hätte „A Friend for Life" gewählt.

Frau Berger, keine andere Schauspielerin hat die Buhlschaft in Salzburg so häufig und so lange gespielt wie Sie. Von 1974 bis 1982 zunächst mit Curd Jürgens, dann mit Maximilian Schell. Waren Sie eigentlich enttäuscht, als Ihnen die Buhlschaft angeboten wurde und Sie den Text gelesen haben? So spannend ist er ja nicht.

Ich war nicht enttäuscht, sondern ich wollte es einfach nicht machen. In den 60er-Jahren war „Jedermann" eine hoffnungslos veraltete Kiste und ich habe mich auch am Telefon nicht verstellt, sondern Curd Jürgens gesagt: „Das kann man doch heute gar nicht mehr spielen." Er antwortete: „Wieso nicht? Es geht um Liebe, Leidenschaft, Leben und Tod, Himmel und Hölle. Darum geht es. Und wenn du sagst, die Sprache ist zu altertümlich, okay, da gebe ich dir recht. Hofmannsthals beste Arbeit ist es sicher nicht. Aber es ergreift die Menschen nach wie vor. Komm und schau dir das mal an." Tatsächlich ist es ja so, dass „Jedermann" mittlerweile von vielen Ausländern gesehen wird, aus China, Japan, Südamerika oder sonst woher, die kein Wort Deutsch verstehen, aber sie verstehen, worum es geht. Es geht um das Essenzielle im Leben, um die Moral.

Ihre Mutter hat erlebt, dass ihre Tochter Senta Berger die Buhlschaft gespielt hat. Wie stolz war sie?

Sie war sehr beeindruckt. Alle anderen Arbeiten, die ich vorher gemacht hatte, vor allem die in Amerika, waren ihr natürlich fremd. Sie kannte auch die Leute kaum. Wer soll das jetzt sein? Dieser Kirk Douglas beispielsweise.

Genau, Kirk Douglas. Und Michael Douglas war immer Regieassistent, oder?

Stimmt.

Und „Die Straßen von San Francisco" gab es noch nicht.

Das hätte sie sich auch gar nicht angeguckt, sie war überhaupt schwer zu beeindrucken. Außer in Salzburg, wie sie mich dort gesehen hat, und durch meine andere Theaterarbeit. Ich habe mal mit einer Lesung des „Fräulein Else" von Arthur Schnitzler das Große Festspielhaus gefüllt. Da kam sie und sagte: „Jetzt glaube ich's."

Aber was kann schöner sein? Sie haben auch mal Musik gemacht. Elke Heidenreich hat Texte für Sie geschrieben und Sie haben gesungen. Es ist schon lange her. Haben Sie das Gefühl, Sie haben da eine künstlerische Facette versäumt, indem Sie das nicht wirklich weiterverfolgt haben?
Zwei Seelen wohnen, ach, in meiner Brust. Auf der einen Seite hat mir das Singen und das Tanzen wahnsinnig Spaß gemacht. Als Sie noch ein junger Bursche waren, lieber Hubertus, da habe ich schon die Senta Berger Show gemacht und auch eine Sendung über Wien mit Operetten und Wiener Liedern. Das hat mir alles wahnsinnig viel Spaß gemacht. Ich war allerdings sehr, sehr kritisch und das muss man auch sein. Man bekommt in diesem Beruf von allen Seiten verschiedene Meinungen zu hören. Du musst sehr stark bei dir selbst bleiben und auch wissen, ob das gut genug ist, was du da machst. Du kannst nicht nur aus purer Freude singen, es muss schon gut sein. Ich denke, ich war zu streng mit mir, ich hätte da ruhig weitermachen können. „Somewhere over the Rainbow" war sozusagen das Signal für sehr viele Plattenfirmen, um mich zu fragen, ob ich das nicht machen will. Und ich wollte. Das war, glaube ich, 1989/90. Und so habe ich dann das folgende Lied, „Wir werden sehen" mit Musik von Lydia Auvray und Text von Elke Heidenreich, aufgenommen.

[L i e d   w i r d   g e s p i e l t]

Welche Gefühle haben Sie, wenn Sie das hören?
Ja, schon sehr sentimentale Gefühle, vor allem auch, weil die Texte so schön sind, die Elke geschrieben hat. Wenn ich es jetzt höre, denke ich wirklich, ich hätte nicht so streng sein müssen mit mir. Es ist doch eigentlich berührend.

Ich habe es gern gehört, liebe Senta Berger. Sie haben vorhin erwähnt, dass Sie auch in Hollywood Opfer sexueller Nötigung wurden beziehungsweise haben Sie es knapp verhindern können, weil Sie schlagkräftig in jeder Hinsicht waren.

Stimmt, und das, was wir jetzt erleben, diese Situation, die durch die Me-too-Debatte erfreulicherweise angestoßen wurde, das könnte eine wirklich wichtige gesellschaftspolitische Diskussion werden. Vielleicht die wichtigste seit den 68ern. Leider spielt sehr viel Voyeurismus mit rein, sehr viel Boulevardisierung, was aber überhaupt nicht das Thema ist. Das Thema ist Macht und Machtmissbrauch, Autorität und Autoritätsgläubigkeit. Und das passiert natürlich gerade in den freien Berufen, in denen Frauen besonders abhängig davon sind, zu arbeiten. Ohne Arbeitsvertrag und ohne Arbeitsschutzverordnung ist dieses Phänomen eben besonders stark zu beobachten.

Nur 5 % der Oscargewinner in der Kategorie Drehbuch sind Frauen. Bei den Filmkomponisten nur 2 %. Bei den Kameraleuten hat bislang keine einzige Frau gewonnen. Haben Sie das Gefühl, dass sich da im Moment wirklich was ändert im Bewusstsein?

Natürlich. Ich glaube nur nicht, dass man es mit einer Quote verordnen kann. Ich habe zwar die Quote unterschrieben, weil ich finde, irgendwann muss man ja mal anfangen und sagen, wir wollen, dass im Vorstand soundsoviele Frauen beteiligt sind, und wir werden dafür auch genügend fähige Frauen finden. In den künstlerischen Berufen ist es schwierig, das zu verordnen. Ich bin auch davon überzeugt, dass sehr viele talentierte Frauen nicht jede Regiearbeit annehmen können, weil ihre zwei Kinder gerade krank sind. Zum Beispiel die wunderbare und von mir sehr verehrte Anke Engelke, die jedes Jahr die Berlinale auf eine geradezu genial komödiantische Art eröffnet. Ich habe sie mal gefragt: „Von wie vielen amerikanischen Produzenten hast du bereits Angebote bekommen?" Und sie hat gesagt: „Du meinst berufliche?" „Ja", sage ich, „berufliche. Wie viele hast du angenommen?" Sie sagt: „Du, ich konnte leider keine annehmen, weil eines von meinen drei Kindern war immer krank." So sieht es aus.

Sie beobachten diese Entwicklung und unstrittig ist, dass Frauen ihren Platz, der ihnen zusteht, mittlerweile in großer Breite einklagen. Wären Sie jetzt gern, ich meine die Frage nicht uncharmant, ein bisschen jünger, um den Erfolg der Frauen begleiten und erleben zu können?

Lieber Hubertus, ich war in den 70ern jung und da waren wir doch schon mal weiter als jetzt. Das ist ja das Verrückte, dass man meint, man hat zwei Schritte nach vorne getan, und dann muss man einen wieder zurückgehen. Aber einer bleibt immerhin. Ich habe die Emanzipation der Frau immer so verstanden, dass man sich nicht gegen den Mann emanzipieren kann, sondern nur mit dem Mann. Darum konnte ich mich in den 70ern emanzipieren, weil ich einen sehr souveränen Mann habe. Du brauchst immer einen emanzipierten Mann, um eine emanzipierte Frau zu sein. Natürlich wäre ich immer gerne jünger. Ich habe eine wahnsinnig schöne Jugend gehabt, war ständig verliebt, hatte ständig dieses Aufbruchsgefühl und die Erwartung ans Leben ist etwas Wunderbares. Das fehlt mir heute ein bisschen.

> **» Du brauchst immer einen emanzipierten Mann, um eine emanzipierte Frau zu sein. «**

Liebe Senta Berger, meine letzte Frage: Sie haben mal in einer Abwandlung des Hermann-Hesses-Zitat gesagt: „Mit der Reife wird man immer jünger." Wie jung sind Sie?

Tja, in mir ist sicherlich immer noch das kleine Kind, die Senta aus Wien. Ganz und gar kann man das natürlich nie ablegen. Aber ich bin schon ganz schön alt und ich habe schon ganz schön viel gesehen und erlebt. Man soll nicht undankbar sein und sich nicht jünger wünschen, als man wirklich ist.

Es hat mich sehr gefreut, dass Sie heute mein Gast waren.
Vielen Dank.

Ann-Marlene Henning

Die dänische Sexualtherapeutin Ann-Marlene Henning ist die Tochter einer Krankenschwester und eines Kriminalbeamten. Durch ihre Mutter erfuhr sie früh und unverblümt, wie man mit einem Bandwurm fertigwird. Ihrem Vater hat sie zu verdanken, dass sie in der Schule immer wieder „die blöde Neue" war; er wurde berufsbedingt häufig versetzt. Vielleicht erklärt das ihre Neugierde. Sie steht für „Spürspaß", will immer in Kontakt gehen, sucht das Echte. In der Praxis der Sexual- und Paartherapeutin, die im Übrigen Neuropsychologie studiert und einen Master in Sexologie hat, hängt ein Schild, auf dem steht: „Keine Ehe vor dem Sex." Sie hat Humor. Und ist in ihrem Fach eine Klasse für sich.

Ich freue mich, denn ich habe heute eine wunderbare Frau zu Gast, die den weiten Weg nach Celle gefunden hat. Ann-Marlene Henning ist da. Herzlich willkommen!
Danke schön!

Ann-Marlene Henning und ich duzen uns, weil wir uns zum einen mögen, zum anderen kennen wir uns und außerdem gibt es in Dänemark kein „Sie" – oder doch?

Doch, gibt es noch. Aber viele Ältere würden bei so einer Ansprache sagen: „So alt bin ich ja nun auch wieder nicht! Lass uns duzen."

Also ist Siezen unhöflich.
Nein, altmodisch!

Ein Lieblingswort von dir, wenn es um Sexualität geht, ist das Wort „Spürspaß". Ich habe aber den Eindruck, dass der Spürspaß bei dir schon seit deiner frühesten Kindheit in anderen Lebensbereichen im Zentrum stand. Du stammst aus Dänemark, die Mutter war Krankenschwester, der Vater war Kriminalkommissar. Ihr seid oft umgezogen, weil der Vater vermutlich versetzt wurde. Was war das für eine Kindheit?
Während man mittendrin steckt, ist es anders, als wenn man später anfängt, darüber nachzudenken. Im Nachhinein habe ich gesehen, dass ich alles, worin ich gut war, beispielsweise jede Sportart, abbrechen musste, weil ich so oft umziehen musste, denn meistens gab es gerade die oder jene Möglichkeit im neuen Ort nicht. Auch meine Freunde waren irgendwie überall verteilt.

>> **Ich musste sehr früh auf die harte Tour lernen, tolerant und flexibel zu sein.** «

Aber das mit Freude?
Heute ja, aber damals ging es mir ehrlich gesagt sehr, sehr lange nicht gut damit, denn ich war immer die Neue. Ich kam in die neue Klasse, alle saßen da und guckten mich an, ich stand in der Tür mit der Mutter im Rücken und dahinter noch die Direktorin. Heute gucken mich auch alle an, aber jetzt nutze ich es zu meinem Vorteil.

Aus Kindheit und Jugend sind keine Freundschaften erhalten?
Eine. Ansonsten sind sie wirklich quer verteilt, ich kenne in Deutschland mehr Menschen. Also ich bin fast deutsch geworden, ist das gut oder schlecht?

Aus meiner Sicht ist das absolut gut, also wir heißen dich ganz herzlich willkommen!
Danke!

An anderer Stelle hast du erzählt, dass deine Mutter, wenn sie nach ihrem Dienst als Krankenschwester aus dem Krankenhaus kam, sehr unverblümt einige Dinge erzählt hat, sodass dir schon relativ früh nichts Menschliches wirklich fremd war.
Da fällt mir auch sofort eine Episode ein, die sie, warum auch immer, erzählt hat. Es geht um einen Bandwurm, auf Dänisch heißt der Bændelorm, und den konnte man früher tatsächlich am besten finden, indem man da geguckt hat, wo er mit rausgekommen war. Es war aber wichtig, dass man den Kopf finden musste und nicht nur den unglaublich langen Körper, ansonsten würde der Wurm noch mal wachsen. Sie hat es ganz entspannt erzählt und in aller Ruhe erklärt. Das war immer so: Ich konnte fragen und bekam eine Antwort. Eine entspannte Antwort.

Das heißt, du warst neugierig. Du hast sicherlich früh gelernt, loszulassen. Ein Kind, das oft umzieht, muss das zwangsläufig trainieren.
Die Frage ist, wann man das macht, denn es fühlt sich nicht losgelassen an, sondern völlig verkrampft, unglücklich, traurig. Kindergeburtstage, man ist nicht eingeladen. Tanzpartys, man ist nicht eingeladen …

Es fällt mir schwer, das zu glauben.
Man gewöhnt sich eigentlich nicht dran. Nicht als Kind, nicht als Jugendlicher. Irgendwann, wenn mehr kognitive Anteile dabei sind, also wenn man über das Leben nachdenkt und plötzlich merkt, es interessieren sich doch welche für mich, wenn ich mich nur nicht so verstecken würde.

Aber wann begann dann das, was du bei der Sexualität den „Spürspaß" nennst? Wann begann so etwas wie eine Identität, wo du gesagt hast,

das möchte ich vielleicht nach der Schule studieren, ich interessiere mich dafür?
Ich hatte zwar ein Faible für Psychologie, habe aber bei der Berufsberatung nach dem Abitur zwei Kreuze gemacht: Jura und Psychologie. Der Psychologe wurde dann aber krank und ich studierte Jura, obwohl ich mich eigentlich mehr für Psychologie interessierte. Die nächste wirklich spontane Entscheidung, ohne viel nachzudenken, war dann, nach Deutschland zu ziehen. Jura hat mir nicht gefallen und ich hatte zwischenzeitlich einen deutschen Mann kennengelernt.

> » Ich will irgendwie Kontakt. Ich will Inhalt, Echtheit. «

Ach, der Mann war's.
Es war die Liebe. Es war der Mann. Und erst in Deutschland, als ich irgendwann nach fünf oder sechs Jahren anfing, Psychologie zu studieren, habe ich wirklich drüber nachgedacht, dass mich das interessiert, dieses Spüren, der Mensch, das Nahe.
Interessant übrigens, dass du vorhin sagtest: dieser Spürspaß in anderen Bereichen des Lebens. Ich wollte dir fast ins Wort fallen und sagen: Das sagt mein Freund immer zu mir, dass es mir nur und nur darum ginge. Und was heißt das, wenn ich Spürspaß will und wir jetzt nicht den Sex meinen? Das heißt, dass ich irgendwie Kontakt will. Ich will Inhalt, Echtheit, das meine ich damit. Ich suche fortwährend das Spüren vom anderen und von mir selbst.

Aber wir können uns darauf einigen, glaube ich, dass Sexualität zunächst mal nichts anderes ist als eine Form der Kommunikation?
Ja!

Ich habe das Gefühl, du vertraust dem Leben, denn du sagst, du hast Jura nur studiert, weil der Psychologe krank war. Viel später bist du so ähnlich zur Sexologie gekommen, indem du im Grunde einem Zufall vertraut hast.

Aber was mich zunächst interessiert, ist, dass du als junge Frau sehr krank geworden bist.

Ist 32 jung? Das muss ich jetzt wirklich betonen: Wenn man „junge Frau" sagt, dann denkt man an 18- oder 25-Jährige – ich hatte schon ein vierjähriges Kind mit 32.

Ja, aber du hattest mittlerweile bei einer Bank gearbeitet, warst als Model unterwegs, hast gesungen, hast dich ein wenig mit dem Jurastudium befasst in Aarhus und bist dann Psychologin geworden. Du bist Sexual- und Paartherapeutin und gehst auch als solche in die Öffentlichkeit. Der Eindruck bei der Vorbereitung des Gespräches war, dass du das vielleicht nicht gemacht hättest, wenn du vorher nicht sehr krank gewesen wärst. Ist das eine falsche Annahme?

Ich habe Psychologie studiert, Neuropsychologie, und habe in der Reha gearbeitet. Ich arbeitete mit Menschen, die eine Hirn-OP, Schlaganfälle oder Blutungen im Gehirn überlebt hatten und im Nachhinein mit allen möglichen Behinderungen leben mussten. Selber hatte ich Glück, mir war das nicht passiert, aber ich konnte diesen beruflichen Weg nicht weitergehen und wusste ehrlich gesagt erst nicht, was ich dann machen könnte. Wie du schon sagtest, es war dann wieder der Zufall. Irgendwann stand es ganz klar da: Ich werde Sexologin. Nicht nur, weil ich so leicht über Sex reden kann und es so ein spannendes Thema ist, sondern auch meine psychologische Ausbildung gut dafür nutzen kann, und zwar für Positives, noch mehr Positives.

> **» So kann ich wirklich etwas in der verklemmten Gesellschaft verändern. «**

Aber noch mal zu der Frage: die Krankheit. Du hast Aneurysmen gehabt, es bestand also die große Gefahr, Hirnblutungen zu bekommen.

Genau, ich hatte Glück, die haben noch nicht geblutet. Ich hatte einen siebten Sinn …

Aber man musste operieren. Das war tragisch. Besonders für eine junge Mutter, die eine schlechte oder schwierige Ehe geführt hat zu dem Zeitpunkt.

Es ist interessant, dass du das so sagst, denn bezüglich der Angst habe ich es so nicht empfunden. Ich habe eher Angst, wenn ich Dinge nicht weiß. Habe ich vielleicht Krebs oder habe ich sonst was? Also ich mache mir alle möglichen Gedanken und bin in Sorge um das Ungewisse. Aber in dem Moment, wo man rausfand, dass ich drei Aneurysmen habe, war ich die Ruhigste von allen. Ich wusste, ich habe Blutbomben im Kopf und die kommen raus, rechtzeitig. So bin ich, das ist mein Pragmatismus, das muss jetzt gemacht werden. Und dann wird es gemacht. Die Probleme kamen erst danach. Ja, es war schon eine heftige Nachricht, aber tragisch fand ich die wirklich nicht. Ich weiß nicht, warum, aber ich habe immer gedacht, das geht gut bei mir.

> **» Ich habe eher Angst, wenn ich Dinge nicht weiß, und mache mir Sorgen um das Ungewisse. «**

Wenn man so eine Erfahrung gemacht hat, kann dann das Befassen mit Sexualität gleichbedeutend sein mit dem Befassen mit Lebendigkeit, mit Leben pur?

In dem Fall ja. Da kann man so viel ausleben, aber natürlich auch einfach Lebendigkeit im Leben, spielerisch, wach bleiben, Neugierde – das gehört alles zusammen, da kommt doch sofort das Wort Sexualität, oder?

Das ist meine Frage. Wenn man so etwas hinter sich hat, ist man dem Thema gegenüber offener, gerade als Psychologin? Dass man sagt, es ist ein Rettungsanker?

Für viele ja. Aber für mich nicht. Sexualität ist einfach da, das ist nichts Besonderes, für mich ist das einfach so. Sie ist immer da und es funktioniert, ich habe Lust, ich habe das gar nicht in diesen Zusammenhang gebracht. Es war tatsächlich einfach ein Zufall, dass ich letztendlich dahin kam.

Der Zufall war ein Schlüssel.
Ja, und alle denken, es ist eine Pressegeschichte. Ist es aber nicht.

Ich denke es nicht.
Du denkst es nicht, du glaubst mir das, ja?

Ich glaube, dass du einen Schlüssel abholen wolltest aus der anderen Etage.
Genau. Eine Freundin und ich waren zu der Zeit nebenbei auch Models und wir wussten, das nimmt ein böses Ende, wenn wir jetzt keine guten anderen Jobs finden. Wir sprachen dauernd darüber, was wir aus unserem Leben machen sollen. Also so um die 40. Irgendwann war meine Freundin in Kopenhagen und sollte einen Schlüssel abholen. Sie kam zu spät und es hing dort ein Schild „Schlüssel ein Stockwerk höher". Dann habe ich mal wieder mit ihr telefoniert, als sie gerade da in Kopenhagen war, und dann sagt sie: „Du, das mit dem Schlüssel da oben – warum wirst du eigentlich nicht Sexologin? Da saßen so lauter welche wie du!" Sie hatten den Schlüssel bei den Sexologen abgegeben. Meine Freundin fand einfach, das bin ich, das ist was für mich. Und ich wusste, was sie meint, erstaunlicherweise. Da saßen lauter Krankenschwestern, Ärztinnen, Sozialpädagoginnen, Hebammen, eben Frauen im besten Alter. Alle mit einem Beruf in der Tasche und sie wollten einen zweiten obendrauf packen: Sexologin. Ich bin nach dem Gespräch mit meiner Freundin direkt zum Computer, der damals fest an der Wand verankert war, habe mich eingeloggt und gleich angemeldet. Und ich wurde angenommen! Und dann kam die Frage an mich selbst: Sag mal, wie blind bist du eigentlich, dass du da nicht früher draufgekommen bist? Ich wusste doch, dass es in Dänemark Sexologen gab und dass man es dort an der Uni studieren konnte.

Gut, dass sie den Schlüssel nicht beim Tierarzt abgegeben hat, dann säßen wir vermutlich heute nicht hier. Aber wenn man jetzt noch einmal auf deine Kindheit und Jugend schaut, vor allem auf die Kindheit, inwieweit

werden unser sexuelles Leben, unsere Fantasien, unsere Sehnsüchte in der Kindheit geprägt?

Schaut man es beispielsweise wissenschaftlich an, zeigt sich, dass die meisten Lernschritte für Sexualität im nichtsexuellen Bereich gemacht werden und es schon sehr früh im Leben beginnt. In meinen Vorträgen zeige ich gern ein Foto mit meinem Vater, wo ich vielleicht vier oder fünf Monate alt bin. Er beugt sich rüber zu mir und ich gucke ihn an, während ich über das ganze Gesicht strahle. Da ist ein Kontakt zwischen uns beiden. Dieser innige Kontakt, der Augenkontakt. Mein Beispiel zeigt, wie wichtig es ist, dass wir uns sicher und angenommen fühlen können. Das passiert, wenn wir gehalten und gestreichelt werden, wenn wir beachtet und ernst genommen werden. Alle Zellen im Körper wissen das, also alles wird da angelegt, könnte man sagen.

> **» Es ist so wichtig, dass wir uns sicher und angenommen fühlen. «**

Wenn du dich beschreibst, beschreibst du deine Familie. Die Mutter, der Vater, der Bruder. Sie haben dir geholfen, als du krank gewesen bist. Sie sind nach Hamburg gekommen und haben dir beigestanden. Also eine intakte Familie, in der du aufgewachsen bist. In Dänemark. War es eine typisch freizügige skandinavische Familie? War das Thema Sexualität überhaupt in der Familie ein Thema oder ist das schon viel zu akademisch?

Nein, das ist okay. Gut, dass du das fragst, denn das bedeutet ja schon was, in einem so anderen Land groß geworden zu sein. Wie ich schon erwähnt habe, es war einfach immer alles so ganz normal irgendwie, das mit dem Thema Sex. Ich habe meine Eltern natürlich nicht gesehen, wie sie sonst was gemacht haben im Bett, aber ich habe gesehen, wie sie sich einen Klaps gegeben haben zwischendurch oder sich vielleicht kurz geküsst haben. Ich dachte als Erwachsene, sie wären damals um die 40, aber nein, sie waren erst Mitte 20. Die Pille gab es ja damals noch nicht, ich bin 64 geboren und ich bin eine von den typischen „Ausrutschern". Meine Eltern waren halt gerade mal 20. Das heißt, sie waren fast noch Teenager. Wenn man heute weiß, dass die Pubertät bis 30 oder so geht, also bis das Gehirn fertig entwickelt ist, dann hatte ich Eltern, die mitten in ihrer lebendigen Jugend standen, da fährt die Sexualität gerade auf Hochtouren. Und das in dieser Zeit! Mitten in der sexuellen Revolution. In Dänemark, wo es, ähnlich wie in der damaligen DDR, angesehen und gewollt war, dass Frauen arbeiten, eine wirkliche Rolle haben, also auch eine Sexualität. Man hörte über diese Themen im Radio oder man las darüber in Zeitungsartikeln, denn es gab zu der Zeit bereits Sexkolumnen. Es stand sogar ein Pornoheftautomat genau gegenüber der Schule. Viereckige Fächer, wo man durchs Glas gucken konnte, aber wir haben das nur kurz nebenbei gemacht, es war ja so alltäglich. Ich konnte an jeder Tanke in Pornohefte schauen. Irgendwie eine Selbstverständlichkeit. Niemand hat darüber gesprochen, dass das nicht gut sei.

Du bist in die Schweiz gegangen und hast dort was studiert?
Das Behandlungskonzept heißt „Sexocorporel". Es ist ein ganzheitliches, integratives körperpsychotherapeutisches Modell. Letzteres betone ich, weil bei so vielen anderen Therapieformen der Körper nicht wirklich im Fokus ist oder überhaupt stattfindet, das finde ich immer ein bisschen merkwürdig. Also dieses Modell befasst sich mit dem Körper und auch mit dem Kopf, muss man sagen. Mit Ideologien, Wertungen, den inneren Zeigefingern, wie Kirche und Eltern sie häufig hochhalten und noch viel mehr. Das sind alles Teile des sexuellen Systems von jedem Einzelnen mit unterschiedlicher Ausprägung. Und das Schöne bei dem Modell ist, es geht um sexuelle Gesundheit, also was für Fähigkeiten hat jemand. Und nicht darum, was er oder sie alles nicht kann.

Bevor wir uns diesem heiklen Thema mit Humor und angemessenem Ernst widmen, wollen wir ein wenig Musik hören. Das gehört zum guten Brauch bei Meyer-Burckhardts Frauengeschichten, dass unser Gast drei Songs mitbringt. Was ist dein erster Musikwunsch?
„So What The Fuss". Es ist von Stevie Wonder. Der Text ist super, es geht mir aber besonders um den Groove. Also diesen Beckengroove, dieses …

Ich weiß genau, was du meinst!
Du weißt genau, was ich meine?

Der Beckenboden entfernt sich vom Körper …
… und tanzt allein weiter, ja!
… und kommt erst zum Ende des Songs zurück. Stevie Wonder!

[L i e d   w i r d   g e s p i e l t]

Lass uns ein bisschen reden über das, was die Sexualität blockiert. Du hast eben erzählt, es gab in Dänemark Automaten für Pornohefte gegenüber von Schulen und dass das ein Ausdruck von Liberalität und von Entspanntheit war. Gleichzeitig merkst du aber an, dass es nicht zu begrüßen ist, wenn Menschen, vor allen Dingen junge Menschen, sehr früh Pornofilme gucken, weil es im Gehirn etwas auslöst.
Ja, ein Heft ist eine Sache, die Filme heutzutage etwas ganz anderes. Aber erst mal möchte ich Stellung beziehen zu der „medialen Skandalisierung": Sehr oft wird gleich alles als skandalös, schlimm und schlecht betitelt. So sollte es nicht sein, es gibt zum Beispiel Porno und Porno. Gerade Mainstreamporno hat tatsächlich für einige Männer negative Auswirkungen. Sie werden direkt abhängig von Porno und vermeiden alsbald den Sex mit ihren Partnerinnen. Laut Wissenschaft gibt es allerdings Unterschiede zwischen jungen Männern, die Pornos gucken, und, ich darf es mal so sagen, Männern eines gewissen Alters. Die Gehirne der sehr jungen Männer kennen nur das, was sie da sehen, wogegen die älteren Männer schon echten Sex hatten, bevor sie zu den Pornos kamen. Bei beiden Gruppen kann tatsächlich eine Abhängigkeit entstehen, bei der das Gehirn reagiert wie bei einer Drogensymptomatik: Man bekommt nie genug, braucht immer mehr, leidet an Depressionen und, und, und.

Man hat nie genug.
Genau. Nie genug. Nie zufrieden. Und wenn Männer ab einem gewissen Alter

dann damit aufhören wollen, geht das ganz gut, bei jungen Leuten aber manchmal eben nicht – weil das Gehirn im sexuellen Skript nichts anderes kennt!

Ist das der Grund, warum Treue wieder eine größere Rolle spielt?
Das war jetzt aber ein großer Sprung! Aber ja, ich sehe einen Zusammenhang.

Sozusagen eine Flucht ins Entsexualisierte, in die Idylle?
Ja, ich nenne diese jungen Leute Generation Sehnsucht. Also Sehnsucht nach Stille, nach richtigen Beziehungen, weniger Leuten, weniger Störung, einer gewissen Ruhe und Echtheit.

Du sagtest, bei dir zu Hause hängt das Schild „Keine Ehe vor dem Sex".
Stimmt. Damit oute ich mich jetzt sicherlich extrem bei bestimmten Leuten. Es gibt ja Kulturen, die das ganz anders sehen. Ist ein schweres Thema, wenn wir da reinkommen.

Dann gehen wir mal rein. Wir können schließlich bei diesem Thema Religion und Kirche nicht außen vorlassen.
Wohl wahr.

Gibt es eine Verbindung zwischen religiöser, konfessioneller Bindung und sexueller Verklemmtheit?
Dazu gibt es alle möglichen Theorien. Die Religionen selbst verbieten den Sex ja meist nicht, sondern es ist die Kirche, die alles umdeutet und als „Gottes Wille" verkauft, da liegt das Problem für mich. Ein totaler Schwachsinn manchmal, ich kann mich maßlos darüber aufregen.

Ist mein Eindruck richtig, dass die Kirchen oder die Religionen eins gemeinsam haben: dass sie im Grunde immer schon einen Feldzug gegen den weiblichen Körper geführt haben?
Nicht immer und auch nicht alle. Vielleicht eher die Männer der Kirche, wie

eben schon erwähnt. Es gibt verschiedene Meilensteine, wie zum Beispiel die Einführung der Ehe oder die „Erfindung" des Jungfernhäutchens, welches es so gar nicht gibt. Es geht immer darum, dass der Mann wichtig ist und die Frau kontrolliert werden muss.

Viele Paare, die in deine Praxis kommen, haben keine Lust mehr auf Sex. Ist das unterschiedlich gewichtet zwischen Männern und Frauen? Haben Frauen häufiger keine Lust mehr auf Sex als Männer?
Nein, das ist wirklich ein Vorurteil. Es gibt immer mehr Paare, da hat die Frau Lust und der Mann nicht, aber letztendlich gibt es beides.

Wenn sie sagen, sie haben keine Lust mehr auf Sex, heißt das wirklich, sie haben keine Lust mehr auf Sex oder haben sie keine Lust mehr auf Sex mit ihrem eigenen Partner? Das ist ja unter Umständen sehr kompliziert.
Sehr oft heißt es das tatsächlich. Oder sie haben keine Lust mehr auf den Sex, so wie sie ihn haben. Generell ist aber Lust da.

> **» Ich nenne diese jungen Leute Generation Sehnsucht. «**

Ein Leben in Treue, ein Leben in sexueller Treue, ist das etwas, was noch in diese Zeit passt? Muss man sich sehr viel einfallen lassen, um da eine gewisse Vitalität zu behalten? Oder ist es so, dass wir dem Sex einfach einen viel zu großen Stellenwert einräumen?
Die Sensation des Tages! Ja, ich glaube, wie schon angedeutet, wir räumen dem vielleicht viel zu viel Bedeutung ein.

Aber was sagt man einem Paar, das traurig einander liebend vor der Therapeutin sitzt und sagt: „Ich liebe sie, ich liebe ihn, aber …"
Ich finde es ganz spannend, dass du das fragst, denn es ändert sich über das letzte Jahr bei mir im Kopf etwas, weil sich in der Gesellschaft etwas ändert. Es

wird normaler, offene Beziehungen zu führen. In der Praxis aber muss ich erst mal einiges rausfinden. Spüren die beiden ihre Körper überhaupt, was machen sie, welchen Sex haben sie? Danach kann der Sex ein bisschen verbessert werden oder die Kommunikation. Es gibt aber auch den Gedanken, ob das Paar überhaupt zusammen sein muss. Insgesamt arbeite ich mit den Paaren daran, dass sie reifen und vor allem verstehen, dass es sowohl Nähe als auch Distanz braucht, um Sex zu wollen. Und ganz wichtig, es wird nie wieder wie am Anfang! Danach sehnen sich aber so viele Paare …

Für das eine oder andere Paar wäre es wirklich eine Möglichkeit, auch andere Beziehungsmodelle zuzulassen. Wenn man aus gesellschaftlichen Gründen oder aus konventionellem Denken heraus meint, das kommt nicht infrage, wir dürfen nicht anderweitig Sex haben, blockiert es alle anderen Möglichkeiten als Monogamie. Beide haben vielleicht schon daran gedacht, aber niemand sagt etwas, weil es mit der Gefahr einer Trennung assoziiert wird. Und da kommt jetzt der Haken: Es kann auch gefährlich werden, aber man kann neue Regeln oder Vereinbarungen aufstellen, damit es besser klappt. Hauptsache, das Paar ist sich einig, dass sie zusammenbleiben wollen und beispielsweise die Familie nicht aufbrechen wollen. Ein häufig genannter Grund. Dann geht manchmal mehr als vorher gedacht!

> **» Es braucht sowohl Nähe als auch Distanz,
> um Sex zu wollen. «**

Du hast mal beim Einschlafen, dein Mann lag neben dir, den Namen des Ex geseufzt.

Oh! Wo, wann habe ich dir das erzählt?

Das hast du mir nicht erzählt, das hast du einem größeren Presseorgan anvertraut.

Ach, guck an.

Und dein Mann hat herzlich gelacht – später.

Ja, aber es war schon ziemlich unangenehm, denn ich war frisch verliebt und in der zweiten Nacht oder so, beim Einschlafen, kommt ein Seufzer und dann der Name von dem Mann, von dem ich mich ein Jahr vorher getrennt hatte. Eine große Liebe. Das war so peinlich!

Dein Mann scheint also nicht sehr eifersüchtig zu sein?
Stimmt, aber das Beispiel mit dem Bett geht noch weiter, denn ich habe mich wie verrückt versucht zu erklären, gleich da mitten in der Nacht. Nur weil ich nicht dazu stehen wollte, diesen Namen gesagt zu haben. Mein Mann ist später nach Kopenhagen gefahren, da wohnte er damals, und ich habe mich echt gequält mit dem Gedanken an diese peinliche Situation. Immer wenn wir geskypt haben, dachte ich, er guckt mich so komisch an, er hat das wirklich mitgekriegt. Ich wusste einfach nicht, ob er es wusste. Ich habe dann für mich entschieden, es ihm beim nächsten Skype zu sagen. Unglaublich, so alt wie ich bin, aber mein Herz hat wie wild geklopft und ich fühlte mich wie ein Schulkind. Dann habe ich es gesagt und er meinte: Ach, das ist mir schon oft passiert. Für mich war jedenfalls wichtig, dass ich Vertrauen gezeigt habe, ich habe mich getraut, zu einem Missgeschick zu stehen. Und durch seine Antwort habe ich ihn besser kennengelernt, wir haben weitergesprochen, es ist Intimität entstanden und die muss man haben.

Nun ist erst mal Zeit für unseren Rod-Stewart-Song. Er ist aus den Achtzigern und heißt „Body wishes".

[Lied wird gespielt]

Während des Songs sagtest du gerade: Wenn man die sexuelle Treue in der Ehe aufhebt, muss man sehr vertrauen können. Sind wir in der Lage, die kulturellen Prägungen, mit denen wir groß geworden sind, zu überwinden?
Gesellschaften verändern sich. Es gibt so viele neue, tolle Beziehungsmodelle und ich habe tatsächlich jetzt Paare, die das erfolgreich versuchen zu leben,

also beispielsweise die Mehrpartnerei. Vor zehn Jahren hätte ich das noch nicht gedacht. Aber es braucht eine gewisse Reife aller Beteiligten.

Es gibt in Hamburg einen Sexshop für Frauen, in einer Straße mit Bushaltestelle vor der Tür und einer Ampel. Das heißt, wenn eine Frau diesen Laden betritt und ihn wieder verlässt, wird sie gesehen. Wann immer ich da vorbeifahre, ist dort ein munteres Kommen und Gehen.
Und du guckst immer hin?

Ich gucke immer hin, denn ich habe, das kann ich sagen, großen Respekt vor den Frauen, die zu ihren sexuellen Bedürfnissen stehen und sie auch erfüllt haben möchten. Sie gehen dann offenbar auch in den Sexshop, wo sie die entsprechende Beratung durch Fachpersonal bekommen.
Und weißt du was? Zufälligerweise hat die Dame, die diesen Shop übernommen hat, auch ein abgeschlossenes Sexualtherapeuten-Studium, denn die Leute wollten so viel wissen und sie konnte früher nicht ausreichend antworten. Das ist auch so eine Sache, die sich geändert hat. Die Leute haben gemerkt, dass es in diesem Bereich viel mehr zu hören und lernen gibt, als sie dachten. Sie möchten mehr wissen. Sie haben auch gemerkt, dass es Spaß bringt, über Sex zu reden und etwas zu wagen.

Geraten die Männer in eine größere Identitätskrise, weil die Frauen, zumindest viele Frauen, eine selbstbewusstere Rolle einnehmen?
Einige bestimmt, es gibt Stimmen, die sagen, Frauen haben ihren Kampf im Blick auf den Feminismus bereits geführt und die Männer haben ihren nun noch vor sich. Auf jeden Fall kommt ein Macho nicht an und ein Warmduscher auch nicht. Der „neue Mann" entwickelt sich wohl erst.

Du hast mal die Zeit beschrieben zwischen deinen Ehen oder Partnerschaften, wo du auch eine Weile als ungebundene Frau im Dschungel der Großstadt verbracht hast. Wie haben sich Männer dir gegenüber verhalten?

Das war schon ein bisschen merkwürdig, ehrlich gesagt. Als ich jünger war, lernte ich viele Männer kennen, habe das Leben genossen und plötzlich, als ich dann Single war mit 40, ging gar nichts. Ich dachte nur, okay, ich bin jetzt alt. Irgendwann ist mir dann aber aufgefallen, dass die Männer, mit denen ich ausging, manchmal so komisch fragten, ob Männer wohl vor mir nicht Angst hätten – eine Sexologin! Da kam mir der Gedanke: Ja, das hatten sie, die hatten Angst vor mir! Ich habe Vereinbarungen zum ersten Date gehabt und schwups, wurde das Date völlig unvermittelt abgesagt. Die haben bestimmt gegoogelt. Ich war wirklich verzweifelt, denn ich war über zwei, drei Jahre Single. Wie die Amerikaner sagen: I couldn't get laid. Ich hänge nicht gerne in Bars oder Swingerclubs ab.

Reden wir noch mal über Leistung, über Leistungsdruck in der Sexualität. Es gibt unter Männern, die impotent sind, ein hohes Maß an Depressionen bis hin zu Suizidgedanken. Wie begegnet man dem Thema als Paartherapeutin?

Dies ist eine sehr große Frage. Ich versuche es kurz. Viele Männer machen ihre Probleme mit sich aus und das ist ein großes Problem. Deswegen muss ich es so deutlich sagen, wie ich nur kann, dass es uns Sexualtherapeuten gibt, denn man kann meistens etwas Positives erreichen, deswegen muss sich kein Mann umbringen. Aber die Potenz ist etwas Essenzielles, darin liegt das erfolgreiche Mannsein und das ist ein großer Teil der Identität. Wenn die Erektion plötzlich nicht mehr funktioniert, ist das ein sehr ernstes Thema, unter dem viele leiden und wie erwähnt nicht zum Arzt oder zum Sexualtherapeuten gehen, weil sie denken, man kann nichts tun.

> **» Viele Männer machen ihre Probleme mit sich aus und das ist ein großes Problem. «**

Du hast in einem deiner Bücher Zahlen aufgelistet: 60 % der Amerikaner gehen bei sexuellen Störungen zu einem Arzt, 40 % der Europäer, aber nur

20 % der Deutschen, und die gehen dann zum Urologen, was letztendlich nicht sehr zielführend ist.

Es ist zielführend, wenn der Urologe weiß, dass es Sexualtherapeuten gibt. Aber es ist echt verheerend, ehrlich gesagt, denn die Urologen empfehlen dann oft einen Psychologen. Ich bin ja auch Psychologin, aber ich habe im Studium nichts über Sexualität gelernt, rein gar nichts. Ich wünsche mir also, dass alle Gynäkologen und alle Urologen lernen, den Betroffenen zu sagen, dass es wunderbar ausgebildete Sexualtherapeuten gibt und dass man was tun kann.

Diese Worte wollen wir auf uns wirken lassen, während noch einmal Musik läuft, die für die eine besondere Bedeutung hat. Der zweite Song, den du dir gewünscht hast, ist von Erykah Badu mit dem Titel „Honey". Welche Rolle spielt er in deinem Leben?

Mein jetziger Lebenspartner hat sich gewünscht, dass ich den Song singe. Damals, also damals ist nur drei Jahre her, da habe ich das Lied für ihn gesungen.

[L i e d   w i r d   g e s p i e l t]

Welche Rolle spielen Fantasien in der Sexualität? Viele Menschen gestehen sich diese ja gar nicht ein.

Die können eine große Rolle spielen, aber auch da gibt es tatsächlich einen Geschlechterunterschied. Die Männer haben welche und stehen dazu, viele Frauen dagegen sagen, sie hätten gar keine. Häufig stimmt das nicht, Frauen denken aber irgendwie nicht so viel drüber nach, sie schämen sich mehr. Fantasien können extrem gut für die Erregung sein.

Kann man beim Sex reden?

Kann man, muss man aber nicht.

Spielt Humor eine Rolle?

Auf jeden Fall, denn es passieren immer Pannen, oder?

Deine These ist, dass Männer, die unbedingt gute Liebhaber sein wollen, die ihrer Partnerin um jeden Preis alle ihre sexuellen Wünsche erfüllen wollen, auch irgendwann keine Lust mehr empfinden.

Ja, das stimmt. Das ist ein Mann, der sich intensiv um seine Frau kümmert, und damit ist kein Warmduscher gemeint, der sehr liebevoll ist, mit Herz und Seele, der sich aber dabei selbst vergisst. Es gibt ein tolles Modell: Die Liebe ist die eine Säule und der Sex ist die andere Säule, darüber liegt die Beziehung und ein Paar braucht beides. In den beiden Säulen findet sich Körperlichkeit. In der Liebessäule ist es beispielsweise das Schmusen, das Halten, Gemütlichkeit, aber auch ein gemeinsames Haus, Kinder oder ein Hund. In der Sexsäule ist die Lust, die Genitalität. Die meisten denken, man springt ganz einfach von der einen in die andere Säule, ohne was zu tun, genau wie damals, als man verliebt war. Aber bei Paaren, die länger zusammen sind, muss man aktiv etwas tun, um rüberzuhüpfen. Das passiert nicht mehr von allein.

Du sagst, das Gehirn sei unser größtes Sexualorgan. Wir sind also kopfgesteuert – ist das gut oder ein Problem?

Es gibt mittlerweile Studien, die besagen, dass unsere Gedanken, der Kopf also, der größte Sexkiller überhaupt sind. Aber das Gehirn ist flexibel, kann immer neu lernen und umlernen, es ist nur anstrengend, ja. Aber der Kopf ist tatsächlich der größte Kontrahent für die Lust und für alles Mögliche.

Ein Paar sagte: „Wir haben kein SM, ist das normal?"

Da haben wir's wieder, dieses „man muss alles" und „es gibt alles". Ich finde, es wäre normal, wenn sich jedes Paar das Recht nehmen würde, sie selbst zu sein: Das sind wir. Und so, wie wir es machen, wollen wir es. Wir müssen nicht alles ausprobieren, was andere vielleicht machen, wenn wir es nicht wollen.

Das setzt einen liebevollen Dialog voraus und dass beide sich auch Schwächen eingestehen.

Das denke ich auch, denn sonst ist es ja keine richtige Kommunikation.

» Wenn man immer sich selbst oder Dinge versteckt, wie kann der andere dann sehen, wer man ist? «

Muss man sich von mühsam errichteten Rollenbildern verabschieden? Wenn der Mann eine Frau begehrt, gibt er ein besonders gutes Bild von sich ab, er erobert die Frau. Das ist zumindest die Sprache der früheren Generationen gewesen. Er möchte gut dastehen, die Frau ebenfalls und irgendwann schleicht sich dann das ein, was man den „wahren Menschen" nennen kann.

Ja, aber das muss ja nichts Schlechtes sein und so, wie du es beschreibst, finde ich es toll. Die unterschiedlichen Energien der Geschlechter sollen ja nicht verschwinden, im Gegenteil. Das ist ja das Spielerische. Manchmal ist es der Mann, der verführt, und manchmal ist es die Frau. Es ist ein Spiel, in dem man den anderen dazu verführen will, etwas gerne mitzumachen, was man selbst möchte. Aber darauf muss man erst mal kommen, was man eigentlich möchte, wenn alles Routine geworden ist. Und jetzt kommt das riesengroße Problem: Die Leute müssen gleichzeitig zu Hause sein und wach – und ohne Bildschirm vor der Nase.

Das macht die Sache nicht leichter.

Und genau das wird gerade immer schlimmer. Wie soll das gehen, wenn wir so viel zu tun haben, immer unterwegs sind, tausend Termine, ständiger Stress und Anspannung? Stress und Anspannung im Leben heißt auch Spannung im Kiefer und im Beckenboden. Das verstehen jetzt doch alle, oder?

Durch deine Bücher habe ich gelernt, dass der Mann eine Woche braucht, bis sein Testosteronspiegel wieder normal ist.

Ja, das kann dauern, aber es gibt auch Ausnahmen: junge Männer, frisch Verliebte, klar. Doch wenn man es wissenschaftlich misst, dann dauert es halt eine gewisse Zeit, bis alles wieder auf normalem Niveau ist. Auch das Testosteron schwankt generell, das wissen nur viele nicht.

69

Hormone im Trinkwasser sorgen dafür, dass der Mann – und die Frau natürlich auch – Östrogene mit aufnehmen, was natürlich Konsequenzen hat.
Genau. Und das verändert leider die Balance. Es gibt mehrere Möglichkeiten, wie ein Mann Östrogene aufnehmen kann. Männer und Frauen verfügen beide über Testosteron und Östrogen. Aber in der Regel hat ein Mann mehr Testosteron und weniger Östrogen und bei der Frau ist es andersherum, mehr Östrogen, weniger Testosteron. Und diese Balance kann kippen, wenn der Mann zusätzlich Östrogen bekommt. Ein großes Problem ist dabei auch das Übergewicht, durch Fettzellen, also auch indirekt durch zu viel Bier, baut sich Östrogen auf. Es gibt also Männer, die, man könnte sagen, östrogenig sind. Das ist nicht nur schlecht für die Gesundheit, sondern auch für die Potenz.

Das heißt, wenn man als Mann eine gewisse sexuelle Spannkraft halten möchte, wäre der Verzicht auf Bier empfehlenswert.
Nun ja, Sport machen und sich gesund ernähren beispielsweise hilft da schon eher als Bier trinken. Die Probleme mit den ganzen Hormonen im Trinkwasser können wir jetzt nicht lösen, aber es ist definitiv nicht gut, wie einiges gerade läuft.

Du kritisierst massiv, dass die US-Arzneibehörde, die Medikamente zulässt (FDA), eine sogenannte „rosa Pille" zugelassen hat, die verspricht, dass Frauen sexuell ansprechbarer sind nach Einnahme dieses Medikaments.
Genau, aber diese Pille funktioniert eben nicht. Und das sage nicht ich, sondern die Zahlen. Diese Pille ist trotzdem zugelassen worden und hat sogar auch Nebenwirkungen ohne Ende. Es ist außerdem nicht so wie beim Mann, der eine Pille nimmt, wenn er Sex haben möchte, sondern dies ist ein Psychopharmakum, das täglich eingenommen werden muss. Ob Sex oder nicht. Und nicht nur in Verbindung mit Alkohol kann die Fahrtüchtigkeit beeinflusst werden, mit Nebenwirkungen wie Schwindel, Übelkeit und Müdigkeit muss man generell rechnen. Und das, um 0,7-mal mehr Lust im Monat zu haben als Frauen, die eine Zuckerpille eingenommen haben!?

Aber abgesehen von den Nebenwirkungen kritisierst du es ja auch deshalb, weil es bei den Frauen den Eindruck hinterlässt, sie seien krank. Sie müssen eine Pille nehmen, um etwas zu haben, was im Grunde normal ist, aber da sie nicht normal sind, müssen sie die Pille nehmen.

Aber sie sind normal! Und was passiert, paardynamisch, wenn man weiß, es gibt da was, da braucht man nur kurz drüber nachzudenken? Er kann Viagra nehmen und sie soll die Pille, DIE Pille nehmen. Wir glauben einfach nur, dass die Frau, dass wir alle so viel Lust haben müssen und dass wir nicht normal sind, wenn wir sie nicht haben. Dabei gibt es große Lustunterschiede und ich beschreibe dazu in meinem Buch ein, wie ich finde, ganz tolles Modell, das aber nicht von mir ist. Es ist eine Art Gas-Brems-Modell. Es gibt Leute, die haben ein ganz sensibles, sofort ansprechbares Gaspedal und die Bremse schläft oder umgekehrt. Wie die Pedale eingestellt sind, ist angeboren und bleibt auch so. Wer nun so ein super Gaspedal hat und eine laue Bremse, den könnte man Spontansexer nennen, dieser Mensch kann einfach immer und sofort. Da gibt's natürlich wieder einen Unterschied zwischen Männern und Frauen. Viel mehr Männer als Frauen haben dieses lockere Gaspedal, aber auch die Frauen, die eine langsamere Einstellung haben, sind normal und es wäre gut, wenn wir das alle wüssten. Man nennt es dann responsive Lust, also die antworten eigentlich eher allmählich körperlich auf sexuelle Signale. Aber man könnte sie auch nur ganz leicht antippen und mit dem Vorspiel beginnen, wenn sie dann nicht vorher denken würden, sie seien falsch und doof, denn dann geht wirklich grundsätzlich gar nichts. Ich kritisiere dieses „Lust haben müssen" wirklich, denn wir bekommen alle ständig die mediale Message, Lust haben zu müssen, und zwar so wie am ersten Tag, immer. Das ist ein großes Problem.

Was ja eh ein Widerspruch ist. Lust haben zu müssen ist ein Widerspruch in sich.

Genau. Aber man hat das als Frau doch so im Kopf: Wenn ich keine Lust habe, stimmt was nicht, dann bin ich eine komische, sexträge Frau. Ich sollte stattdessen denken: Ah, ich muss erst mal angepiekst werden und dann passiert auch was. Es gibt aber auch andere „Lusttypen", die nennt man kontextabhängig. Die brauchen zusätzlich bestimmte Umgebungen, das Licht darf nicht zu hell sein, die Kinder dürfen nicht im Haus sein und so. Aber auch das ist nicht falsch, das ist einfach eine noch andere Pedaleinstellung, auch das ist schön.

Ich bin nicht ganz sicher, aber es war wohl die wunderbare Schauspielerin Audrey Hepburn, die gesagt hat: „Beim Sex ist es wie beim Autofahren: Männer bevorzugen die Abkürzung und Frauen den Umweg." Aber jetzt hören wir mal wieder Musik. Wie mag der Song gehen?
Soll ich jetzt hier vorsingen?

Du kannst ja mal eine kleine Kostprobe geben. Ich meine, du warst schließlich auch als Sängerin unterwegs.
Nein, nein, ich habe nur privat gesungen. Das Lied heißt „Exactly Like You" und ich finde das so toll, weil hier eine Frau singt: „Jetzt weiß ich, warum meine Mutter gesagt hat, dass ich warten soll, weil ich gewartet habe auf jemanden wie dich."

[L i e d   w i r d   g e s p i e l t]

Liebe Ann-Marlene Henning, was mich noch beschäftigt: Du hast in deinem neuen Buch eine Geschichte, die mich sehr berührt, sie heißt „Lanzarote". Und diese Geschichte befasst sich mit der Frage, wie stark wir durch unsere unbewussten Gehirnanteile gesteuert werden. Diese Anteile sind leider wohl auf unser Überleben eingestellt und lassen rein gar nichts zu, was böse enden könnte. Magst du diese Geschichte aus Lanzarote, die du mit deiner Familie erlebt hast, schildern?
Ich war mit meinem damals siebenjährigen Sohn auf Lanzarote und wir besuchten die Millionen Jahre alten Lavahöhlen. Man kommt da rein, es ist wirklich gespenstisch und in der Mitte ist ein See, der abgesperrt ist, damit kein Touri reinfällt. Der Guide erzählt und erzählt, holt dann eine Münze aus

der Tasche und schmeißt sie in den See. Es macht blubb, das Wasser, welches so tief und bodenlos erscheint, ist wohl nur 5 cm tief, es sind nur die Felsen, die sich auf der Wasseroberfläche spiegeln. Er wartet, bis das Wasser wieder ruhig wird, und sagt, wer reinspringt, bekommt 50 DM. Dann entfernt er die Absperrung und ich denke, klar, mache ich, und will eigentlich springen. Aber es geht nicht. Es geht einfach nicht. Obwohl ich mit den Händen nachspüre, es ist wirklich nur 5 cm tief. Reingehen wäre einfach, aber der Guide sagt, nein, springen. Ich kann nicht! Zu meiner eigenen großen Überraschung. Das Gehirn beziehungsweise das Unterbewusstsein sagt, es ist zu gefährlich, da springst du nicht rein. Die Klienten, denen ich diese Geschichte erzähle, fragen mich immer: Wieso ist das so schwer? Es ist so, weil das Unterbewusstsein uns schützen soll. Wenn man beispielsweise als Kind etwas Schlechtes erlebt hat oder ungute Dinge mit irgendwas verbindet, dann kommt das Unterbewusstsein, scannt die Situation und weiß sofort, das könnte gefährlich sein, mach das nicht. Auch nicht, wenn du heute erwachsen bist und die Situation eigentlich ganz anders meistern könntest. Sich von solchen alten, angelernten Dingen endlich zu lösen, bedeutet Arbeit. Es gibt Traumen und Dinge, die sind so tief eingebrannt, dass das Unterbewusste ins Spiel kommt. Es geht hier um das limbische System, unter anderen um die Amygdala, vielleicht hat man davon gehört, es ist sozusagen der Türsteher oder das Stoppschild. Und dann geht nichts mehr.

Wenn Paare zu dir kommen und sie kommen mit den Prägungen, die du gerade geschildert hast, sehen sie ja in dir eine Mutmacherin. Bist du das?
Ja. Aber meine Art der Therapie beinhaltet dann auch, mich selbst zu zeigen, was unter Umständen bedeutet, zuzugeben, dass ich dies oder jenes selbst nicht konnte oder einen wirklichen Kampf damit geführt habe. Ich kann es so erzählen, dass die andere Person in meinem Gesicht sieht, dass ich weiß, wovon ich spreche. Dann erwähne ich vielleicht anonymisiert eine meiner Beziehungen. Erzähle, um was ich da gekämpft habe und dass ich genau weiß, wie schwer das ist, dass ich aber dadurch auch weiß, dass Veränderung möglich ist. Das

heißt, ich kann tatsächlich Hoffnung versprechen, weil ich weiß, dass sich das Gehirn ein Leben lang verändert. Der Mensch kann dazulernen und umlernen.

Und es gibt keine Alternative zum Optimismus. Ich habe gerade gelernt, dass Menschen, die optimistisch sind beziehungsweise sich selbst als Optimisten bezeichnen, nicht so oft herzkrank sind. Das hat die Ärztin Frau Dr. Franziska Rubin berichtet, die dazu geforscht hat und die zu Gast war in unserer NDR Talk Show.

Und andere Hirnforscher erklären, wie wichtig es ist, dass das Gehirn lebendig bleibt. Leute, die sehr alt sind und sehr lebendig, haben häufig ihre optimistische, kindliche Neugierde behalten. Und dann sind wir ganz schnell beim Sex. Also, macht es spielerischer, tut was Neues, probiert was aus, macht euch nicht so viele Gedanken.

Auch viele alte Frauen erheben den Anspruch, dass sie ein sexuelles Leben haben wollen, das hast du in deinem Vorgespräch erzählt.

Ja, das habe ich im Vorgespräch erzählt, denn auch das hat sich geändert. Es kommen Leute, die früher nie über Sex sprechen durften, und sagen, dass sie jetzt nicht mehr warten wollen. Wirklich 60-, 70-, 80-Jährige, die in ihrer Jugend nur gelernt haben, dass Sex eigentlich dreckig und böse ist und dass es, gerade für die Frau, nicht um Genuss geht.

Früher war es Fortpflanzung und heute ist es ein Teil des Lebensgefühls.

Ja, so ist es!

Und es ist gut, liebe Ann-Marlene Henning, dass es dich gibt und du vielen Menschen helfen kannst. Danke, dass du meine Einladung angenommen hast zu Meyer-Burckhardts Frauengeschichten.

Nina Hoss

„Ich wüsste nicht, wer ich wäre ohne diesen Beruf." Das sagt die Schauspielerin Nina Hoss, die meine Einladung zu Meyer-Burckhardts FRAUENGESCHICHTEN dankenswerterweise angenommen hatte. Sie umgibt ein Zauber, den man nicht erklären kann. Sie ist demütig, denn sie weiß, „wie kurz diese kleine Zeitspanne ist, die wir hier auf Erden haben". Sie ist mutig, vor allen Dingen, wenn sie sich vorher David Bowies „Rock 'n' Roll Suicide" angehört hat, weil der Song „sich so schön hochzwirbelt". Das tut ihr gut, zum Beispiel bevor sie eine neue Rolle angeht.

In ihrer Kindheit war sie dank ihrer Eltern „in einem großen Eimer Liebe gehalten" und dies hat ihr – das nehme ich zumindest an – ein solches Urvertrauen gegeben, dass ihr der Erfolg gar nicht so wichtig ist. Und sollte der tatsächlich mal ausbleiben, sie kann gut „am Holz und mit Holz", wie sie sagt.

Und dieser Männertraum einer perfekt ausgestatteten Werkstatt, das sei schon etwas … Aber sie schiebt gleich hinterher: „Es wäre eine Katastrophe, diesen Beruf der Schauspielerin nicht mehr ausüben zu dürfen." Mit der Schreinerei Hoss – das wird also nichts. Kann man nur hoffen …

Die Freude könnte nicht größer sein, denn ich habe Nina Hoss eingeladen und sie hat die Einladung tatsächlich angenommen. Herzlich willkommen!
Danke schön.

Weil ich mich so freue, liebe Nina Hoss, habe ich mich entschlossen, Ihnen ein Buch zu schenken. Und zwar „Glänzender Asphalt", eine literarische Stadtrundfahrt durch Berlin, denn ich weiß, dass Sie eine begeisterte Wahlberlinerin sind. Direkt zu Beginn möchte ich Sie mit einem Zitat des Literaten Alfred Polgar, der 1873 in Wien geboren wurde und 1955 in Zürich starb, konfrontieren. Er hat viel bewegt und war unter anderem auch Drehbuchautor in Hollywood und Autor für das „Time Magazine". Es ist Zeit, mal wieder an Alfred Polgar zu erinnern, und er hat Folgendes gesagt: „Der zivilisierte Mensch hat einen Beruf. Dieser dient gleichsam als Schale, als Form, in die sich das Sein des Menschen, damit es nicht gestalt- und zwecklos auseinanderlaufe, ergießt. Besonders in Berlin, hier kann man es mit freiem Auge sehen, dass der Beruf den Menschen ausübt und nicht umgekehrt." Dass der Beruf den Menschen ausübt – ist das eine Formulierung, eine Definition, in der Sie sich als eine Frau, die dem Schauspielberuf regelrecht dient, wiederfinden? Beherrscht der Beruf Sie oder beherrschen Sie den Beruf?
Wenn man das wüsste! Ich finde, da vermischt sich etwas. Dieses Bild der Schale oder des Rahmens, in die sich das Sein hineinfüllt oder begibt, das gefällt mir irgendwie. Das hat tatsächlich mit meinem Verhältnis zu meinem Beruf zu tun, denn ich wüsste nicht, wer ich wäre ohne diesen Beruf.

Es gab nie einen Beruf, der ernsthaft in Konkurrenz stand, bei dem Sie dachten, das könnten Sie auch machen?
Nein, immer nur in Bezug auf die Bühne. Mit 16, 17 kam ich merkwürdigerweise irgendwie zum Operngesang, obwohl meine Eltern überhaupt nie Opern gehört haben. Ich habe Unterricht genommen und es hat mir viel Freude gemacht. Letztendlich wäre es auch die Bühne gewesen.

Ich weiß, dass Ihre Mutter eine große Rolle gespielt hat bei der Berufsfindung, aber meine Frage basiert eher darauf, dass ein taktloser Journalist Sie mal gefragt hat, was Sie machen, wenn der Erfolg mal ausbleibt. Sie haben darauf wohl geantwortet, dass Sie überhaupt keine Angst davor haben, denn dann würden Sie halt was mit Holz machen.

Was man alles so sagt, aber irgendwie ist natürlich auch was dran. Ich habe als Jugendliche tatsächlich angefangen zu schreinern, weil meine wunderbare Schule mir das ermöglicht hat. Es war keine Waldorfschule wohlbemerkt, aber es wurde Wert darauf gelegt, dass man auch handwerkliche Dinge lernt, also mit den Händen arbeiten und nicht nur mit dem Kopf, und so habe ich eben das Schreinern gelernt. Ich hatte da schon das Gefühl, dass es mir liegt, mit dem Holz und am Holz zu arbeiten. Ich bewundere das auch nach wie vor bei anderen und da habe ich tatsächlich auch so einen Männertraum: Ich hätte gern eine Werkstatt mit all diesen Werkzeugen an der Wand, wo ich jederzeit mit der Arbeit loslegen kann. Aber letztendlich könnte mich das doch nicht vom Schauspielberuf abbringen. Es wäre also eine Katastrophe, wenn ich diesen Beruf nicht mehr machen könnte, würde ich jetzt sagen.

Ich halte vorsichtig fest, dass Sie dem Beruf eine Gestalt geben, aber der Beruf Sie auch fest in den Fängen hat. Ich denke, darauf könnten wir uns einigen? Sie haben 2019 fünf Filme gedreht: „Das Vorspiel", „Criminal" für Netflix mit Oliver Hirschbiegel als Regisseur, „Shadow Play", „Pelikanblut", wo Sie eine Mutter spielen, die bis zur Selbstaufgabe ihr Adoptivkind pflegt und erzieht, sowie „Schwesterlein" mit Lars Eidinger. Was mir auffällt, sowohl bei „Pelikanblut" als auch bei „Schwesterlein" spielen Sie eine Figur, die untrennbar mit ihrem Beruf, oder besser gesagt ihrer Berufung, verbunden ist. Und wenn man – Stichwort „Schwesterlein" – diesen Beruf, diese Berufung wegnimmt, bleibt nicht mehr viel übrig. Ist das eine statthafte Definition oder regt sich Widerspruch bei Ihnen?

Da muss ich auch wieder sagen: Wenn ich das wüsste. Ich kann darüber gar nicht in dieser Art und Weise nachdenken. Dieser Beruf, dieses permanente

Beschäftigen mit anderen Lebenswegen und Schicksalsschlägen nimmt unfassbar viel Raum ein in meinem Leben. Ich arbeite ja fast wie eine Psychologin, um diese Figuren zu durchdringen, und das gibt mir als Privatmensch natürlich auch etwas, denn ich lerne mich selbst durch diese Figuren auch noch mal besser kennen.

> **» Es wäre also eine Katastrophe, wenn ich diesen Beruf nicht mehr machen könnte. «**

Wenn Sie sich einer Figur nähern, im Prinzip ja einem leibhaftigen Menschen, hilft es Ihnen, wenn Ihnen diese Figur sympathisch ist? Oder ist es gleichgültig?

Auf das Sympathische kommt es mir gar nicht so an. Es reizt mich eher, wenn es da etwas gibt, das ich nicht gleich verstehe. Wenn mir beispielsweise im Drehbuch auffällt, dass die Welt, in der sich diese Figur aufhält, etwas mit ihr macht und sie deswegen so ist, wie sie ist, und etwas aus einem bestimmten Grund tut und wir ihr deswegen folgen. Jede Figur, die erzählenswert ist, hat eine Intention. Danach schaue ich also eher, ob das gegeben ist. Und ob sie dann sympathisch ist oder nicht … also ich muss schon andocken können an die Frau, wenn ich das Drehbuch lese. Ist da irgendwas, was sie mir auch sympathisch macht oder wo ich denke, das verstehe ich irgendwie. Nicht im Ganzen vielleicht, aber so wie einem ja auch auf merkwürdige Art und Weise bösartige Menschen irgendwie begreiflich erscheinen. Man weiß ja selbst, dass es eine schwierige Gratwanderung sein kann, einzuschätzen, wann ein Mensch böse wird oder ob er immer gut ist. Wann belügen wir uns selbst? Also wenn das da drin ist, dann interessiert es mich.

Goethe hatte mal die unrealistische Idee, dass Faust und Mephisto, also das Gute und das Böse, vom selben Schauspieler gespielt werden. Damit komme ich zurück zu „Schwesterlein" mit Lars Eidinger – man sieht übrigens auch Marthe Keller wieder –, ein Film, über den es sich lohnt, zu

sprechen. Gerade auch über die beiden Regisseurinnen, zwei außerge-
wöhnliche Frauen: Stéphanie Chuat und Véronique Reymond, die sich seit
dem elften Lebensjahr kennen und kontinuierlich als Schauspielerinnen,
Regisseurinnen und Autorinnen zusammenarbeiten. Zunächst die Frage,
wie das ist, wenn man mit einem Frauenteam arbeitet. Ist man es nicht
gewohnt, dass man sich mit einer Person, einer Regisseurin, einem Regisseur verbindet?

Das sind ja zwei Dinge. Zum einen ist es besonders, dass es zwei Personen sind,
und zum anderen, dass es auch noch Frauen sind. Für Lars Eidinger und für
mich hatte es den Vorteil, dass wir die beiden in ihrer symbiotischen Art und
Weise eigentlich nur in uns aufsaugen mussten. Zwei Menschen, zwei Frauen, in
einer wirklichen Symbiose, die sich in- und auswendig kennen, die sich gegenseitig respektieren in ihrer Eigenart und sich dadurch nie in die Quere kommen.
Deswegen hatten wir nie das Gefühl, wir würden mit zwei Leuten arbeiten,
sondern einfach mit einer Person, und das im positivsten Sinne. Sie sind, jede
für sich genommen, wunderbare unterschiedliche Individuen, aber wenn sie
zusammenarbeiten, ist es wirklich aus einem Guss, es geht in dieselbe Richtung. Sie sind sicherlich auch mal unterschiedlicher Meinung, es ist keine Über-
harmonie, das steht außer Frage, aber da funktioniert was in der Arbeit.
Und das Frauenteam, muss ich sagen, habe ich genossen. Es war unwahrscheinlich projektorientiert, offen, vertraut, respektvoll, liebenswert und zu-
gewandt. Es war wirklich eine Atmosphäre, in der man gern etwas herschenkt
und wagt.

> » Jede Figur, die erzählenswert ist,
> hat eine Intention. «

Es lohnt sich, der Figur, die Sie dort gespielt haben, näherzukommen:
Lisa. Helfen Sie mir ein wenig, ich habe den Film gesehen, aber ich muss
es trotzdem rekapitulieren. Lisa ist eine Theaterautorin, die ihrem Mann
nach Leysin gefolgt ist, das ist im Kanton Waadt in der Schweiz. Dort leitet

der Mann ein Internat und Lisa, die früher eine berühmte, erfolgreiche Theaterautorin war und das für ihren Mann aufgegeben hat, verdient sich ein wenig als Deutschlehrerin dazu. Es gibt den schönen Satz im Presseheft, den ich zitieren darf: „Sie lehrt Deutsch den Schülern, die keine Lust mehr auf Rilke haben." Das finde ich besonders schade, denn von Rilke kommt ein Zitat, das mein Leben begleitet: „Du musst das Leben nicht verstehen, dann wird es werden wie ein Fest." Ich mag das. Und Lisas Bruder ist ein gefeierter Schauspieler, gespielt von Lars Eidinger, der an Leukämie erkrankt. „Und je mehr er erlischt, desto mehr tritt sie ins Licht." Das ist der Satz einer Ihrer beiden Regisseurinnen. Er stirbt und sie wird wiedergeboren. Eine sehr besondere Geschichte, die ich in der Form noch nie im Kino gesehen habe. Wie ist das bei Ihnen, haben Sie so eine Geschichte schon mal im Kino gesehen?

Nein, nicht wirklich.

Wie war der Zugang zu dieser Rolle? Wie schwer war das für Sie?

Dieses Licht, vom Dunkel ins Licht, das ist für mich der Sterbeprozess, das Begleiten des Sterbeprozesses: Wenn jemand stirbt, der dir sehr am Herzen liegt, und trotz allem etwas Gutes dabei rauskommt für den, der zurückbleibt. So habe ich es zumindest erlebt, dass da auf einmal so eine Energie war, dass du noch einmal ganz anders über dein Leben nachdenkst, dass du sehr mutig wirst, dass du dich besinnst und du dir bewusst wirst, wie kurz und kostbar diese kleine Zeitspanne ist, die wir hier auf der Erde haben. Man fragt sich auch: Was habe ich eigentlich noch vor, mache ich das, was ich wirklich tun will, oder habe ich etwas aufgegeben? Man überprüft sich noch mal, weil man es demjenigen, der da geht, vielleicht schuldig ist. Obwohl ich in diesen Kategorien eigentlich nicht denke, aber irgendwie fühlt es sich so an, wenn ich jetzt hier übrig bleibe, dann mache ich was draus, sonst wäre es doch blöd.

Viele Frauen Ihrer Generation waren sehr deprimiert, wenn nicht gar depressiv, als Kurt Cobain im April 1994 in Seattle starb. Und der erste Song,

**den Sie sich heute ausgesucht haben, ist von Nirvana, „Come as you are".
Warum dieser Song?**

Als ich überlegt habe, welche Lieder mein Leben begleitet haben beziehungsweise immer noch begleiten und die etwas mit einem gewissen Zeitabschnitt
zu tun haben, fiel mir auch dieser Song ein. Nirvana ist für mich meine Jugend.
Da bin ich in die Disco gegangen, da haben wir abgehottet und sind im Grunge
Style rumgelaufen und so weiter.

**Wie war das für Sie, als Kurt Cobain starb? Ich kenne Frauen Ihrer Genera-
tion, die haben damals ihr Zimmer schwarz gestrichen.**

Ich war nie so ein Fanmädchen. Allerdings der frühe Tod von Jim Morrison damals und die Geschichten, die sich um die Todesursache rankten, das hat mich
schon irgendwie bewegt.

Er wurde in Paris beerdigt.

Genau, Père Lachaise. Das war eher etwas, wo ich dachte, wie konnte dieser
Mensch so jung gehen.

Waren Sie am Grab von Jim Morrison?

Ja.

[L i e d   w i r d   g e s p i e l t]

**Wir sprachen gerade über Sterblichkeit und über den Wert, den das Leben
vielleicht zusätzlich gewinnt, wenn man sich der Sterblichkeit bewusst
wird. Sie haben in einem Gespräch, ich glaube mit der Süddeutschen Zeitung, mal gesagt, das Spielen wehrt den Tod ab. Ich habe es so verstanden, dass Sie sagen wollten, solange Sie auf der Bühne stehen, kann Ihnen
nichts passieren. Interpretiere ich das richtig?**

Wenn ich bloß noch wüsste, in welchem Zusammenhang ich das gesagt
habe …

Ist ein kluger Satz.

Das Spielen wehrt den Tod ab, weil du dich während des Spiels unwahrscheinlich lebendig fühlst. Deine Antennen sind ausgerichtet, du bist angespannt, du hast Adrenalin im Blut, du brennst förmlich. Und das ist ein Zustand, der den Tod abwehrt. Vielleicht kann man es ein bisschen damit vergleichen, wenn man sich ein Bein bricht auf der Bühne. Man merkt es erst am Schluss. Ich habe mir zwar kein Bein gebrochen auf der Bühne, aber einen Kapselriss zugezogen und kann es also nur bestätigen. Man merkt, irgendwas stimmt nicht, aber man kann sich jetzt nicht damit beschäftigen. Dann ist es wahrscheinlich auch eher so, dass man den Tod nicht abwehrt, aber man kann ihn eine Weile verschieben, ja so.

Ich komme ein letztes Mal auf „Schwesterlein" zurück. Den Film, den ich ein wenig in den Mittelpunkt des heutigen Gespräches stellen möchte. Sie kennen Lars Eidinger sehr, sehr lange. Sie waren in derselben Schauspielklasse und zusammen an der Schaubühne am Lehniner Platz. Thomas Ostermeier, der in diesem Film ebenfalls mitspielt, hat, glaube ich, an die 40, 50 Stücke an der Schaubühne inszeniert. Hilft es, wenn man so einen Film mit Menschen dreht, die man gut kennt, wo man nichts ganz neu aufbauen muss?

Ja, besonders bei so einer Geschichte. Was Lars und mich angeht, war es sehr hilfreich, dass wir uns zum einen sehr sympathisch sind und wir zum anderen diese gemeinsame intensive Zeit an der Schauspielschule hatten. Eine Zeit, wo man selbst noch nicht weiß, wer man ist, aber schon tausend Figuren erfinden soll, wo man permanent beurteilt wird. Da gehen wirklich auch Charaktere kaputt manchmal. Da muss man sich irgendwie gegenseitig behüten und beschützen. Und gerade bei Lars hatte ich das Gefühl, ich muss ein bisschen auf ihn achten, was ich übrigens heute immer noch habe, obwohl es überhaupt nicht nötig ist. Heute ist es so, dass wir uns gegenseitig respektieren und bewundern in unserer jeweiligen Arbeit. Deswegen können wir vertrauensvoll in bestimmte Szenen reingehen, mit dem guten Gefühl, egal was passiert, wir können darauf reagieren. Da hilft es natürlich ungemein, wenn man sich so gut kennt. Bei Thomas war das ähnlich, aber auf eine andere Weise. Wir kennen uns nicht so gut wie Lars und ich, wir sind uns einfach vertraut und bei den Gesprächen, die wir führen, fängt man nicht von vorne an, sondern man kann immer mehr vertiefen, das ist natürlich toll.

» Das Spielen wehrt den Tod ab, weil du dich während des Spiels unwahrscheinlich lebendig fühlst. «

Lars Eidinger hat unter der Regie von Thomas Ostermeier den Hamlet gespielt, also die beiden kannten sich auch schon sehr gut. Die beiden Regisseurinnen haben Sie in einer Boutique angesprochen, was ja eine relativ unübliche Annäherungsweise ist an eine Schauspielerin beziehungsweise man kann mit gutem Gewissen sagen, an einen Star. Das passiert Ihnen doch wahrscheinlich öfter, dass irgendjemand mit einem drittklassigen Drehbuch ankommt und fragt, ob Sie mal reinschauen. Was hat Ihnen in dem Fall das Gefühl gegeben, dass es dieses Mal anders ist?
Darüber habe ich neulich gerade nachgedacht. Woran lag das eigentlich, dass ich sofort dachte, da ist irgendwas bei den beiden?

Ein Geheimnis?
Ein Geheimnis – ja. Es war irgendwie sehr leicht, es war lustig, wie sie mich angesprochen haben, gleichzeitig sehr vorsichtig und respektvoll, allerdings sehr dringlich irgendwie, als hinge davon Leben und Tod ab, dass ich da …

… mitmache.
Nein, eher, dass ich das jetzt nicht versaue, diese erste Begegnung, und dass ich zumindest mal einen Kaffee trinken gehe mit ihnen und mir das angucke.

Die beiden hatten den Stoff für Sie geschrieben?
Sie waren gerade dabei.

Aber sie hatten Sie logischerweise vorher noch nicht kontaktiert. Man sollte einer Schauspielerin schon ein fertiges Drehbuch zur Verfügung stellen, oder?
Genau.

Und dann trifft man Sie in einer Boutique. Das ist schon außergewöhnlich.
Das war zur Zeit der Berlinale und deswegen waren die beiden auch in der Stadt. Und ich war in der Boutique, weil ich ein Geschenk für eine Freundin suchte, also trafen wir uns völlig abseits der Berlinale. Ich kann mich noch gut erinnern, denn ich sah die beiden am Fenster immer auf und ab gehen und dachte, mein Gott, was haben die denn jetzt? Entweder kommen sie jetzt rein und sagen was oder halt nicht. Dann haben sie sich aber ein Herz gefasst und mich angesprochen.

Wie ging's weiter?
Was man dann als Schauspielerin macht: Man schaut sich die Filme an, die dieses Regie- und Künstlerinnenteam bisher gemacht hat, darunter der äußerst sehenswerte Dokumentarfilm „Les Dames", ein Blick in das Privatleben von fünf Frauen über 60.

Sie wurden mal wenig charmant auf Ihr Alter angesprochen und erwiderten, dass Sie sich bereits jetzt schon fragen: „Werde ich jetzt eine komische Alte?" Zu welchem Ergebnis sind Sie bei dieser Fragestellung an sich selbst gekommen?
Ich schiebe das noch so ein bisschen vor mir her. Ich glaube, dafür habe ich noch genug Zeit, aber es ist nun mal so, dass man irgendwann alt ist.

Aber Sie haben es selbst thematisiert.
Ja, man muss sich irgendwann, denke ich, neu erfinden. Man muss Lust bekommen auf den neuen Lebensabschnitt und nicht immer dem nachhängen, was war. Das meinte ich damit.

Nina Hoss, wir kennen uns nicht wirklich, wir sind uns vielleicht zwei-, drei-mal begegnet. Aber wenn ich jetzt spontan eine Empfindung formulieren müsste, dann würde ich sagen: Sie sind von Ihrem unglaublich großen Erfolg völlig unbeeindruckt. Stimmt das?

Ja, ich finde diesen Erfolg irgendwie nicht so wichtig.

> **» Man muss Lust bekommen auf den neuen Lebensabschnitt und nicht immer dem nachhängen, was war. «**

Liegt das auch an diesem offensichtlich wunderbaren Elternpaar? Die Mutter als Intendantin der Baden-Württembergischen Landesbühne, der Vater als Betriebsratsvorsitzender im Daimler-Konzern, früher Kommunist, dann Bundestagsabgeordneter der Grünen. Die Mutter hat Ihnen den Weg geebnet zur Bühne, der Vater hat Ihnen den Weg geebnet in die Politik, in die politische Aufrichtigkeit, wenn ich das so formulieren darf. War dieses Elternpaar ein Himmelsgeschenk?

Ja! Je älter ich werde, je mehr ich erlebt habe und um mich herum gesehen habe, desto mehr habe ich das Gefühl, dass es ein wirklich großes Geschenk war. Mein Leben war schon immer ein großes Abenteuer, aber gehalten in so einem großen Eimer Liebe. Es war auch nicht immer unproblematisch, aber ich würde sagen, es war offen. Ich fühlte mich immer wahrgenommen, ernst genommen als Kind. Ich hatte nie das Gefühl, mir wird irgendetwas vorenthalten, im Sinne von, wenn es Schwierigkeiten gibt, dann reden sie nicht mit einem oder so, sondern ich war immer involviert. Es war offen und ich wurde …

Ernst genommen?

Ernst genommen, ja. Und ich habe halt auch mit meinen Eltern die verrück-testen Sachen erlebt. Sie hatten einen unwahrscheinlich aufregenden Freun-deskreis, sowohl im Bereich der Politik als auch in der Kunst, und sie waren wahnsinnig engagierte, neugierige Menschen. Das alles ist ein Geschenk, auch, dass sie immer zusammengeblieben sind. All das ist schon fantastisch gewesen.

Sie haben das mal so beschrieben: Im Wohnzimmer waren oft Betriebsratsmitglieder aus aller Herren Länder, die bei Daimler gearbeitet haben, und es wurde diskutiert, vermutlich auch ein bisschen was getrunken und geraucht.
Und gegessen – ja, so ungefähr. Es war wild und intensiv. Es ging wirklich um Leben, um Lebensentwürfe, um den Kampf für eine bessere Zukunft. Das alles mitzubekommen, dass das auch einhergeht mit einer großen Freude, mit Neugier, Offenheit und Toleranz anderen gegenüber. Das ist im Nachhinein eigentlich unfassbar, dass ich das alles erleben konnte.

Ich stelle mir jetzt mal vor: Vater mit Betriebsratskollegen, Mutter kommt von der Probe und in ihrem Zimmer hört die Tochter von David Bowie „Rock 'n' Roll Suicide".
Ja, das ist mir irgendwie auch so in Erinnerung geblieben.

Warum Rock 'n' Roll Suicide?
Der Song hat mittlerweile auch viel mit meiner Arbeit zu tun. Den nehme ich immer her, wenn ich irgendwie Mut brauche oder wenn ich mich anschieben, motivieren muss. Er zwirbelt sich am Ende so hoch und dann dieses „You're not alone" …

Dann spielen wir jetzt für Sie den sich hochzwirbelnden David Bowie mit „Rock 'n' Roll Suicide".

[L i e d   w i r d   g e s p i e l t]

David Bowie! Das ist ein wirklicher Mutmachsong, da haben Sie recht. Wir sprachen eben über die Eltern. Ihr Vater hat mal Helmut Kohl ziem-

lich auseinandergenommen. Ich glaube, das war im Untersuchungsaus-
schuss zur …

… zu Flick.

Ihr Vater war ein couragierter Mann. Erinnern Sie sich, wie er morgens das Haus verlassen hat, mit dem Vorhaben, sich den Bundeskanzler zur Brust zu nehmen?

Das weiß ich noch genau. Das war zwar in Bonn und wir lebten ja in Stuttgart, aber ich erinnere mich, wie er sich aufgemacht hat nach dem Wochenende zu Hause, um nach Bonn zu fahren, in der Gewissheit, er muss und will das machen. Er war so aufgeregt! Ich glaube, er ist fast gestorben. Das ist oder war ein Lebensmoment, wo du denkst, diese Chance will ich jetzt nicht versauen. Ich habe es später noch mal nachgelesen, denn als Kind habe ich es alles nicht richtig verstanden. Ich war nur irre stolz, dass er sich da den Bundeskanzler vorgenommen hat und Sachen aufgedeckt wurden, die ihn tatsächlich in dem Moment in Schwierigkeiten gebracht haben. Er war unfassbar mutig, aber auch wahnsinnig aufgeregt.

Darf ich fragen, welche Schwierigkeiten das waren, die er dann hatte, oder geht die Frage zu weit?

Mein Vater war ein absoluter Freigeist. Trotzdem flogen ihm die Herzen zu, denn man hat ihm vertraut und geglaubt. Er hat sich nie verführen und verbiegen lassen durch das System. Er war standhaft und sich selbst und der Sache treu, für die er gekämpft hat, nämlich für die solidarische Idee. Nicht im kommunistischen Sinne, sondern einfach, dass man für die kämpft, die nicht privilegiert sind, denen es nicht so gut geht. Er kommt ja aus der Arbeiterklasse und das hat er nie verleugnet – im Gegenteil, er hat immer die Nähe zu seinen Leuten gesucht. Er hatte nie den Gedanken, dass er das hinter sich gelassen hat, sondern ist immer wieder zurückgegangen. Das hat vielleicht viele irritiert auf beiden Seiten und deshalb war er sowieso immer jemand, der angeeckt ist und Schwierigkeiten hatte. Ich weiß noch, als er in den Bundestag kam und die

87

SPDler zu ihm gesagt haben, dass er schon merken wird, wie der Laden dort ihn fertigmachen wird. Ständig sind alle umgekippt, aber mit ihm ging das nicht, das muss ich echt sagen.

Sie haben beiläufig erwähnt, dass das Ganze in Stuttgart stattfand. Das Ganze bedeutet Ihre Kindheit, aber Sie haben überhaupt nicht den Hauch eines schwäbischen Akzents. Liegt es vielleicht daran, dass Sie Stuttgart nicht als Ihre Heimat empfunden haben?
Das kann man so nicht sagen. Wenn ich an die Zeit zurückdenke und wenn ich nach Stuttgart komme, empfinde ich eine absolute Herzenswärme, aber es ist nicht unbedingt Heimat. Ich wusste irgendwie immer schon, dass ich gehen werde. Das ist verrückt. Also ich wusste, dass ich gehen möchte, aber ich wusste nicht, ob ich nicht doch irgendwann wieder zurückkomme. Klar war, ich musste erst mal raus, in die große weite Welt sozusagen. Und dass ich nicht Schwäbisch spreche, hängt damit zusammen, dass meine Eltern das einfach nicht gesprochen haben. Mein Vater kommt aus dem Rheinland, meine Mutter aus Schleswig-Holstein. Ich habe eher so Rheinisches und Norddeutsches im Blut gehabt, aber ich kann schon ein bisschen Schwäbisch, so ist es nicht.

Es gibt Apothekerschwäbisch.
Ja, das kenne ich.

Nun aber zu unserem Brauch, immer einen Rod-Stewart-Song zu spielen. Heute ist es die Version einer uralten Nummer aus den USA der Dreißiger-, Vierzigerjahre: „I've got the world on a string".

[Lied wird gespielt]

Stichwort USA, liebe Nina Hoss. Vor längerer Zeit haben Sie den Film „Rückkehr nach Montauk" gedreht. Dieser Film von Volker Schlöndorff ist eine Hommage an Max Frisch, an dessen Erzählung „Montauk" genau

genommen. Es ist ein Kammerspiel. Die Geschichte zwischen einem etwas älteren Mann und einer jüngeren Frau und ich finde diesen Film großartig. Ich erwähne das, weil Sie während der Dreharbeiten, glaube ich, ein erstes Gefühl dafür bekommen haben, wie populär Trump ist. Der Film wurde ja teilweise an der obersten Spitze von Long Island gedreht und Sie erzählen, dass Sie auf dem Weg dorthin überall Trumpplakate gesehen haben. Wie haben Sie die Amtseinführung erlebt? Sie waren zu der Zeit ja in den USA.

Stimmt. Die Dreharbeiten zur US-Serie „Homeland" liefen. Es war ja so – nicht nur, wenn du in New York bist –, dass die Leute dachten, das kann nicht passieren, Hillary Clinton wird gewinnen, und du hast beispielsweise Menschen wie Michael Moore gehört, die gesagt haben: „Achtung, Achtung, das ist noch lange nicht geritzt das Ding." Aber die Warnung blieb nicht wirklich hängen. Als ich dann das erste Mal durch Long Island gefahren bin, war das eine ganz andere Welt.

Wohlstand?

Unübersehbarer Wohlstand. Und halt an der Spitze Montauk, ein Arbeiterstädtchen sozusagen, wo auch noch ein wirklich funktionierender Fischerhafen ist. Sobald man aus Manhattan rauskommt, ist die Stimmung eine ganz andere. Ich spürte förmlich, wie die Alteingesessenen endlich eine Chance sahen, es den – in ihren Augen – elitären New Yorkern zu zeigen. Und das war erschreckend, das war ein Wake-up-Call.

Ist es richtig, dass Sie am Tag nach der Amtseinführung von Donald Trump in Washington an dem großen Women's March teilgenommen haben?

Ja, das war eine Initiative von uns Frauen von Homeland. Wir haben einen Bus gemietet und haben alle zusammen, auch Claire Danes, die Regisseurinnen und selbst die Männer, am Women's March teilgenommen. Inzwischen hat Trump so viele unfassbare Dinge von sich gegeben, aber damals war das einfach ein Riesenthema, dass er gesagt hat: „You just grab them by the pussy." Es war und ist einfach unglaublich und es war im ganzen Land eine Reaktion der Frauen aus dem Bauch heraus, sich sofort zu positionieren und gemeinsam dagegen anzutreten. Das war schon beeindruckend, wie viele Menschen da waren.

Jetzt könnte man ja die Hoffnung haben, dass Europa, nachdem sich der Schutzschild der Amerikaner nun vorsichtig zurückzieht, zu sich selbst findet. Machen Sie sich Sorgen um den Zustand Europas?
Ich mache mir generell Sorgen.

Fangen wir mit Europa an.
Meine Hauptsorge ist tatsächlich der Klimawandel, denn durch all das, womit wir uns jetzt hier politisch beschäftigen, gerät der schon fast wieder in den Hintergrund. Der Klimawandel als das zentrale Thema, das die ganze Menschheit betrifft. Wir werden im Moment politisch so durcheinandergewirbelt, dass wir klimapolitisch feststecken. Europa macht mir Sorgen, wenn ich nach Ungarn schaue, die Rede von Ursula von der Leyen höre und die Antwort des ungarischen Ministerpräsidenten von Ungarn, da kann einem angst und bange werden, oder Salvini in Italien. Aber um wieder zurückzukommen, ich habe das Lebensmotto von meinem Vater übernommen: „Wo aber Gefahr ist, wächst das Rettende auch" von Hölderlin. Da ist was dran, das glaube ich auch. Das heißt nicht, dass man erst mal wieder durch eine harte Zeit muss, aber dass der Frühling kommt, kann einem keiner nehmen, der Mensch will ans Licht. So komme ich wieder an den Anfang unseres Gesprächs. Ich fände es nur schade, wenn wir durch ein Dunkel müssen, obwohl es nicht sein muss.

Ich ergänze Hölderlin mit Karl Popper, dem Philosophen, der gesagt hat: „Es gibt zum Optimismus keine vernünftige Alternative." Das ist auch ein schöner Satz. Sie selbst bezeichnen sich auch als Optimistin und warnen davor, diejenigen, die Trump oder auch die AfD wählen – wobei das nicht dasselbe ist –, nicht als die Dummen zu brandmarken, sondern mit ihnen den Dialog zu suchen.

Ich glaube, das war einer der größten Fehler von Hillary Clinton, dass sie sie „deplorables" genannt hat. Das ist eine Haltung von oben herab und gibt ihnen das Gefühl, in ihren Belangen nicht ernst genommen zu werden und dass man die Elite abwählen muss. Ich denke auch, dass es noch nie eine Zeit gab, in der man so gar kein Vertrauen mehr hatte in die Wissenschaft, in die Literatur, in Intellektuelle oder Philosophen, sich abgewandt hat von Wissen, von Fakten. Das finde ich wirklich gefährlich.

> **» Der Klimawandel als das zentrale Thema, das die ganze Menschheit betrifft. «**

Die Elite ist in der Krise, glaube ich.
Ich wehre mich aber dagegen, zu sagen, die sind alle blöd, die wissen nicht, was sie tun. Sicherlich gibt es davon auch welche, aber viele wählen so, weil sie sich im Stich gelassen fühlen und weil sie sich nicht wahrgenommen fühlen. Es kommt mir vor wie in Brasilien, wo ich mit meinem Vater war. Da gehen die Politiker, wenn sie gewählt werden wollen, immer in die kleinen Gemeinden am Amazonas, versprühen dort irgendwelche großen Versprechen, verteilen Bonbons, es gibt eine Party und dann sind sie wieder weg. Die Leute wählen sie schließlich, aber sie werden sie nie wiedersehen und alle Versprechungen lösen sich in Luft auf. Da kann ja kein Vertrauen aufkommen, wenn man permanent veräppelt wird. Und man muss sich schon fragen, was läuft auch hier in unserem ganzen System schief? Das muss man diskutieren, anders diskutieren, das braucht viel Zeit. Aber man kann das nicht einfach so abtun, dann kommen wir als Gesellschaft nie wieder zusammen.

Sie erwähnten, dass Ihre Mutter aus Schleswig-Holstein stammt, und ich habe das Gefühl, dass Sie deswegen durchaus auch eine Beziehung zum Norden haben. Darf ich fragen, wo genau Ihre Mutter herkam?
Aus Heide.

Heide, der größte Marktplatz Deutschlands. Ich erinnere mich, dass Sie mal als Gast im Hamburger Schauspielhaus in dem wunderbaren Stück von Lessing „Emilia Galotti" waren. Haben Sie eine Beziehung zum Norden als Wahlberlinerin und Schwäbin?

Ja! Ich war sehr viel bei meiner Großmutter in Heide oder bei meinen Tanten, die lebten alle irgendwo dort oben. In meiner Kindheit waren wir oft in Büsum, Husum, Meldorf, die ganze Ecke kenne ich. Ja, ich liebe den Norden und ich liebe Plattdeutsch. Ich versteh es auch ganz gut, weil meine Mutter es noch sprechen konnte, habe aber mittlerweile wahrscheinlich schon viel vergessen. Also mein Herz geht auf im Norden. Ich liebe den Humor, den viele als trocken oder irgendwie hart beschreiben, aber das geht mir überhaupt nicht so. Im Gegenteil, mir geht, wie gesagt, das Herz auf.

Mir ist das Herz auch aufgegangen, dass Sie heute mein Gast waren, liebe Nina Hoss. Alles Gute für das, was Sie vorhaben, und danke, dass Sie hier waren.

Ich danke auch herzlich und Ihnen ebenfalls alles Gute!

Caren Miosga

Sie ist in Ilsede, in der Nähe von Peine, zur Schule gegangen. Macht man sich ein wenig kundig über Ilsede, dann stößt man sofort auf einen Findling, der wohl zu einem Gräberfeld der Bronzezeit gehört. Des Weiteren ist von einem Hüttenwerk die Rede, „der Ilseder Hütte", 1853 gegründet. Sonderlich erfolgreich war das Unternehmen nicht. 1978 wurde der Erzabbau eingestellt, da war sie neun. 1983 machte man den Hochofenbetrieb dicht, da war sie 14 Jahre alt. Die Rede ist von Caren Miosga.

Zwischen Gräbern der Bronzezeit und sterbenden Industrien aufzuwachsen, macht demütig und im Falle Miosga bahnt sich die Lebensfreude umso heftiger ihren Weg. In den leer stehenden Industriehallen veranstaltet sie „Performances" – als junges Mädchen. Ihrem Wunsch nach Vitalität und Heiterkeit stellt sich schon damals nichts und niemand in den Weg. Als Robin Williams, der den Lehrer John Keating im CLUB DER TOTEN DICHTER gespielt hat, stirbt, klettert sie auf den Tisch der Tagesthemen, um ihn zu ehren. Keating hatte seinen Schülern so gelehrt, die Dinge aus einer anderen Perspektive zu betrachten.

Sie ist heute eine der wichtigsten Journalistinnen im Lande und doch dem Peiner Land nach wie vor sehr verbunden. Immerhin trat sie zum 50-jährigen Bestehen des Ilseder Gymnasiums als Festrednerin auf.

Und in unserem Vorgespräch weist sie mich gleich bei der ersten Frage freundlich und bestimmt darauf hin, dass sie ihr Abitur nicht in Ilsede, sondern in Groß-Ilsede bestanden habe. So viel Zeit muss sein.

Sie ist das Gesicht und die Stimme der ARD-Tagesthemen und gehört inzwischen zu den profiliertesten Journalistinnen in Deutschland. Ich freue mich sehr, heute bei Meyer-Burckhardts Frauengeschichten Caren Miosga als Gast begrüßen zu dürfen. Caren Miosga stammt aus Groß-Ilsede in Niedersachsen, auf der halben Strecke zwischen Salzgitter und Peine. Sie arbeitete nach dem Studium unter anderem fürs Radio, bevor sie 1999 zum NDR-Fernsehen ging. Herzlich willkommen, Caren Miosga!

Ich freue mich auch, vielen Dank für die Einladung.

Caren, bevor wir auf Sendung gingen, haben wir über Yoga gesprochen und du sagtest, dass du dich gern dieser Meditation widmen möchtest, aber was ist Yoga eigentlich? Eine Sportart? Oder ist Yoga eine Form der ...?

... inneren Einkehr vielleicht? So was? Geht das in die richtige Richtung? Ich muss aber gleich ein wenig korrigieren, auch wenn ich das ungern mache, aber es ist nicht so ganz Yoga, was ich mache. Ich mache eher Pilates – du erzähltest, dass du das auch machst.

Ja, ich bin ein großer Pilatesmeister.

Meisterin würde ich mich nicht nennen, aber ich bin schon bei den Fortgeschrittenen. Ich versuche, dreimal die Woche zu trainieren. Und weil ich eine ganz tolle Pilateslehrerin habe, weiß ich jetzt, dass man im Anschluss mindestens 10 Minuten liegen bleiben soll.

Das hilft.

Sie nennt das Strömen. Es ist eine Art Meditation. Man hält bestimmte Punkte am Körper fest und kommt ein bisschen zur Ruhe.

Fällt es dir leicht, zu strömen?

Da sind wir schon beim wunden Punkt. In meinem Beruf ist es natürlich angebracht, zwischendurch mal zu sagen: Lass den Druck raus, komm mal ein bisschen runter. Es gibt Situationen, in denen ich richtig unter Strom stehe – meist beginnt es abends gegen 20:00 Uhr bei den Tagesthemen. Die Taktung wird schneller, ich denke gleichzeitig an fünf verschiedene Baustellen und das Gehirn fängt an zu selektieren, was es rauswerfen darf … und dann denke ich mir so: Jetzt Pause! Jetzt machst du mal 72 ruhige Atemzüge

Und das machst du dann auch?

Ja, das mache ich dann.

Das heißt, die Tür ist zu, es darf keiner reinkommen.

Genau. Pause! Ich gehe nicht ans Telefon, mache nichts, außer 72 Atemzüge. Und dann denke ich: Okay, was ist mit Herrn Schäuble?

Groß-Ilsede. Wenn man bei Wikipedia nachschlägt, was ein Journalist nicht tun sollte, aber ich habe es gleichwohl getan, ist das Erste, was einem bei Groß-Ilsede auffällt: Es gibt dort Gräberfelder aus der Bronzezeit.

Eigentlich ist es doch die Ilseder Hütte, die einem als Erstes auffällt, oder?

Genauer gesagt: eine stillgelegte Industrielandschaft. Wie darf ich mir Caren Miosga, die kleine Caren, in Groß-Ilsede vorstellen?

Sehr behütet, sehr provinziell. Das ist ja schon niedersächsische Tiefebene, wie man sie in den schönsten und schlimmsten Vorstellungen hat. Es ist ein Dorf und jeder kennt jeden. Ich bin in einer Sackgasse groß geworden, mit einem Wendeplatz, auf dem wir immer gespielt haben, ob Fußball, Volleyball oder Basketball. Man kannte sich, man half sich. Also ich kann gar nichts Negatives erzählen, außer dass die Ilseder Hütte, die besagte, so viel Dreck produziert hat, dass wir dienstags und freitags die Fenster geputzt haben und ich mich zwischendurch fragte: Legt sich das eigentlich auf die Lunge?

Eine berechtigte Frage!

Ja, das war eine berechtigte Frage, doch gleichzeitig diese imposante Industrielandschaft, die sich da auftat, ein riesengroßes Hüttengelände, das heute ein Gewerbegebiet und ein Veranstaltungszentrum ist. Das hatte auch etwas unglaublich Charmantes. Als wir älter wurden, in den Achtzigern, als wir toupierte Haare trugen und Depeche Mode hörten, war es natürlich die richtige Kulisse für unser Lebensgefühl. Wir trieben uns in diesen Fabrikhallen rum und haben da Performances aufgeführt und so was.

Videos gedreht?

Selbstverständlich haben wir Videos gedreht, Fotos gemacht, laut Musik gehört – das waren wahrscheinlich meine wildesten Zeiten. Irgendwann bin ich da auch mal mit dem Mofa gegen die Wand gefahren, aber das war's dann auch schon.

> **» Wir trieben uns in diesen Fabrikhallen rum und haben da Performances aufgeführt und so was. «**

Dann kamen keine wilden Zeiten mehr?

Nein, so richtig Rock 'n' Roll gab's nicht.

Bereust du's?

Hole ich noch nach.

Groß-Ilsede – verbindest du diesen Ort mit dem Begriff Heimat? Hast du so etwas wie ein Heimatgefühl?

Es ist schon ein sehr spezielles Gefühl, immer wieder dorthin zu fahren. Dorthin, wo ich hinterm Haus im Schnee irgendwelche Höhlen gebaut und im kieferholzvertäfelten Partykeller Flaschendrehen gespielt habe. Klar ist das auch Teil von Heimat. Ich habe ein großes Herz für diese Gegend, auch wenn es dort kleinkariert sein mag und ich dort auch nicht mehr leben möchte. Aber ich mag den Ort natürlich, genauso wie übrigens auch die Umgebung. Alle finden Hannover doof, ich mag Hannover.

Ich stamme aus Kassel.
Siehst du, da hast du das gleiche Schicksal.

Für mich ist Kassel eine schöne Stadt und es ist Heimat, obwohl ich seit 1977 nicht mehr dort lebe und, wenn ich das sagen darf, auch nicht mehr leben möchte. Aber es ist trotzdem ein Heimatgefühl. Was waren deine ersten Fernseherlebnisse, Fernseherfahrungen?
„Der Große Preis" und selbstverständlich die „Sesamstraße" – das waren wahrscheinlich meine ersten TV-Erlebnisse als Kind. Ich werde oft gefragt: Wie war das mit dem Gong und der Tagesschau, hat dich das schon in der Wiege eingeholt? Da muss ich sagen: Nein. Es sind diese großen Unterhaltungssendungen am Samstagabend, an die ich mich erinnere. Und natürlich an „Dalli Dalli". Hans Rosenthal, der immer in die Luft sprang. Diese Lagerfeuerabende im Wohnzimmer.

> » Ich habe ein großes Herz
> für diese Gegend. «

Du hast gesagt, es war eine behütete Kindheit. Ab wann wurdest du das, was man einen politischen Menschen nennt? Gab es da ein besonderes Erlebnis? Bei mir war es beispielsweise der Kniefall von Willy Brandt in Warschau. Ab da war ich, mit aller Vorsicht formuliert, politisch. Gab es so ein Erlebnis? Vielleicht eine Politikerin, einen Politiker oder eine Partei, der oder die dein politisches Interesse geweckt haben?
Vielleicht nur in dem Sinne, dass wir Kinder eines katholischen Haushalts dagegen rebelliert haben, dass man die Partei mit dem „C" in dem Namen zu wählen habe – das wurde damals doch tatsächlich von der Kanzel herunterverordnet. Aber politisch zu denken begann ich erst später. Aufgewachsen im

sogenannten „Zonenrandgebiet", hat der Mauerfall einen großen Eindruck auf mich hinterlassen und wohl auch dazu beigetragen, dass ich mich mehr für Russland interessierte.

Gab es eine Lehrerin oder einen Lehrer, die/der dich vielleicht im Hinblick auf die russische Kultur inspiriert hat? Es gibt ja manchmal Theater AGs an Gymnasien, die gern „Onkel Wanja" von Tschechow oder „Der Revisor" von Gogol inszenieren.
Zwei Lehrer waren in der Tat sehr wichtig für mich. Das war der leider schon verstorbene Kunst- und Theaterlehrer Dieter Warzecha, der mit uns Performances erarbeitete und über Grenzerfahrungen sprach – er hätte zum Beispiel auf der Bühne fast Hühner geköpft.

Das heißt, er war beeinflusst von Beuys?
Beuys, Warhol, Cage, Laurie Anderson, Dada, aber auch chinesische Philosophie: Wir haben stundenlang über Yin und Yang diskutiert.

Toll!
Und was Paradigmenwechsel bedeuten und warum Menschen blöd sind, die Hallöchen sagen. Für ihn gab es sehr, sehr viel wichtigere Dinge, als Lateinvokabeln zu lernen.

Warum Menschen blöd sind, die Hallöchen sagen. Hast du auch so eine Sprachempfindlichkeit, dass du bestimmte Worte einfach nicht magst?
Selbstverständlich. Ich habe Allergien. Ich habe gerade im Nachrichtenbereich sehr viele Allergien.

Was ist zum Beispiel ein Unwort für dich?
Die politischen Stanzen sind schlimm verbreitet: Es gibt die Kuh, die vom Eis muss, es werden dicke Bretter gebohrt oder entsprechende Kröten geschluckt. Von diesen unschönen Sprachbildern gibt es so viele, dass es fast zu meinen

Hauptaufgaben zählt, zu versuchen, all das, was in Agenturen zu finden ist, mit meinen eigenen Worten zu sagen und auszudrücken.

Ich finde, manchmal braucht es auch einen Chefredakteur, der den jungen Kollegen beispielsweise sagt, dass man das Wort „extrem" nicht steigern kann oder ‚oft frequentieren', das geht auch nicht.
„Vor-programmieren" gehört auch dazu. Oder woher wollen wir eigentlich immer wissen, dass GANZ Großbritannien trauert und GANZ Portugal unter Schock steht? Es lohnt einfach, mal kurz drüber nachzudenken, ob sich die Dinge nicht auch einfacher, adäquater und schöner sagen lassen.

Wir gehen zurück zu der Performance, zu dem Lehrer. Hast du mal in der Theater AG auf einer Bühne gestanden? Groß-Ilsede hat ja wahrscheinlich kein Staatstheater, keine Landesbühne.
Nein, aber es gab natürlich eine große Aula, in der unsere Theateraufführungen stattgefunden haben. Und eine unserer Theateraufführungen hat – ich glaube, beim Braunschweiger Theaterfest – mal den ersten Preis gewonnen.

Das heißt, ihr wart im Staatstheater Braunschweig auf der Bühne. Mit welchem Stück?
Es war eben kein Stück in dem Sinne, es war eine Aneinanderreihung von Performances. „Nieder mit dem Hoch" war der Titel.

Alle, die irgendwie vor einem Mikrofon sitzen, vor der Kamera stehen, auf der Theaterbühne sind oder als Produzenten dahinter – wie auch immer –, jedenfalls alle, die sich in dieser Form öffentlich äußern, hatten doch meistens so ein Erweckungserlebnis in der Kindheit oder Jugend, wo man sagte: Ich weiß noch nicht, wohin das gehen soll, aber ich könnte mir vorstellen, dass ich mich mal dafür interessiere. Was war das bei dir?
Ich glaube, genau das war's. Im weitesten Sinne habe ich mich für die Kunstwelt interessiert und gelernt, dass es auch noch andere, kreative Formen gibt,

sich auszudrücken. Dennoch habe ich mich dann für das Studium der Geschichte und russischen Literatur entschieden.

> **» Es lohnt einfach, mal kurz drüber nachzudenken, ob sich die Dinge nicht auch einfacher, adäquater und schöner sagen lassen. «**

Slawistik in Hamburg.
Genau! Damit komme ich auch zu dem zweiten wichtigen Lehrer neben dem Theaterlehrer und der hieß Herr Stoll und war mein Russischlehrer. Toll war damals, dass wir nur eine kleine Gruppe von Schülerinnen und Schülern waren, um die er sich intensiv kümmern konnte. Wir waren seinerzeit, noch vor dem Mauerfall, mit der Klasse in Moskau und die Sprache und auch die russische Literatur haben mich damals schon fasziniert.

Du sprichst Russisch?
Na ja, ich hab's studiert und – ehrlich gesagt – konnte ich es schon mal viel besser, als ich während des Studiums öfter mal in Russland war. Mittlerweile habe ich es ein wenig verlernt, aber wenn ich Wladimir Putin mal vor die Nase kriegte, dann würde ich es versuchen.

Du sagst, die russische Literatur hat dich fasziniert. Hast du sie im Original gelesen?
Na klar, das musst du zwangsläufig, wenn du eine Sprache studierst.

Als ich jung war, habe ich oft „Onkel Wanja" gesehen und in meiner Erinnerung sah man irgendwie immer Männer mit langen Regenmänteln, Laub lag auf der Bühne und es waren große Pausen zwischen jedem Satz. Aber diese Stücke faszinierten mich, weil sie plötzlich eine völlig andere Kultur an das Staatstheater Kassel brachten. Vor ein, zwei Jahren war Katja

Gloger hier zu Gast in meiner Sendung. Die „Stern"-Journalistin hat ein, wie ich finde, lesenswertes Buch geschrieben über das deutsch-russische Verhältnis durch die Jahrhunderte. Caren, ist dir als junge Frau, die in den 80er-Jahren als Deutsche nach Moskau kam, auch aufgefallen, dass es ein kompliziertes Verhältnis ist zwischen Deutschland und Russland? War dir das bewusst?

Das war mir schon aufgrund meiner eigenen Familiengeschichte bewusst, da mein Großvater mütterlicherseits in russischer Kriegsgefangenschaft war, aus der er 1947/48 zurückkam und über die er nur selten sprach. Ich hatte immer Schwierigkeiten, herauszubekommen, was ihm eigentlich widerfahren war im Krieg und in der Gefangenschaft.

Als ich dann aber erzählte, dass ich gern Russisch studieren möchte, fiel ihm alles aus dem Gesicht und er sagte: Das geht nicht, das kannst du nicht machen. Und dann erzählte er so langsam in einzelnen Gesprächen, was er erlebt hat, wie er gelitten hat in der Gefangenschaft und wie auch seine Familie Leid erfuhr durch die sowjetischen Truppen, vor denen sie aus den ehemaligen Ostgebieten floh. Dass es da ein wechselseitiges Verhältnis gab und welche Schuld die Deutschen trugen, wollte er damals nicht anerkennen.

Hast du bestimmte Begegnungen gehabt, in denen das kulminierte?

Nein, das habe ich persönlich nicht zu spüren bekommen. Ich habe eher Auseinandersetzungen zwischen Russen und Menschen aus ehemals sowjetischen Staaten erlebt. Als wir beispielsweise mal eine Fahrt durchs Baltikum machten, tauchten Konflikte auf zwischen den Russen und den Esten. Wir bekamen große Schwierigkeiten, da sie uns sogar Gewalt androhten, und als sie dann noch merkten, dass Deutsche dabei waren, nahm die Aggression nicht gerade ab.

Du bist dort auch Reiseleiterin gewesen. Das ist im Prinzip eine Mischung aus zwei Kulturen. Man hat eine gewisse Kenntnis der russischen Kultur und Sprache, kommt aber mit Menschen zusammen, die sich zwar auch dafür interessieren, aber diese Kenntnisse nicht haben, und man trifft auf

Menschen, denen es gar nicht so lieb ist, dass so viele Deutsche kommen. Hat das eine gewisse Sprengkraft gehabt oder lief das alles gesittet und geordnet ab?

Das haben wir damals nicht gespürt. Ich habe Schülerinnen und Schüler begleitet. Es ging darum, ihnen die Kultur nahezubringen, und ich muss sagen: Ich habe nicht eine Situation erlebt, die eine solche Sprengkraft erahnen ließ.

Wir sind hier beim Radio und als du vorhin das Studio betreten hast, war einer deiner ersten Sätze: „Ach, ich bin eigentlich eine Radiofrau, ich möchte das mit Kopfhörern machen!" Dein Weg führte seinerzeit erst mal zum Privatradio. Radio Schleswig-Holstein, Radio Hamburg, dann kam irgendwann RTL Nord, glaube ich, und N-Joy. Wer hat dir den Weg geebnet zum Radio und was hat dich daran interessiert?

Ich musste meine Miete bezahlen, das war gleich der erste Grund.

Ganz furchtbares Schicksal, das müssen so viele.

Es tut mir leid, dass das jetzt so wenig spektakulär klingt, aber ich hatte überhaupt gar keine Ambitionen, in die Medien zu gehen. Als ich in Hamburg Russisch und Geschichte studierte, lebte ich in einer kleinen Wohnung in Hamburg-Ottensen und arbeitete in einem Kopiershop, um das restliche Geld, das ich neben dem BAföG brauchte, zu verdienen.

Jüngeren muss man vielleicht erklären, was ein Kopiershop ist.

Stimmt. Man konnte dort beispielsweise aus den Büchern, die man las – ja, man hatte noch Bücher aus Papier in der Hand –, kopieren. Es gab damals einen Kommilitonen, der mit mir zusammen in Geschichte in einem Proseminar saß, ich glaube, wir brüteten damals über Hildegard von Bingen, und der kam eines Tages und sagte: „Du, ich hab' da einen Job. Willst du nicht in der Hamburger Hochbahn für Radio Schleswig-Holstein morgens die Verkehrsfunknachrichten lesen?" Sein Vorname war Jörg, der Nachname war Pilawa, und ich sagte: „Lieber Jörg, das kriegen wir hin, ich brauch' Geld." Und so kam ich zum Radio.

Musstest du denn von einem Berufswunsch Abschied nehmen? Gab es mal einen anderen beruflichen Plan? Wie du gesagt hast, bist du nur zum Radio gegangen, um die Miete zahlen zu können. Auch wenn es über Jörg Pilawa kam, der damals noch nicht der große Jörg Pilawa war.

Durch meinen Kunst- und Theaterlehrer inspiriert, habe ich zwei Schauspielprüfungen absolviert – erfolglos –, dann wollte ich eine Musicalausbildung machen, habe aber festgestellt, dass die hochhauslangen Beine fehlten. Also widmete ich mich lieber der anderen Leidenschaft: der Sprache. Vor allem der russischen Sprache und der russischen Geschichte.

Aber das Bedürfnis zu unterhalten, ein Entertainmentgen ist schon in dir drin?

Auf jeden Fall.

> **» Im Fernsehen dürfen ja selbst die Nachrichten mal unterhaltend sein. «**

Würdest du denn so weit gehen und sagen, dass du auch nur zu den Tagesthemen gekommen bist, weil du die Miete bezahlen musstest?

Nein. Ich gehöre nicht zu den Leuten, die schon mit fünf Jahren wissen, dass sie Journalisten werden wollen. So war das nicht. Über den schon beschriebenen Zufall kam ich erst zum Radio, dann zum Kulturfernsehen und dann in die Politik. Wobei ich mich immer dagegen wehre, zu sagen, dass hier eine klare Grenze wäre, denn auch Kultur ist Politik und Politik ist auch Kultur. Und über allem liegt der Wunsch nach Erkenntnisgewinn. Also es ist nicht so, dass ich aus Geldnot zu den Tagesthemen gekommen wäre – das war jetzt ein bisschen böse von dir.

Es war eine Frage.

Und ich bin sehr dankbar für diesen Weg. Ich habe eine große Liebe zum Radio, auch zum Filmemachen. Im Kulturressort hatte ich noch den Luxus, 8-Minuten-Filme über Michel Houellebecq oder Tom Jones zu machen. Ich habe große Künstler treffen dürfen, mit vielen Dreh- und Schnitttagen, durfte selbst Musik produzieren – das waren tolle Erfahrungen. Aber wem erzähl ich, was Film ist?

Tom Jones wurde gerade im Musikmagazin „Rolling Stone" porträtiert. Das Interview war ein wenig traurig, weil er unter anderem sagte: „Mein Gott, ich bin jetzt 80, ich würde gerne noch auftreten und kann wegen Corona nicht." Aber siehe da, in derselben Ausgabe des Magazins entdeckte ich eine Fotostrecke mit Caren Miosga und Linda Zervakis. Ich glaube, diese Fotos sind nur entstanden, weil ihr beide das Buch „Alle sind so ernst geworden" von Benjamin von Stuckrad-Barre und Martin Suter eingelesen habt. Wie kam es dazu?

Benjamin von Stuckrad-Barre hat eine eigene beeindruckende Merchandisingmethode. Er hat bekannte Menschen aus Kultur und Medien gebeten, auf Instagram für sein Buch Werbung zu machen. War dann ja auch ein Hit, das Buch. Irgendwann rief er dann auch bei mir an und sagte: „Würdest du bitte unser Buch in die Kamera halten und sagen: ‚Alle sind so ernst geworden!?'"

Während der Tagesthemen?

Oder auch schon zwischendurch.

Wetterkarte, völlig egal.

Ich hab' ihm gesagt: Stucki, lass mal, das haben doch alle Schauspieler, alle Moderatoren schon für dich erledigt. Und das Buch ist ja jetzt schon ein Bestseller. Zwei Tage später ruft er noch mal an: „Ich habe eine bessere Idee! Du und Linda, ihr lest das Hörbuch ein." Und da habe ich gedacht: Wow, das ist wirklich eine tolle Idee. Hast du das Buch gelesen?

Ja, ich habe es gelesen, denn die beiden, Martin Suter und Benjamin von Stuckrad-Barre, waren zu Gast in der NDR Talk Show. Barbara Schöne-

berger und ich haben uns sehr gefreut, dass sie unsere Gäste waren, und natürlich haben wir das Buch in Vorbereitung auf das Gespräch gelesen.

Dann weißt du ja, dass es herrlich komische Konversationen und Dialoge zwischen den beiden gibt über scheinbare Nichtigkeiten des Alltags und über Sprache, was mir große Freude bereitete. Die beiden haben selbst auch Tonaufzeichnungen gemacht, während sie das Buch verfassten, dann aber gemerkt, dass es vielleicht nicht so gut ist, wenn ein Turbosprechender mit einem eher langsam artikulierenden Schweizer – das soll die Schweizer nicht beleidigen – kommuniziert. Sie wollten es also nicht selbst einlesen und so sind sie auf Linda und mich gekommen. Wir fanden uns dann irgendwann in einem kleinen Tonstudio in Hamburg wieder. In unserem eigentlichen Beruf sprechen, moderieren und interpretieren wir natürlich auch, aber hier brauchte es eine andere Sprechtemperatur und ein ganz anderes Einfühlen in Stimmungen. Es war ein großes Vergnügen und eine große Ehre.

Das Thema Sprache ist immer wieder ein wichtiges Element im Gespräch mit Caren Miosga und wir haben es hier auch mit einer Frau zu tun, die, glaube ich, die Vorsitzende oder das einzige Mitglied des Vereins zur Rettung des Konjunktivs ist.

Stimmt nicht ganz: Dr. Alois Schmücker, er war Professor der Slawistik, hat den Verein ins Leben gerufen. ER war das einzige Mitglied und ich habe ihn dafür bewundert.

Ich bin übrigens das einzige Mitglied im Verein zur Rettung des Semikolons, ein Satzzeichen, das kaum noch Verwendung findet.

Zu Unrecht.

Aber warum der Konjunktiv? Gibst du mir mal eine Kostprobe, wo der Konjunktiv seine Berechtigung hat und wo er leider nicht stattfindet, ob der Verwahrlosung der deutschen Sprache?

Ob der Verwahrlosung …, sehr schön, Herr Meyer-Burckhardt, sehr schön, wo wäre der Konjunktiv schön? Also ich mag es zum Beispiel nicht zu sagen, ich würde gerne gehen, sondern ich ginge.

Ja, mir dünkt, ich könnte gehen.
Mir dräute.

Mir dräute, ich sollte vom Hofe schleichen. Eine ganz putzige Geschichte ... putzig ist auch ein Adjektiv, was heutzutage leider nur noch selten Verwendung findet.
Viel zu selten.

Das Publikum ist ja allzuoft nicht sehr tolerant mit uns Fernsehschaffenden. Ich habe in der Vorbereitung auf dieses Gespräch auch etwas Neues gelernt: Du hast den Fehler gemacht und formuliert, dass sich zwei Mannschaften, eine Fußballmannschaft A und eine Fußballmannschaft B, mit dem Ergebnis zwei zu eins trennten, und auch ich dachte: Na ja, so etwas passiert, die eine Mannschaft schießt zwei, die andere schießt ein Tor. Das aber ist falsch. Ist ja herrlich, dass du auch keine Ahnung von Fußball hast. Das wusste ich nicht. Aber erklär es dem Publikum, was ist daran falsch?
Ehrlich gesagt kann ich es niemandem erklären, deswegen hab ich's ja auch gemacht, weil ich dachte: Wieso, ist doch ganz klar, A trennt sich von B. Und trotzdem kam ein Sturm der Entrüstung auf mich hernieder.

Warum? Man kann sich nur unentschieden trennen?
Ja.

Das ist der Knaller, das wusste ich auch nicht.
Ja, aber was für ein Schwachsinn ist das denn bitte?

Ein großer Fußballfan ist auf jeden Fall Rod Stewart und wie immer in dieser Sendung spielen wir einen Song von ihm. Heute habe ich mich für das

Stück „When I Was Your Man" entschieden. Ich glaube, es stammt aus den Achtzigern, war wohl kein großer Hit, ist aber trotzdem sehr schön.

[Lied wird gespielt]

Caren, wenn man sich mit deinem Leben beschäftigt, mit den Untiefen deines Charakters, dann fällt auf, dass du eine große Freundin des Lakritzes bist.
Oh ja!

Altdeutsch: des Süßholzes.
Obwohl ich gelernt habe, dass es ungesund ist, zu viel davon zu essen.

Erfunden hat es George Dunhill 1760, ein britischer Apotheker, und du hast gesagt, dass du ihm unbedingt posthum einen Preis verleihen möchtest, weil du ihm so dankbar bist ob dieser Erfindung. Süßholz bringt mich natürlich zu Süßholz raspeln, also jemandem Komplimente machen. Gibt es manchmal in den Tagesthemen die Situation, dass du einer Person am liebsten sagen würdest, wie toll sie ist? Auch wenn eine gewisse journalistische Distanz das verhindert, wie Hanns Joachim Friedrichs sagte: „Ein Journalist macht sich mit keiner Sache gemein, auch nicht mit einer guten." Also gibt es das, dass du selbst auf die Bremse trittst und sagst: Ich raspel hier kein Süßholz.
Da habe ich eine eingebaute automatische Bremse. Also Süßholz raspeln, das geht nicht. Aber es gibt Situationen, ich gebe zu, in einer musste ich mich sehr bewusst bremsen, als ich nämlich den französischen Präsidenten Emmanuel Macron getroffen habe. Er hat ganz ähnlich wie Barack Obama eine enorme Aura und formuliert so geschliffen, dass ich aufpassen musste, mir mein Macron-Dasein nicht anmerken zu lassen. Aber dann hat er es selbst vermasselt. Wir hatten eigentlich vereinbart, dass wir das Interview mit einem deutschen und einem französischen Übersetzer führen, weil mein Französisch doch eher

mittelmäßig ist, aber dann sagte Monsieur Le Président: Non, seulement en français – wir reden nur Französisch. Fertig. Ich hatte eine halbe Stunde …

… um Französisch zu lernen?
Um mich auf ein französisches Interview vorzubereiten. Aber es war am Ende nicht so schlimm, wie ich befürchtet hatte.

Du hast zwei Männer in einem Atemzug genannt: Obama und Macron. Beide sind, sagen wir mal, Humanisten, gebildete Menschen, Kommunikationsgenies. Wie ist es zu erklären, dass sie dann doch in der Realität, in diesem Politikbetrieb, ich will nicht sagen scheitern, aber doch auf ein Normalmaß zurückgestutzt werden, dass sie mitunter nur noch enttäuschen können?
Ich weiß gar nicht, ob das so ist. Können sie nur enttäuschen? Ich habe viele Obama-Interviews gehört, die er aktuell rund um das Erscheinen seines Buches gegeben hat. Natürlich ist er jetzt viel befreiter und kann auch viel offener reden, aber so viel Selbstreflexion und so viel Selbstkritik habe ich selten von einem Politiker gehört, auch wenn er nicht mehr aktiv ist. Das finde ich bemerkenswert.

Michael Stempfle, ein gut gekleideter, sehr profilierter Journalist im ARD-Hauptstadtstudio, sagt selbstkritisch: „Wir erklären zu häufig und hinterfragen zu wenig." Hat er recht?
Nein, ich finde, wir hinterfragen sehr viel. Eher müsste ich IHN jetzt fragen, warum er meint, dass wir zu wenig hinterfragten.

Stichwort Mainstreammedien als Vorwurf von einem Teil des Publikums. Ich versuche mal, einen Aspekt zu interpretieren, mit dem ich vielleicht auch falschliege. Wir sprachen vorhin schon über deine ersten Fernseherlebnisse, aber die, die ich – deutlich älter als du – mit dem öffentlich-rechtlichen Fernsehen verbunden habe, unterscheiden sich ein bisschen.

Es gab den sehr konservativen Gerhard Löwenthal, der das „ZDF-Magazin" moderierte, und es gab den eher linksliberalen Peter Merseburger, der Chefredakteur des NDR war und Moderator des Politikmagazins „Panorama". Diese Vielfalt kann man momentan mit Fug und Recht ein bisschen vermissen, oder irre ich mich?
Weil auch Herr Gottlieb nicht mehr da ist.

Ja, Herr Gottlieb – man sieht ihn selten.
Ja, das ist etwas, was ich schon selbstkritisch sagen würde. Im Falle des ehemaligen amerikanischen Präsidenten beispielsweise haben wir zuweilen mehr auf dessen Skandale geschaut als auf die Erfolge.

Zum Beispiel bei der Coronabekämpfung.
Na ja, das nun gerade nicht, aber er hat natürlich wirtschaftliche Erfolge erzielt. Allerdings hat er es uns auch leichtgemacht, weil er Journalisten beschimpfte und weil sein Stil unter aller Sau war. Und das hat manchmal ein bisschen den Blick verstellt, zu sagen: Man muss den Mann nicht mögen, aber es gibt Gründe, warum ihn die Menschen gewählt haben, denn er hat bestimmte Dinge, die er versprochen hat, wirklich umgesetzt.

» **Seit Corona starren wir alle auf uns selbst.** «

Das meinte ich, dass er beispielsweise die Impfstoffproduktion mit auf den Weg gebracht hat.
Genau, da hast du recht.

Zum Thema Kommentare: Warum sprechen eigentlich nur die Chefredakteure die Kommentare?
Das stimmt gar nicht! Hubertus, du guckst zu wenig Tagesthemen. Das machen auch Kolleg*innen wie Anja Reschke oder Eckart von Hirschhausen.

Ich stelle die Frage anders: Warum sprechen die Kommentare sehr häufig Repräsentanten der Sender und nicht zum Beispiel Gewerkschaftsmitglieder, Kommunikationschefs der Arbeitgeber oder Vertreter der Kirchen, also insgesamt Repräsentanten der gesellschaftlich relevanten Gruppen? Das frage ich mich häufig.

Ach so, das könnte man natürlich mal überlegen. Wir handhaben es so wie eine Zeitung: Leitartikel machen die Leute von der Zeitung und daneben gibt es ein mannigfaches Feld von anderen Reportern, Redakteuren oder auch medienfernen Menschen, die ebenfalls kommentieren. Was wir schon lange nicht mehr machen, ist Chefredakteurkommentar-Fernsehen. Insgesamt sind es also viele verschiedene Leute, die kommentieren, allerdings achten wir auch darauf, dass es mehr Frauen werden, und wir bitten zunehmend auch Leute von außen, bei uns ihre Meinung kundzutun. Zum Holocaust-Gedenktag war das die leider schon verstorbene Esther Bejarano oder zur Coronapolitik eine Schülerin aus Hamburg.

> **» Was wir schon lange nicht mehr machen, ist Chefredakteurkommentar-Fernsehen. «**

Gerade sagst du das Wort Zeitung – ich bin froh, dass du beim Fernsehen bist und nicht bei einer Zeitung, denn es gibt einfach, ich möchte sagen, Sternstunden des Fernsehens, wenn du moderierst. Du hast zum Beispiel, das ist oft besprochen worden, aber ich will es doch noch mal tun, zum Tod von Robin Williams, dem großartigen Schauspieler, die Schuhe ausgezogen und bist auf den Tisch gestiegen. Wie viel Überwindung hat dich das gekostet?

Gar keine! Trotz des Anlasses war es eine Riesenfreude, da wir im ganzen Team keine Bedenkenträger um uns herum hatten an diesem Tag. Es waren ausnahmslos alle sofort Feuer und Flamme für die Idee. Selbst die Leute, die die Lampen neu justieren mussten, denn oben auf dem Tisch gibt es ja normalerweise kein Licht.

Stimmt, da oben ist es ja dunkel. Die Füße sind hell und der Kopf ist dunkel.
Genau. Oder eine andere entscheidende Frage: Hält der Tisch das aus, wenn da jetzt 50 Kilo draufstehen? Hat sich keiner Gedanken drüber gemacht. Ich fand's einfach cool. An der Medienwand in unserem Studio haben wir ganz viele Rovin-Williams-Bilder aufgelegt, ich habe mich auf den Tisch gestellt und innerhalb einer halben Stunde war das Ding im Kasten.

Wie war die Reaktion des Publikums?
Größtenteils positiv.

Aber es gab auch andere, die das nicht so gut fanden.
Die gibt's immer. Die sagen: Moment, das ist doch hier das Hochamt, die Tages-themen, da wird verlesen, da wird verlautbart. Da kann ich nur sagen: Machen wir nie, haben wir auch nie gemacht. Und im Fernsehen dürfen ja selbst die Nachrichten mal unterhaltend sein.

Du bist oder warst ein großer Fan von Macron, hast aber gelegentlich auch mit deutschen Politikern zu tun. So zum Beispiel mit Olaf Scholz, ein ehrenwerter Mann, gar keine Frage, aber du hast ihn nach seiner Wie-derwahl zum Hamburger Bürgermeister mit den Worten begrüßt: „Herr Scholz, Sie reagieren auf diesen doch großen Wahlsieg so euphorisch wie ein englischer Butler." Das heißt mit anderen Worten: gar nicht.
Genau!

Stehst du als temperamentvolle Frau eher ratlos vor so einem ehrenwer-ten Mann und denkst: mein Gott?
Ja, in dem Fall war es wirklich so, denn er hatte die absolute Mehrheit geholt und tat so, als müsste er irgendeine Beerdigung moderieren. Als ich das sagte, sah man aber für einen Moment, dass eine Mundecke so leicht nach oben ging bei ihm. Also er reagierte minimal, aber er reagierte. Das war viel für seine Ver-hältnisse.

Mundecke leicht hoch, das ist schon recht euphorisch, ja.

Anschließend nahm er aber das auch sehr sportlich. Viele Leute regten sich auf, dass man einen Bürgermeister gefälligst nicht so zu behandeln habe, aber er war total entspannt und sagte hinterher mal, dass er sich jetzt öfter mal als Butler vorstellen würde. Wir wissen alle, dass Olaf Scholz Humor hat.

Ja, einen sehr trockenen, sehr feinen.

Ja, und ich wünschte mir, er würde ihn öfter auch mal vor der Kamera rauslassen.

Aber das traut er sich nicht. Deswegen ist er Finanzminister. Ich glaube, das ist auch im Vorstand großer DAX-Konzerne so, dass die Finanzvorstände immer ein bisschen, sagen wir mal, den Zahlen verhaftet sind. Apropos Vorstände: In allen 30 DAX-Vorständen, die es in Deutschland gibt, sind nur 12,8 % Frauen, der Rest Männer. Bist du für die Quote?

Ja. Hätte ich mir auch nicht träumen lassen, dass ich das mal sage. Ich war immer gegen die Quote, um dann aber festzustellen, was wir eigentlich schon alle längst gemerkt haben, dass es sich nämlich von allein nicht verändert. Also bin ich für die Quote, so lange, bis wir sie endlich wieder abschaffen können.

Glaubst du, Frauen selbst haben einen Anteil daran, dass zu wenige in den Vorständen vertreten sind? Ich frage das deshalb, weil ich es schon erlebt habe, dass Frauen die Möglichkeit hatten, aber sagten, sie möchten so ein Leben nicht führen.

Was ich ebenfalls in meiner täglichen Arbeit erlebe, ist, dass wenn wir hochrangige Frauen für Gespräche oder für Interviews anfragen – mit Ausnahme von Ministerpräsidentinnen zum Beispiel –, sie seltener zusagen als Männer. Und wenn sie dann zusagen, präsentieren sie sich oft zurückgenommener. Gestern hatte ich zum Beispiel Sabine Kopp, eine Politikwissenschaftlerin, im Interview, die analytische und fundierte Dinge sagte, dies aber sehr sachlich formulierte und nicht mit großer Wucht, wie jemand, der erst mal dasitzt und sagt: Reicht, dass ich hier sitze und die Stimme erhebe.

Ich werde häufig gefragt: Warum machst du nur Meyer-Burckhardts Frauengeschichten, warum immer nur Frauen und keine Männer? Was ist aus deiner Sicht der Unterschied zwischen Mann und Frau? Und meine Antwort ist dann zwar immer dieselbe, aber für mich immer noch richtig: Ich habe das Gefühl, dass Männer sich mehr über die Funktion definieren und Frauen mehr über die Person. Und natürlich macht es mehr Spaß, mit einem Menschen zu reden, wo man nicht erst die Funktion durchbohren muss, um dann irgendwann beim Menschen anzukommen. Kann das der Grund sein, warum Frauen vielleicht ängstlicher sind, weil das Zurückgreifen auf eine Funktion natürlich auch ein Schutzmantel ist?

Ja klar. Du musst dich gleich mehr öffnen, wenn du dich nicht zuerst über die Funktion definierst. Wobei ich aber auch Männer kenne, die sich nicht über die Funktion definieren. Ob Frauen erfolgreich sind und auch so auftreten können, hat viel mit den Umständen zu tun. Ich erinnere mich an den wunderbaren Auftritt von Sigrid Nikutta, aus dem Vorstand der Deutschen Bahn, die ich zum Thema Frauenquote befragte. Es wurde deutlich, warum sie diesen Job machen kann: Sie hat fünf Kinder zusammen mit einem Mann, der zu Hause ist und sich um die Familie kümmert. Und das ist, glaube ich, ein wichtiger Punkt, den man nicht vergessen darf. In den allermeisten Familien kümmern sich die Mütter mehr um die Familie als die Väter, da sind Frauen einfach im Hintertreffen.

„Seit Corona starren wir alle auf uns selbst", ein Zitat von dir, und ja, das ist auch mein Eindruck. In allen Talkshows wird nur noch von Corona geredet und was mich dabei so verdrießt: Immer nur im Blick auf unsere Nation, vielleicht noch auf Europa, aber wir haben die große Welt nicht mehr im Blick, wo die Impfquote unter 1 % liegt, wenn wir zum Beispiel von Afrika reden. Sind wir selbstsüchtig geworden und trägt das Fernsehen in gewisser Weise dazu bei?

Wir sind sehr fokussiert darauf, was hier in diesem Land passiert. Zumal wir ja wissen, dass wir diese Pandemie nur dann besiegen, wenn die ganze Welt sie besiegt. Und gerade im Vergleich mit anderen lernen wir ja, dass es einige Nationen besser gemacht haben als wir.

Weil vielleicht bei uns auch Datenschutz vor Gesundheitsschutz geht?
Vielleicht auch.

Das ist, glaube ich, ein deutscher Fetisch.
Das ist so. Und Digitalisierung bleibt ein Fremdwort.

„Es ist ja nur Fernsehen" ist ein anderes Zitat von dir, Caren. Auch das stimmt und sicherlich sollten wir uns alle selbst nicht so wichtig nehmen, doch die Botschaften, die wir senden, müssen wir gleichwohl ernst nehmen, denn die Verantwortung ist groß. Wie kommst du mit dem Spannungsfeld klar, das Medium nicht zu ernst zu nehmen, aber sich dennoch der Verantwortung bewusst zu sein, die man nun mal hat, wenn man da sitzt, wo du sitzt?
Ich finde, dass das gut zusammengeht, dass es sich gar nicht widerspricht. Ich habe die Verantwortung für das, was ich da abends sage, denn ich sage ja was Einordnendes und was Bewertendes, auch wenn es nicht kommentierend ist. Ich weiß schon um diese Verantwortung und muss mich auch damit auseinandersetzen, dass sich Leute daran reiben, sich aufregen und Protestbriefe schreiben. Trotzdem muss ich dazu stehen, dass ich eine Haltung habe zu den Dingen, die auf der Welt geschehen. Und gleichzeitig ist das, was meine Person betrifft, nur eine geliehene Prominenz von diesem Sendeplatz, von dieser Sendung und hat gar nichts mit mir persönlich zu tun. Und deswegen muss ich mich persönlich nicht wichtig nehmen, sollte aber meine Rolle an der Stelle nicht unterschätzen.

Wenn du abends nach Hause kommst, hast die Tagesthemen hinter dir und die Wetterkarte, hörst du dann Musik?
Ja, gelegentlich.

Zum Beispiel?

Ganz ehrlich? Meistens ist es so, dass ich gar nichts mehr höre, meine Ohren müssen einfach Pause haben.

> » Ich muss mich persönlich nicht
> wichtig nehmen, sollte aber meine Rolle an der Stelle
> nicht unterschätzen. «

Im Auto auch nicht?

Da höre ich eher mal Hörbücher. Und wenn ich richtig laut Musik mache, beim Kochen zum Beispiel, da habe ich jetzt zuletzt mit meiner Tochter zusammen „Element of Crime" gehört.

"Element of Crime" beim Kochen.

„Ich wäre gern ein Gummibär, da gibt's die gelben und die roten, das sind alles Vollidioten." – kennst du das noch?

Das kenne ich noch.

[L i e d   w i r d   g e s p i e l t]

„Element of Crime" für dich. Die letzte Frage, wir sprachen gerade übers Essen beziehungsweise du sprachst über das Kochen. Du hast gesagt, natürlich sehr kokett, deine größte Kompetenz allübergreifend sei das Kochen von Bolognese.

Ja!

Das richtig hinzukriegen, ist ja auch nicht einfach. Ich möchte das an dieser Stelle auch unbedingt gewertschätzt wissen, ja. Aber du bist offensichtlich eine sehr gute Köchin.

Nein.

Nein?
Doch.

Du machst auch Königsberger Klopse, ist auch nicht einfach.
Königsberger Klopse sind auch nicht einfach, weil man hinterher aufpassen muss mit der Soße und dem Eigelb.

In der Tat.
Aber das habe ich bis zur Perfektion entwickelt und die Bolognese auch. Es gibt auch einen Wettstreit zwischen mir und diversen anderen Köchen, Privatköchen, wer die bessere Bolognese macht. Und ich bin überzeugt: Ich bin die Bessere.

Würde ich da eventuell als Juror infrage kommen können?
Klar, könntest du, wenn du den Wein mitbringst. Dann könnten wir ins Geschäft kommen.

Selten haben wir bei Meyer-Burckhardts Frauengeschichten ein so schönes Ende gehabt. Ich ende hier als Juror eines Panels „Wer macht die beste Bolognese?". Ich bin sicher, die kommen von Caren Miosga. Liebe Caren, vielen Dank, dass du den Weg zu Meyer-Burckhardts Frauengeschichten gefunden hast.
Es war mir eine Freude.

Es war mir ein Vergnügen, eine Ehre und bleib gesund.
Du auch!

Katrin Sass

Dass es nachts hell war, konnte sie nicht fassen. Sie hatte den Silbernen Bären gewonnen – Internationale Filmfestspiele Berlin 1982. Der Film hieß BÜRGSCHAFT FÜR EIN JAHR … Und nun stand sie auf dem bunt beleuchteten Ku'damm. Die junge Schauspielerin vom Theater in Halle. Intendant war damals Peter Sodann. Ihre Liebhaber waren immer älter, so auch Sodann. Sehnsucht nach Schutz.

Die drei Obrigkeiten in der DDR – Kellner („Sie werden platziert …"), Polizei und Taxifahrer – hat sie gehasst. Auf dem Bahnhof in Halle hat sie den DDR-Sicherheitsorganen entgegengeschrien: „In diesem Land kann man sterben, aber nicht leben."

Zurück vom Ku'damm-Abstecher begriff sie plötzlich, warum die Westdeutschen die DDR „Dunkeldeutschland" nannten. Da war nachts nichts erleuchtet. Sie packte das Fernweh. Sie liebte es, mit ihrer Mutter auf Tournee zu gehen. Und wenn es nur das Gastspiel war, das die populäre Marga Heiden, engagiert an der Fritz-Reuter-Bühne Schwerin, in das nah gelegene Parchim führte. Tochter Katrin liebte es, dabei zu sein, unterwegs zu sein. Nach der Schule wollte sie nur Schauspielerin werden, nichts anderes, nur das! Die DDR-Regularien sahen aber vor, dass man eine zweite berufliche Ausbildungsoption wählen musste. Um Haaresbreite wäre sie infolgedessen ein Leben lang Facharbeiterin für Fernmeldetechnik geworden, hätte als

„Stöpslerin" – wie sie selbst sagt – im Fernamt gesessen. Wenn schon keine Fernreisen möglich waren, dann doch zumindest Ferngespräche ermöglichen. Sie hört gern von Reinhard Mey „Über den Wolken". Das trifft ihre Stimmungslage, ihre Seele vielleicht.

Nach dem Gespräch, das wir im ARD-Hauptstadtstudio am Schiffbauerdamm aufgenommen haben, hätte ich gern mit ihr noch einen Kaffee getrunken. Ich hätte unser Gespräch gern verlängert, es fiel mir ein bisschen schwer, mich von ihr zu trennen. So einen Menschen trifft man selten.

Für dieses Gespräch hat ein besonderer Gast meine Einladung angenommen: Herzlich willkommen, Katrin Sass! Wir führen das Gespräch nicht in Hamburg, sondern im Berliner Hauptstadtstudio der ARD am Schiffbauerdamm. Direkt hier um die Ecke am S-Bahnhof Friedrichstraße war der „Tränenpalast", wo Sie als renommierte Schauspielerin der DDR abgefahren sind. Sie waren eingeladen zur Berlinale nach Westberlin, was zwar gleich um die Ecke war, aber doch eine Welt weit entfernt. Wenn Sie jetzt zu unserem Gespräch hier ins Hauptstadtstudio kommen, gibt es Flashbacks, wie man neudeutsch sagt, Erinnerungen an das Berlin von damals, oder ist das in Ihrem Kopf zu den Akten gelegt?

Für mich ist dieses Berlin tatsächlich Heimat. Ich komme aus Schwerin und denke immer, die Seenplatte fehlt. Fehlt natürlich nicht, denn ich lebe am Wasser und Berlin hat auch viel Wasser – allerdings ist die Seenplatte und das Plätschern der Wellen in Warnemünde doch noch mal was anderes. Jedenfalls hab' ich immer gedacht, irgendwann werde ich wieder dorthin gehen. Und das habe ich gemacht. Und immer ist alles präsent, auch dank des nachgebauten Mauerverlaufs mit den roten Pflastersteinen, der durch Berlin geht.

Sie meinen, im Boden eingelassene Steine?

Ja, die Erinnerungsmauer sozusagen, das sind die in den Straßenbelag eingelassenen quadratischen Pflastersteine. Ein Freund sagte mal: Katrin, irgendwann wirst auch du es vergessen haben. Es ist so verrückt, diese ganzen Erinnerungen auf dem Weg vorhin hierher … Ich fahre ja von Köpenick immer über eine bestimmte Brücke, und wenn ich nicht da langfahre, kann ich geradeaus über Kreuzberg fahren, aber immer muss ich über diese roten Steine. Und wenn kein Auto hinter mir ist, bleibe ich oft stehen und sag': Moment, das war die Mauer, hier ist Kreuzberg, da drüben siehst du den Fernsehturm, wo war denn da nun die Mauer? Ich werde verrückt, jedes Mal.

Das heißt, Sie suchen Orientierung?
Absolut.

» Für mich ist dieses Berlin tatsächlich Heimat. «

Ihr Leben, Sie haben es erwähnt, begann in Schwerin, dort wurden Sie geboren. Sind Sie eine leidenschaftliche Mecklenburg-Vorpommerin? Ich frage dies, weil Sie ein Buch geschrieben haben mit dem Titel „Das Glück wird niemals alt", und es beginnt im Grunde mit einer Liebeserklärung an Mecklenburg-Vorpommern. Ich möchte mit Ihnen über Ihre Kindheit sprechen, über eine eigentlich sehr spektakuläre Kindheit, denn sie fand quasi zwischen Schule und Theater statt.
Ja, das stimmt, das kann man wohl so sagen.

Wenn Sie heute durch Mecklenburg-Vorpommern fahren, was man ja zwangsläufig tut, wenn man zum Beispiel von Berlin nach Hamburg fährt, ist da ein Heimatgefühl?
Es ist immer wieder ein Heimatgefühl. Mecklenburg-Vorpommern ist nicht nur Schwerin oder Rostock, sondern wenn ich zum Beispiel auf Usedom drehe, dann bin ich auch dort sofort zu Hause. Ob ich allerdings da leben will, weiß ich nicht. Immer wieder denke ich: Wenn man dann mal alt ist, richtig alt, baut man sich dort vielleicht doch noch mal was Neues auf, schließt sich dann der

Kreis? Vielleicht. Aber Berlin ist die erste und ich glaube auch die einzige Stadt, wo ich mich genauso zu Hause fühle, denn in Berlin haben viele wichtige Dinge stattgefunden. So zum Beispiel, dass ich seinerzeit, ohne einen Abschluss an der Schauspielschule, gleich in meinem ersten Film mit Heiner Carow als Regisseur landete: „Bis, dass der Tod euch scheidet" – ein Knallerfilm.

Und deshalb glaube ich heute an etwas, das ich nicht benennen kann. Ich kann es nicht Gott nennen, denn mit der Kirche hab' ich es dann doch nicht so. Also mit der Kirche als Institution, wenn man sich an Regeln halten muss und an etwas glauben muss.

Haben Sie nicht ohnehin einen Widerwillen gegen Institutionen?
Ja, natürlich.

> **» Wenn man dann mal alt ist, richtig alt, baut man sich vielleicht doch noch mal was Neues auf. «**

Die erste Schlüsselszene Ihres Buches, eigentlich die Eröffnungsszene, lautet: Die Schule ist aus, Sommerferien, endlich raus, raus aus diesem Druck, endlich zurück zu den Hoffreunden, die Sie ja unterscheiden von den Schulfreunden.
Toll, dass Sie das Buch gelesen haben und wie Sie es gelesen haben!

Ich hatte den Eindruck, allein durch ihre autoritäre Existenz war die Schule an sich ganz und gar nicht Ihres.
Es gab in der DDR drei Obrigkeiten, die ich gehasst habe und mit denen ich immer aneinandergeraten bin. Das waren die Kellner: Man wurde platziert oder man kam gar nicht rein, obwohl alles leer war. Als ich älter war, habe ich sie deswegen auch schon mal angepöbelt. Dann waren es die Polizisten: Sie waren genauso arrogant, denn sie hatten die Macht. Da denk' ich übrigens: Zieh den Menschen eine Uniform an … Und das waren die Taxifahrer. Die hatten so eine unglaubliche Macht in der DDR, dass ich sie dafür gehasst habe!

Warum hatten die Taxifahrer in der DDR Macht?

Weil es keine gab und man hatte kein Telefon, also wir jedenfalls nicht. Du konntest nicht einfach anrufen und sagen: Taxi! Und dann in Westberlin: Ich, irgendwie noch ein Kind mit 25, nominiert, Hauptrolle … Ich wusste gar nicht, was das heißt, und ich wusste gar nicht, dass es die Berlinale gibt.

Dazu kommen wir gleich!

Ich komme also aus meinem Hotel und sage zu dem Taxifahrer, der vor dem Schweizer Hof steht: Entschuldigung, sind Sie noch frei? Der guckt mich völlig verstört an, sagt: Natürlich, sonst würde ich ja hier nicht stehen.

Ja sicher. War klar!

Totaler Wahnsinn. Ich komme da an, völlig eingeschüchtert, und traue mich nicht, in die S-Bahn zu steigen. Also habe ich die fünf Mark Westgeld, die wir am Tag bekamen, für die Taxifahrt genutzt. Fünf Mark. Einmal um die Ecke, da war'n sie weg. Eigentlich wollte ich eine Schallplatte von Udo kaufen. Und jetzt raten Sie mal, von welchem Udo!

Jürgens?

Ja, tatsächlich.

Ihre Mutter, Marga Heiden, wurde ebenfalls in Schwerin geboren und ist auch in Schwerin gestorben. Also eine Mecklenburg-Vorpommerin im wahrsten Sinne. Man nennt sie – ich möchte Sie fragen, ob Ihnen das eigentlich recht ist – die Heidi Kabel des Ostens. Ist das ein Prädikat, mit dem Sie als Tochter glücklich sind, und wird man Ihrer Mutter damit gerecht?

Das habe ich ja auch in meinem Buch geschrieben. 1990 haben sie das erste Mal in Hamburg gastiert und man nannte sie da schon die Heidi Kabel des Ostens. Wenn es stimmt und wenn es keine Gerüchte sind, bekam Heidi Kabel tatsächlich ein bisschen Angst, dass da eine völlig durchgeknallte, verrückte kleine Frau kommt und ihr Konkurrenz macht. Meine Mutter war schon heftig, sie hat sich auf die Bühne gestellt und losgeballert – im wahrsten Sinne des Wortes. Ich bin ganz, ganz glücklich, denn im NDR kam ja immer noch „Dinner for one" mit ihr – ich weiß gar nicht, ob es letztes Jahr noch gesendet wurde.

Ja, das lief noch! Und zwar auf mecklenburgischem Platt.
Ich ruf dann wieder alle an und sitze um 13 Uhr da und könnte heulen.

Es ist guter Brauch bei Meyer-Burckhardts Frauengeschichten, dass sich jeder Gast drei Lieder oder drei Musikstücke aussucht. Das erste Lied, das Katrin Sass gewählt hat, ist von Reinhard Mey, „Über den Wolken". Warum ist das ein Lied, das Ihnen so gefällt?
In den Liedern von Reinhard Mey, dem ich jetzt auch endlich mal persönlich begegnet bin, spüre ich bis heute dieses Fernweh, das ich zwar gar nicht mehr haben muss, was aber geblieben ist. Ich glaube, er war auch ein Mann, der gern in der DDR war und dort gesungen hat. Vielleicht auch über die DDR gesungen hat, ich weiß es nicht genau, obwohl seine Lieder ja nicht wirklich politisch waren. Aber ich hatte das Gefühl, er ist einer von uns, nicht Ost oder West. Da spielte die Mauer keine Rolle.

[L i e d   w i r d   g e s p i e l t]

**» In den Liedern von Reinhard Mey spüre ich
bis heute dieses Fernweh. «**

Ihre Mutter, Marga Heiden, war bei der plattdeutschen Bühne in Schwerin, der Fritz-Reuter-Bühne. Sind Sie sich eigentlich sicher, liebe Katrin Sass, dass Sie auch Schauspielerin geworden wären, wenn Ihre Mutter es nicht gewesen wäre, wenn sie beispielsweise Zahnärztin gewesen wäre?
Ich glaube schon, aber ich weiß es nicht ganz genau.

Aber die Mutter war schon ein Vorbild?

Ja, das war sie und es wurde mir ja in die Wiege gelegt irgendwie. An der Schauspielschule im Osten wurde man gefragt, warum man Schauspielerin oder Schauspieler werden will, und viele sagten: um die Welt zu verändern, um positive Einwirkung auf die Menschen zu haben, blablabla … Mir fiel so was gar nicht ein, ich habe gesagt: Na ja, weil ich das immer werden wollte und weil meine Mutter auch Schauspielerin ist.

Sie schreiben in Ihrem Buch, dass Sie ein Stück Ihrer Mutter 42 Mal gesehen haben.

Ja!

Aber wahrscheinlich nicht aus literarischem Interesse, sondern weil Sie Ihrer Mutter nahe sein wollten.

Nein, weil ich einfach auf der Bühne sein wollte, weil ich den Gestank der Kostüme brauchte und das alles. Es waren ja Tourneen und ich bin immer wieder mitgefahren, weil ich das ununterbrochen brauchte. Zum Beispiel das Stück „Flitterwochen tau drütt, ick war dat nie vergetten. Flitterwochen tau drütt".

Lassen Sie uns einen Abstecher ins Mecklenburgische Landestheater nach Parchim machen …

Parchim, Greifswald, die Rostocker Seite – ich war jeden Abend mit. In der Früh hab' ich dann oft gesagt, dass ich Halsschmerzen habe und ich nicht zur Schule gehen kann. Irgendwann war es tatsächlich so, dass ich einen dicken Hals hatte.

Sie waren also manchmal „krank" in Anführungsstrichen, haben ein bisschen simuliert, weil Sie darunter gelitten haben, dass Ihre Mutter meistens abends nicht zu Hause war. So konnten Sie sie wenigstens zum Frühstück sehen. Kann man das so sagen?

Ich weiß nicht, keine Ahnung. Vielleicht war es eher so, dass es toll war, mitzufahren, denn ich hatte immer Fernweh. Ich musste einfach mit. Auch wenn es nur nach Parchim war.

Aber es war, glaube ich, insgesamt eine sehr harmonische Kindheit für Sie. Sie beschreiben sehr niedlich in Ihrem Buch, wie Ihr Vater beispielsweise Kartoffelpuffer gemacht hat, wenn Sie nach Hause kamen, und er hat sie immer sehr geschickt aus der Bratpfanne heraus nach oben geworfen.
Ja, wirklich in die Höhe geschmissen!

Das bedeutet, Sie waren ein willkommenes Kind.
Ja.

Das ist nicht selbstverständlich und heißt, es gibt Kraft fürs Leben!
Es gibt aber auch Leute aus der eigenen Verwandtschaft, die das Buch ganz anders sehen. Sie meinen, ich tu' meiner Mutter weh. Wieso tu' ich ihr weh? Natürlich, mit 18 passieren schon so manche Dinge, die aber normal sind. Und durch den Alkohol passieren auch Dinge, die vielleicht normal sind.

Durch den Alkohol, den Sie getrunken haben?
Beide!

Ihre Mutter auch?
Ja, auch das hab' ich von der Mama geerbt. Heute spreche ich über dieses Thema, was die Familie natürlich nicht gerne hört. Und ich habe es geschrieben, ja, aber nicht jeder hat das Buch gelesen. Ich hab' dann noch irgendwann in der Süddeutschen oder beim SWR gesagt, dass ich einen tollen Vater hatte, der nicht mal mein Erzeuger war. Was, um Gottes willen, ist daran so schlimm?

Wann haben Sie erfahren, dass er nicht Ihr Vater war?
In der Schauspielschule, als ich auf der Bühne stand und ein Mann mich ununterbrochen fotografierte.

War das ein Schock?

Absolut. Aber dann war es Abenteuer. Ich musste den Geschwistern erzählen, dass sie gar nicht meine Geschwister waren – bumm. Heute sage ich: Danke, Mama! Danke, Papa – er war toll, der Hans-Otto Sass! Und danke, mein Erzeuger! Sie stehen alle drei auf meiner Bank.

Sie waren in einer Tagesheimschule.

Ja! Die hieß so.

Da geht man hin, wenn man Eltern hat, die beide berufstätig sind, und man ist sozusagen den ganzen Tag versorgt.

Ja, man ist den ganzen Tag versorgt. Das ist das Gleiche wie Schulen mit Hort. Man blieb den ganzen Tag, erst in der Schule und nach 14 Uhr wurde es dann der Hort, wo man Schularbeiten gemacht hat.

Durch die Lektüre des Buches habe ich gelernt, dass es in der DDR auf den Beruf bezogen die Frage nach einer A-Option und einer B-Option gab.

Es gibt den Hauptberuf und den Nebenberuf.

Oder so.

Und den musste man aufschreiben in der Schule. Ich dachte nur: Was wollen die? Ich kenn nur einen Beruf.

Schauspielerin.

Natürlich! Du musstest dir irgendeinen Scheiß ausdenken. Meine beste Freundin: Kindergärtnerin oder Lehrerin. Die Jungs schrieben wahrscheinlich: Isolierer, Bauarbeiter oder so was. Ich schrieb: Schauspielerin oder weiß ich doch nicht. Alle lachten und machten sich lustig über mich. Sie erlebten mich in der Klasse ja immer voller Angst. Ich konnte kein Gedicht vorne aufsagen – Angst! In der Öffentlichkeit habe ich später ebenfalls kein Geheimnis draus gemacht, dass Bettnässen, Angst, Angst und immer wieder Angst auch zu meiner Kindheit gehört haben. Mein Körper und ich bestanden nur aus Angst.

Haben Sie je darüber nachgedacht, wo die Angst ihre Wurzel haben könnte?

Später natürlich. Wenn man vom Alkohol los ist und Therapien macht, beginnt man nachzuforschen, was da eigentlich so los ist oder war. Am Anfang ist natürlich die Mutter schuld – sie hat mich mit ins Theater genommen. Dann ist es der Vater – der hat mich immer geschickt, sie abzuholen, und, und, und. Bis man es schafft, aus dieser Opferrolle rauszukommen, und ich muss sagen, ich bin sehr froh, kein Opfer mehr zu sein, sondern der Täter. Der bin ich. Jeder ist für sein Leben selbst verantwortlich. Nicht meine Mutter hat mich gezwungen, das erste Glas Sekt zu trinken, alles Unsinn. Das weiß ich jetzt, aber jetzt sind sie alle tot. Ich glaube aber, dass sie mich hören.

> » **Mein Körper und ich bestanden**
> **nur aus Angst.** «

Bestimmt. Bevor Sie Schauspielerin wurden, gingen Sie zum Telegrafenamt und wurden Facharbeiterin für Fernsprechtechnik. Und es gab offensichtlich den schönen Satz in der DDR: „Wer nichts weiß und wer nichts kann, fängt bei Post und Reichsbahn an."

„ … und hast du einen blöden Sohn, schicke ihn zur Bauunion!" Also wir hatten so ziemlich alles in der Familie. Mein Bruder war auf'm Bau und ich wollte ins Kaufhaus „Magnet", das war in Schwerin in der Einkaufsmeile und da wurde seinerzeit mal eine Verkäuferin gesucht. Ich habe zu meinem Vater gesagt, dass das vielleicht am einfachsten ist mit meinem Zeugnis. Er hat es immerhin geschafft, dass ich die achte Klasse noch überstanden habe und nicht sitzen geblieben bin. In Russisch hat er alle Aufsätze für mich geschrieben, aber das haben die natürlich mitgekriegt und es stand drunter: „Eine 2, aber keine eigene Arbeit."

Aber wie toll von ihm!

Er war wirklich ein toller Mann! Er hat auch die Arbeiten für die Ausbildung im Fernamt geschrieben. Das war schon großartig.

Ist Ihr Fernweh so ausgeprägt – im Wort Fernamt steckt „fern" auch schon drin –, dass Sie sich quasi auf Ferngespräche spezialisiert haben?

Nein, erst mal war da ja noch das Kaufhaus „Magnet" in der Hermann-Matern-Straße in Schwerin, wo eine Verkäuferin gesucht wurde. Da ging ich mit Papa oder Mama – ich weiß es nicht mehr genau – hin und habe mich vorgestellt. Sie sagten, dass sie jemanden suchen, dass ich eine Ausbildung machen kann und ob ich mein Zeugnis dabeihabe. Oh ja, das hatte ich mit und mir wurde schon ein bisschen schlecht. Sie schlugen das Zeugnis auf und, ich weiß nicht, ob es wirklich so war, schlugen es aber gleich wieder zu und sagten, dass sie doch niemanden brauchen.

So schlecht war's?

Ich dachte, so schlecht ist es doch auch nicht. Aber genau gegenüber vom Kaufhaus „Magnet" war die Deutsche Post und ich überlegte, was man da denn da wohl machen kann. Es war jetzt nicht der Paketstand, sondern das Fernmeldeamt. Ich bin hin und die wollten kein Zeugnis, die wollten gar nichts, nur junge Leute zur Ausbildung. 1 ½ Jahre, und ich war Facharbeiterin für den Fernsprechverkehr, mein einziger Abschluss übrigens. Ich habe also gestöpselt. Man nannte uns auch die Stöpslerinnen. Männer gab's da keine. In der DDR konnte man nicht einfach telefonieren, es wurde gestöpselt. Es gab auch die älteren Frauen, die an der Weststelle saßen, die hatten mit Westgesprächen zu tun, da kamen wir Jungen gar nicht ran. Die Zeit beim Fernamt vergleiche ich irgendwie mit der Armeezeit meines Bruders, obwohl ich so was nicht selbst erlebt habe. Aber wir mussten auch Uniform tragen, mit Schlips, Käppi und kurzem blauen Rock.

Facharbeiterin für Fernmeldetechnik … Gott sei Dank sind Sie dann später Schauspielerin geworden!

Nun aber unser Rod-Stewart-Song für Sie: „Ooh la la", ein alter Song, den Ronnie Lane geschrieben hat.

[L i e d   w i r d   g e s p i e l t]

In Ihrem Buch „Das Glück wird niemals alt" gibt es eine Stelle, wo Sie schreiben: „Ich nahm Zuwendung einfach hin und immer als Kompliment." Was meinen Sie damit? Es klingt für mich nicht verständlich.
Ich weiß, dass ich das geschrieben habe, es ist lange her.

Wenn ein zurückhaltender Mensch so einen Satz sagt, dann klingt doch doch sehr selbstbewusst.
Nein.

Für mich aber, für meine Ohren.
Das war es überhaupt nicht. Nur dadurch konnte ich überhaupt leben. Ich brauchte ununterbrochen Liebe, Lob, Komplimente – egal von wem. Ich kämpfe tatsächlich heute noch damit. Diese berühmte Feststellung, dass du eigentlich nur Liebe geben kannst, wenn du dich selbst liebst, wenn du so weit bist, dass du sagen kannst, ich bin okay, so wie ich bin. Aber dann ist eine Beziehung vorbei und man schmeißt sich direkt in die nächste. So wie ich – bloß nicht allein sein. Oh Gott, mir fällt gerade eine Textstelle aus dem letzten Usedom-Krimi ein: „Wir sagen ‚Ich liebe dich', um zu hören ‚Ich liebe dich auch'". Ich glaube, das brauchen wir alle. Ich kann jedenfalls schlecht allein sein. Am Theater war es so, dass ich eigentlich jeden Abend eine Vorstellung hatte und am nächsten Morgen Probe. War aber mal ein Abend frei, bin ich trotzdem ins Theater gerannt und habe Interesse geheuchelt an einer Inszenierung, die ich total bescheuert fand.

Bloß nicht allein zu Hause.
Genau, bloß nicht allein zu Hause sitzen! Aber natürlich mit den Kollegen trinken, trinken und trinken.

Sie waren liiert, wie es so schön heißt, mit Peter Sodann, der dann nach der Wiedervereinigung eine fulminante Karriere im Fernsehen gemacht hat. Damals war er Intendant in Halle. Hat so ein Mann, der ja auch etwas älter war als Sie, nicht auch ein bisschen auf Sie aufgepasst? Ich meine, er war Ihr Intendant und er war Ihr Lebenspartner zu der Zeit. Kann man nicht als liebende jüngere Frau auch erwarten, dass da jemand ist, der sagt: „Katrin, lass mal ein Glas weg." Oder ist das naiv?

Nein, das hat er auch gemacht oder mitgetrunken. Aber er hatte eine Familie, das darf man nicht vergessen. Und ich hatte mit 25 immer diese Sehnsucht nach Papa. Es ist verrückt, ich hatte immer Männer, die über 20 Jahre älter waren. Heute wäre das ein bisschen blöd. Es hat lange gedauert, bis ich davon weggekommen bin. Auch davon, dass ich mich immer von den Versprechungen verheirateter Männer habe einwickeln lassen.

„Eines Tages trenne ich mich", heißt es dann.

… „und dann werden wir gemeinsam ein Häuschen haben usw." Und nun ist es das erste Mal in meinem Leben, dass ich mir allein, ganz allein ein Häuschen ausgebaut habe, dass ich mir allein Sachen überlege, die ich mache. Das sind alles Kindheitsträume, die ich mir jetzt erfülle. Und es geht allein!

Es geht allein.

Aber wie lange ich dazu gebraucht habe!

Und vielleicht kann man überhaupt erst dann lieben, wenn man auch allein sein kann.

Ja!

Das ist meine Lebenserfahrung, da mag aber jeder eine andere haben.

Vielleicht geht jetzt langsam was. Wenn jemand kommt und wir uns auf Augenhöhe begegnen. Augenhöhe hat bisher nie stattgefunden, ich musste immer aufschauen.

Katrin Sass, Sie erfüllen sich Wünsche. Nicht nur Wünsche, die Sie ans Leben richten, sondern Wünsche, die Sie auch an mich richten, nämlich musikalische Wünsche. „Deine Liebe und mein Lied" heißt der Song von Holger Biege. Warum haben Sie sich dieses Musikstück ausgesucht?
Das habe ich mal irgendwo gehört. Es war sehr emotional für mich, es hat mich einfach …

Mitgenommen.
Mitgenommen, angesprochen!

Hören wir rein!

[L i e d   w i r d   g e s p i e l t]

Wir haben das Gespräch begonnen, liebe Katrin Sass, mit der Feststellung, dass wir uns hier am Schiffbauerdamm getroffen haben, im ARD-Hauptstadtstudio, ganz in der Nähe des S-Bahnhofs Friedrichstraße, dem Tränenpalast. Sie waren damals bei Peter Sodann, dem Intendanten in Halle, engagiert und bekamen dort eine Einladung zur Berlinale nach damals Westberlin für den Film „Bürgschaft für ein Jahr". Und ich will es vorwegnehmen, Sie sind damals als beste Hauptdarstellerin mit dem Silbernen Bären geehrt worden. Kann man es als DDR-Schauspielerin überhaupt verkraften, plötzlich eine Einladung nach Westberlin zu bekommen? Können Sie mal schildern, wie das war, wenn man da „drüben" ankommt?
Im Prinzip kann man das natürlich verkraften. Aber ich nicht. Man hat überhaupt nicht registriert, was für ein ängstlicher Mensch ich bin. Wir mussten ja vorher zum Ministerium und bekamen die Rotlichtbestrahlung, das haben wir so genannt, und das war schrecklich.

Was passiert bei dieser Rotlichtbestrahlung?
Na ja, man erfährt, was man alles machen oder nicht machen darf.

Ideologisch eingenordet.

Genau. Und mit wem man sprechen darf und mit wem nicht. Aber ich muss sagen, ich habe es so gemacht, wie ich es heute immer noch mache. Da kam zum Beispiel ein freundlicher Journalist und dann habe ich geredet, die „Bunte" und der „Spiegel" waren auch dabei, glaube ich. Ich habe das dann irgendwann zugeschickt bekommen, einiges ist natürlich nicht angekommen. Wie auch immer – ich allein in Westberlin. Mir war schwindelig.

Nicht ganz allein – mit einem Herrn im Ledermantel, wie Sie schreiben, der war von der Hauptverwaltung Film.

Ach ja.

Was für Sie auch merkwürdig gewesen sein mag: Sie haben „Ihren" Film „Bürgschaft für ein Jahr" dann natürlich im Kino mit angeschaut und dann hat das Westpublikum über Passagen des Filmes, über Dialoge gelacht, die Sie überhaupt nicht zum Lachen fanden. Zum Beispiel, als es hieß: Wir müssen 48 Mark Miete zahlen.

Miete 48,50 Mark, und der ganze Zoopalast grölte. Was ist das denn? Ich habe doch gar nichts Blödes gesagt. Ich ahnte ja nicht, wie teuer die Mieten im Westen waren, dass da einfach noch eine Null dranhing. Die Berlinale sagte mir bis dahin gar nichts. Die meisten Filme kannte ich nicht und anfangs wusste ich auch nicht wirklich, wie Filme gedreht wurden. Und dann wirke ich mit in meinem zweiten Film „Bürgschaft für ein Jahr" und fahre damit gleich nach Westberlin. Das war für mich wirklich kaum zu verkraften. Der Herr im Ledermantel kam übrigens immer zum Frühstück und sagte: Heute läuft der Tag so oder so ab, dann gucken wir dies und das, dann gehen wir essen und danach findet die Preisverleihung statt. Die sieht so aus: Zoopalast, da wird ein Film gezeigt, danach die Preisverleihung. Ach ja, Katrin Sass kriegt heute Abend den Silbernen Bären, beste Hauptdarstellerin. Und ich: Was?? Ich krieg 'nen Silbernen Bären? Das kam bei mir erst überhaupt nicht an! Das war nicht wirklich, das war absurd.

Das war in der Tat unwirklich. Und wie war das dann, als Sie in die DDR zurückgekommen sind?

Da habe ich das erste Mal überhaupt begriffen, warum einige Wessis „Dunkeldeutschland" sagen. Ich dachte immer, was sind das für arrogante Menschen? Also nicht meine Verwandtschaft, sondern wirklich fremde Leute, die das zum Osten sagten. Aber als ich den Ku'damm gesehen hatte, wusste ich, was sie meinten.

Ein Lichtermeer!

Ja, dieses Lichtermeer! Ich hab' gedacht, die müssen ja nach der Berlinale das alles wieder abreißen. Dass diese Lichter dort immer leuchteten, dass es nachts hell war, das konnte ich nicht fassen. Und wie teuer alles war, das ging auch nicht in meinen Kopf. Dann kommst du zurück, zurück in die für uns sehr wichtige Einkaufsmeile Friedrichstraße oder Unter den Linden, und es ist stockdunkel! Ich dachte nach sieben Tagen, ich seh' nichts mehr! Es war einfach kein Licht an. Ich war so geblendet durch den Westen! Dann ging es noch mit Herrmann Zschoche, dem Regisseur, zum Filmminister, der noch schnell einen Schluck Sekt mit uns trinken wollte. Es wurde der russische Sekt geöffnet, aber der Filmminister sagte nicht: Herzlichen Glückwunsch, Kati, sondern klopfte mir auf die Schulter mit dem Spruch: Und jetzt schön auf'm Teppich bleiben. Was anderes hatte ich auch gar nicht vor. Ich hatte diesen Bären und wenn ich ihn heute angucke, denke ich, dass ich den mal putzen müsste, damit er die Farbe wiederkriegt.

> **» Da habe ich das erste Mal überhaupt begriffen, warum einige Wessis „Dunkeldeutschland" sagen. «**

Liebe Katrin Sass, ich frage mich, woran es liegt, dass Sie immer wieder so viel Mut gezeigt haben. Ich zitiere eine Stelle aus Ihrem Buch, wo Sie beschreiben, wie Sie Ihre Mutter zum Zug bringen. Ich glaube, es war in Halle und der Zug sollte nach Schwerin fahren, es war nachts gegen 1 Uhr. Die Bahnpolizei kam vorbei und Sie haben die Polizeibeamten, vielleicht noch

unter dem Eindruck des Berlinalebesuchs, angeschrien und gesagt: „In diesem Land kann man sterben, aber nicht leben."

Ja, das war volltrunken ein so großer Satz.

Aber so etwas bleibt nicht folgenlos.

Natürlich nicht. Es hatte mit den Handschellen zu tun, da stand ein ganzer Waggon voll mit Handschellen. Ich war volltrunken, meine Mutter leicht betrunken. Sie hatte sich eine Vorstellung angeguckt und danach haben wir, Peter Sodann und ich, sie zum Zug gebracht und dann sah ich diese Handschellen. Ich konnte es nicht fassen! Wahrscheinlich kommen die nachts hier an, wo man sie normalerweise nicht sieht beziehungsweise nicht sehen darf. Als ich sie mir näher angucken wollte, kam sofort einer der Polizeibeamten, riss mich weg und ich schrie: „Hör'n se auf, ihr wollt Deutsche sein? Ich hab' die Deutschen gerade gesehen, da drüben, ich komme gerade von da! Hier in diesem Land kann man sterben, aber nicht leben." Da drehte er mir den Arm rum und sagte: Das hat ein Nachspiel! Peter Sodann versuchte noch, einzugreifen und zu beruhigen, aber das nutzte nichts. Meine Mutter stieg in den Zug, wir wurden runtergebracht und mussten raus. Am nächsten Tag musste ich natürlich zur Polizei.

Die Folge war, dass Sie nicht mehr besetzt wurden bei der DEFA. Als Sie sich deswegen an das Besetzungsbüro wandten, sagte Ihnen eine Dame: „Ja, wir haben dich nicht besetzt, liebe Katrin Sass, weil wir dachten, du bist schwanger."

Das war aber nicht die Folge des Vorkommnisses am Bahnhof, sondern das war der Silberne Bär. Genauso ist es ein Jahr vorher Renate Krößner ergangen. Damit wollten sie verhindern, dass ich nicht abhebe. Genau nach zwei Jahren kam dann der erste Anruf und ein Regisseur bot mir an, in dem Film „Der Staatsanwalt hat das Wort" oder so eine Mutter zu spielen, deren Kind anderthalb ist. So alt sei mein eigener Sohn doch jetzt auch und ob ich ihn mitbringen würde. So schnell spricht sich das also rum und ich sagte nur: Ich hab' kein Kind.

**» In diesem Land kann man sterben,
aber nicht leben. «**

**Es gab eine enge Freundin, mit dem Namen Sabine, die in Ihrem Buch auch
immer wieder vorkommt. Sie erwies sich im Nachhinein als Spitzel und das
haben Sie rausbekommen, weil in der Akte der Name Kasimir auftauchte,
und so hieß, glaube ich, der Hund von Sabine.**
Der Kater, der immer auf meinem Schoß saß.

**Da haben Sie kombiniert und wussten, dass Sie von einer ganz engen
Freundin viele Jahre bespitzelt wurden.**
Gar nicht kombiniert, ich dachte: Kasimir, das ist ja lustig! Kasimir kenne ich
nur einen und das ist Sabines Kater. Ich bekam jede Woche einen Umschlag
mit einem IM-Namen, das waren die „Inoffiziellen Mitarbeiter" der Stasi, die
über mich berichtet haben. Meine Akte hatte ich ja zu Hause, aber da sind alle
Namen geschwärzt und du bekommst dann nach und nach deine IM-Namen
geschickt. Manchmal lag da jeden Tag ein Umschlag. Einmal war es der Intendant, dann der Beleuchter, mit dem ich sehr eng befreundet war, und dann kam
Kasimir und an dem hing ein ganzer Batzen dran: mein gesamtes Leben. Über
die Trinkerin, über meine Mutter, einfach alles über mich … und ja, auch nach
dreißig Jahren muss ich noch schlucken.

**Wir hören noch einen Musikwunsch von Ihnen, liebe Katrin Sass, und zwar
von Dirk Michaelis „Als ich fortging". Warum haben Sie sich diesen Song
gewünscht?**
Dieses Lied habe ich immer als eine Liebeserklärung oder so gesehen, es soll
aber der Abgesang der DDR gewesen sein. Ich habe den Text halt anders verstanden.

[L i e d w i r d g e s p i e l t]

Sie haben immer wieder Ihre Alkoholkrankheit angesprochen – in diesem Gespräch und auch in Ihrem Buch „Das Glück wird niemals alt", das übrigens sehr lesenswert ist. Man muss sich dies vor Augen führen: Als Sie im „Polizeiruf 110", unter der Regie von Bodo Fürneisen, mitwirkten, haben Sie unter Alkoholeinfluss gespielt. Sie kamen in ein Krankenhaus, Ihnen wurde Gehirnwasser entnommen und Sie wurden gefragt, ob Sie täglich Alkohol konsumieren. Das haben Sie da noch nicht ernst genommen. Ernst genommen haben Sie Ihre Situation erst, als der ORB, der Ostdeutsche Rundfunk Brandenburg, die Zusammenarbeit mit Ihnen eingestellt hat. Und das, obwohl Sie gerade – Stichwort Dominik Grafs „Sperling" – auf dem Weg zu einem weiteren großen Erfolg hier im Westen waren. Was hat Ihnen die Kraft gegeben, sich vom Alkohol loszusagen? Sie beschreiben eine Szene, wenn ich das noch nachschieben darf, wie Sie an der Kirche in Güstrow stehen – Sie haben sich vorher ein Holzkreuz gekauft – und sagen: „Ich muss das jetzt schaffen!" Woher kam diese Kraft, das zu schaffen und heute sagen zu können: „Ich bin eine trockene alkoholkranke Frau"? Und ich möchte noch sagen: So gut wie jetzt haben Sie nie ausgesehen. Persönlich kennen wir uns gar nicht, aber ich kenne Sie natürlich schon lange als Schauspielerin.

Oh, wir haben uns aber oft gesehen!

Wie auch immer – Sie werden auf jeden Fall immer schöner, je länger ich Sie kenne!

Sie sind ein ganz wunderbarer Mensch!

Woran liegt es? Woher kam die Kraft?

Ich habe ehrlich gesagt null Ahnung. Wenn ich bestimmte Stellen aus dem Buch lese, ich bin ja immer noch unterwegs zu Lesungen, höre ich: Sie sind so stark und so. Und am Ende der Lesung biete ich an, Fragen zu stellen, aber es kommt meistens nichts. Wenn die Leute allerdings an der Reihe sind beim Signieren, kommt dann doch: Mein Bruder ist ja …, meine Schwester hat ja …

meine Schwägerin … Da kann ich nur sagen: Ich rede darüber, mache es öffentlich, warum macht ihr das nicht auch? Ich denke, sie schämen sich einfach alle noch. Ich habe vorhin gesagt: Ich glaube. Wir sagen oft: Ich glaube. Aber ich glaube tatsächlich, dass es da etwas gibt zwischen Himmel und Erde, das dir hilft, wenn du etwas unbedingt willst. Es sind so viele Leute neben mir krepiert, jämmerlich krepiert in diesem Beruf, ich muss es wirklich so sagen, und es war ihnen nicht zu helfen. Wie ich es gemacht habe? Ich weiß es nicht. Ich hatte damals diesen Krampfanfall, ich bin in der Wohnung umgefallen, ich bin im Krankenhaus wach geworden und der Arzt hat tatsächlich gesagt: Was wollen Sie? Weitertrinken oder weiterleben? Und ich hab' ihm geantwortet: „Ich bin keine Alkoholikerin, ich hab ein bisschen viel getrunken, ja, weil ich entlassen wurde und im Moment keine Arbeit habe, aber egal."

Alles, was dann kam, war hart. Es war nichts mehr da, ich musste sehen, wie ich das Haus abbezahle, und musste irgendwie Geld verdienen. Es wurden zum Beispiel Autos gesucht, um Werbung aufzukleben, und da haben sie mich gefragt, ob sie mein Auto bekleben können, es war ein alter Ford. Ich sagte: Sie können alles zukleben, ist ein altes Auto für die Hunde, nur vorne möchte ich noch durchgucken. Sie haben sich nicht mehr gemeldet. Wenn du nichts hast, kommt auch nichts. Wenn du was hast, kommt einfach alles wie von selbst.

> **» Ich glaube. Aber ich glaube tatsächlich, dass es da etwas gibt zwischen Himmel und Erde, das dir hilft, wenn du etwas unbedingt willst. «**

Nichts ist so erfolgreich wie der Erfolg. So ist es.

Ich denke dann oft an Leonardo DiCaprio. Er hat mal in einer Bäckerei gefragt, ob er irgendein Teil, das er nicht bezahlen konnte, umsonst bekommen kann. Natürlich nicht. Aber nach dem Erfolg von „Titanic" haben sie ihm die edelsten Anzüge hinterhergeschmissen, damit er sie für die Modemacher trägt … Dann, wenn man's nicht mehr braucht!

Das ist die Welt, in der wir leben. Eine letzte Frage: Ist das Alleinsein schwieriger oder das Zusammensein mit Menschen, wenn man suchtkrank ist?

Im Moment geht beides. Es ist aber auch so, dass ich Grenzen ziehe. Ich kann allein sein, auch da draußen am Wasser, wo es schon sehr einsam ist, aber ich muss es nicht – ich habe allerdings auch meinen Wuschelbär. Ich kann in die Stadt fahren, muss es aber nicht. Ich brauch' nur anrufen und die Leute kommen. Und wirklich schön ist es, wenn auch mal ganz unverhofft jemand vor der Tür steht.

Und jetzt lass ich Sie, liebe Katrin Sass, zurück an den See, zu Ihrem Hund, dem Wuschelbär. Vielen Dank, dass Sie meine Einladung angenommen haben, es war mir eine Freude und eine Ehre, Sie hier zu Gast zu haben!

Ich habe mich auch sehr gefreut, zu Ihnen zu kommen, das wissen Sie hoffentlich!

Britta Steffen

Sie spricht mit dem Wasser. Sie bittet das Wasser – vor einem Wettkampf – um Unterstützung. Ich habe von ihr gelernt, dass jedes Wasser einen eigenen Charakter hat. Sie wollte zunächst gar nicht gewinnen, weil dann ja andere verlieren. Sie war von einem Talentsichter des DDR-Schwimmverbandes zunächst aussortiert worden. Dass sie trotzdem zum Schwimmen kam, ist einem Trainer zu verdanken, der die kleine Britta etwas verloren in der Schwimmhalle entdeckte. Sie hatte ihren Cousin lediglich zum Training begleitet und schaute einfach nur zu. Schließlich holte dieser wunderbare Mann einen Schwimmanzug aus der Kiste, wo die liegen gelassenen, vergessenen Klamotten aufgehoben wurden, und bot ihr spontan an, ebenfalls bei ihm das Schwimmen zu lernen. Das war der Beginn eines Siegeszuges, der im brandenburgischen Schwedt begann und sie bis an die Weltspitze geführt hat. Sie gewann 23 Medaillen bei Olympischen Spielen sowie Welt- und Europameisterschaften. Sie stellte Rekorde in Deutschland, Europa und der Welt auf. Sie sprang ins geheizte Wasser in Sydney, Peking, Melbourne, Rom, Shanghai, Athen und Istanbul. Und sie sprang immer wieder ins kalte Wasser. Dank ihrer Mentaltrainerin überlebte sie Neid und Missgunst. Und wenn die Chinesen ihre Mannschaft mit „China, China" – Rufen anfeuerten, dann bildete sie sich einfach ein, sie riefen „Britta, Britta!". Der Glaube versetzt Berge.

Deshalb haben wir unser Gespräch vor Publikum im Kloster Zarrentin am Schaalsee aufgezeichnet. Britta Steffen hat den ausverkauften Saal in ihren Bann gezogen. Sie beindruckt, auch ohne Wasser.

——

Herzlich willkommen, Britta Steffen! Sie sind eine Spitzensportlerin von Weltrang und wenn man Ihre Interviews sorgfältig liest, gewinnt man den Eindruck, der erste Schritt, den Sie gegangen sind auf diesem langen Weg an die Weltspitze im Schwimmsport, hatte etwas mit, ich will es mal Demütigung nennen zu tun. Sie waren seinerzeit im Kindergarten und irgendwann kam ein Mann vom Schwimmverband der DDR, der auf Talentsuche war.
Genau, ein sogenannter Talentsichter.

Der kann nicht sehr helle im Kopf gewesen sein, denn er hat Sie abgelehnt.
Es war so, dass er nach großen und kräftigen Kindern Ausschau hielt, und ich galt als klein und dünn und sollte es lieber beim Turnen versuchen.

Stattdessen wurde Ihr Cousin ausgewählt. Das muss furchtbar für Sie gewesen sein.
Das war wirklich nicht schön und als Sechsjährige dachte ich, wie kann man denn jetzt einfach sagen, dass ich da nicht mitmachen darf, jeder muss doch eine Chance bekommen.

» Durch Zufall bin ich dann doch zum Badeanzug gekommen. «

Zum Badeanzug?
Es war letztendlich so, dass meine Tante, die Mama meines Cousins, ihn nicht zum Seepferdchen-Kurs bringen konnte, und sie bat ihre Schwester, also meine Mutter, das zu übernehmen. Ich kam natürlich mit und so saß ich mit mei-

139

ner Mutter und Sebastian am Beckenrand und wir warteten, dass seine erste Schwimmstunde anfing. Dann kam der Schwimmmeister und fragte mich, ob ich nicht auch gleich schwimmen lernen möchte, wenn ich schon mal da bin. Ich erzählte ihm dann, dass der Talentsichter gesagt hat, ich sei zu klein und zu dünn. Da ging er zu seiner Fundkiste, holte einen vergessenen Badeanzug raus und gab ihn mir. So bin ich das erste Mal ins Wasser gekommen und habe dann tatsächlich schwimmen gelernt mit sechs Jahren.

» Ich habe die Ruhe im Wasser genossen, ganz für mich zu sein. «

Vor langer Zeit habe ich mal ein Interview mit Uwe Seeler, der Fußball-legende vom HSV, gelesen. Ihm ist das passiert, was wahrscheinlich viele Jungs erlebt haben. Er hat einen rollenden Ball gesehen und sich auf einmal gedacht: Ich möchte Fußball spielen, ich möchte ein Leben lang Fußball spielen. Und so kam es dann auch. Hatten Sie auch einen solchen Moment, wo für Sie auf einmal ganz klar wurde, dass Sie sich in das Element Wasser verliebt haben?

Einen speziellen Moment nicht, aber ich habe mich von Anfang an total gern im Wasser bewegt und die Ruhe genossen. Das ist vielleicht nicht für alle so. Manche sagen, schwimmen ist mir zu einsam, zu monoton, und das stimmt auch. Ich habe es allerdings genossen, ganz für mich zu sein im Wasser und zwischendurch mit mir selbst zu reden. Klingt fast pathologisch, oder? Aber ich fand das gut. Manchmal habe ich Probleme gewälzt, wenn es mir schlecht ging vor einem Training, weil in der Schule vielleicht irgendwer etwas Blödes zu mir gesagt hat, keine Ahnung. Ich habe es einfach ausgeschwommen und bin mit einem guten Gefühl aus dem Wasser gekommen. Dieses Gefühl nach dem Training habe ich genossen. Jeder kennt das vielleicht, wenn man sich mal durchgerungen hat und sportlich aktiv war, fühlt man sich danach einfach super. Und dieses Gefühl war letztendlich das, was mich dazu angehalten hat, immer weiterzuschwimmen …

Sie haben Ihre Probleme also ausgeschwommen. Das heißt, Sie sind auch schon als kleines Mädchen mit gelegentlichem Kummer oder Sorgen, die man so hat als heranwachsender Mensch, ins Wasser gestiegen und das Wasser hat Sie quasi gereinigt. Und nach dem Training hatten Sie die Probleme irgendwie im Griff, kann man das so sagen?

Auf jeden Fall hat man einen Abstand zum Problem gewonnen. Ansonsten rennst du manchmal damit durch die Gegend und kommst nicht dazu, darüber nachzudenken, aber das Wasser hat's mir leicht gemacht. Gerade wenn ich ein Programm hatte, wo zum Beispiel viermal 1.000 m auf dem Plan standen, dann war das halt 'ne Menge Zeit. Ich bin dann verschiedene Strategien durchgegangen, wie ich das Problem vielleicht lösen könnte, oder habe überlegt, ob ich was hätte anders machen können. So habe ich mich entwickelt.

Sie haben die ersten Schwimmversuche, ich lese das jetzt ab, in einem Kombinat der Petrochemie gemacht. Das wäre an sich schon eine Sensation, aber dort gab es einen Löschteich?

Das Schwimmbad, in dem ich schwimmen gelernt habe, hatte acht Bahnen auf 25 m und war bekannt als Löschteich des PCKs, also des petrochemischen Kombinats von Schwedt. Mit der Abwärme, die dieses Kombinat erzeugt hat, wurde das Becken geheizt, deswegen hieß es so.

Wie viel Grad waren dann in diesem Becken?

Mindestens 30 Grad, ich bin also eher ein Warmwasserfisch.

Das heißt, wenn Sie dann später auf Wettkämpfen in anderen Becken schwimmen mussten, hatten Sie erst mal eine rote Nase vor Kälte.

Ich fand's eigentlich immer zu kalt.

Das heißt, Sie schwimmen gern warm und sehen auch gern, was unter Ihnen ist?

Absolut richtig!

Das beruhigt mich enorm, denn ich mag es gar nicht, in einem See oder im Meer zu schwimmen, weil ich nicht weiß, was sich unter mir alles versammelt. Geht Ihnen das auch so?

Es geht mir eher so, dass ich denke, ich betrete ohne zu fragen ein fremdes Zuhause. Also im Schwimmbecken fühle ich mich mehr zu Hause als in einem offenen Gewässer, auf jeden Fall.

Sie haben in Schwedt sehr viel Zeit, Kraft und Energie investiert, um erst mal an die Spitze der Schwimmerinnen in Ihrem Umfeld zu kommen. Das haben Sie auch mit großem Erfolg geschafft, denn Sie wurden sehr schnell nach Potsdam eingeladen. Dort gab es eine Sportschwerpunkt-Schule. Haben Sie sehr früh auch Neid und Missgunst erlebt?

Also in Schwedt noch nicht, da waren wir alle irgendwie gleichrangig unterwegs. Mal hat die eine gewonnen, mal der andere. Aber als ich in der achten oder neunten Klasse plötzlich in die Nationalmannschaft aufgenommen wurde und teilweise durch ganz Europa geflogen bin, haben die vier Mädels, die mit mir im Internat gewohnt haben, nach meiner Rückkehr erst mal nicht mit mir gesprochen, obwohl ich gern davon erzählt hätte. Später im Studium habe ich gelesen, das nennt man positive Normbrecher, also diese Rolle, die ich hatte, war einfach zu weit weg von dem, was diese Mädchen erlebt haben. Da habe ich auf jeden Fall Ausgrenzung erlebt und musste erst mal zwei, drei Tage allein in der Mensa am Tisch sitzen und warten, bis wir wieder warm geworden sind und ich wieder Teil der Gruppe werden durfte. Das war schon eine harte Zeit.

Erlebt man da eine Form von Einsamkeit?

Auf jeden Fall. So ist auch das Phänomen entstanden, dass ich den Mädchen immer etwas mitgebracht habe, wenn ich auf Wettkämpfen war. Wenn ich kleine Geschenke machen konnte, wurde schneller wieder mit mir geredet. Diese Einsamkeit, die ich vielleicht als 13- oder 14-Jährige erlebt habe, weil die Familie halt in Schwedt wohnte und ich im Internat, das war wirklich nicht schön.

Würden Sie sagen, Sie wären nicht so weit gekommen, wenn Sie diese Missgunst nicht erlebt hätten? Oder anders gefragt: Hat Sie das am Ende angestachelt und motiviert?

Nein, es hat mich gebremst. Ich habe 2004 angefangen, mit einer Mentaltrainerin zu arbeiten. Nach zwei Olympischen Spielen, wo mir vorher im Training immer Glanzleistungen gelungen sind und die Trainingswissenschaftler gesagt haben, mein Stufentest sagt aus, dass ich Weltrekorde schwimmen kann, konnte ich diese im Training gezeigten Leistungen aber nicht auf den Punkt bringen. Dafür lohnt es sich nicht, fünf Stunden am Tag zu trainieren, um drei Wochen im Sommer und drei Tage über Weihnachten frei zu haben. Das waren schon viele Entbehrungen insgesamt. Ich habe dann anderthalb Jahre mit dieser Frau gearbeitet und zum Schwimmen zurückgefunden, weil ich gemerkt habe, meine Leidenschaft ist ungebrochen, aber ich muss das alles auf eine andere Art und Weise machen. Wir haben in diesem Zusammenhang einen sogenannten Muskeltest durchgeführt, Kinesiologie nennt sich das und ist im Prinzip wie ein Lügendetektortest. Man streckt den Arm aus und dann wird eine Frage gestellt und der Körper beziehungsweise der Arm reagiert auf die Antwort. Klingt ein bisschen esoterisch, ist mittlerweile aber wissenschaftlich erwiesen. Die Trainerin fragte: Willst du bei den Europameisterschaften die 100 m Kraul gewinnen? Ich sagte ja, aber der Arm ging runter, was nein heißt. Dann fragte sie sofort: Warum willst du nicht gewinnen? Und dann habe ich gesagt, ohne darüber nachzudenken, weil dann die anderen verlieren. Ich dachte, okay, blöder Satz für eine Leistungssportlerin, denn einer muss ja verlieren.

Wir haben dann länger darüber gesprochen und es war tatsächlich diese Erfahrung der Ausgrenzung, die ich immer wieder erlebt habe. Zu spüren, dass Erfolg eigentlich gar nichts Gutes war, sondern mich in dem Moment immer nur weiter von den anderen entfernt hat. Das war halt ein negativer Glaubenssatz, der mich ausgebremst hat, und nachdem wir das alles besprochen hatten, hat's ja dann ein paar Wochen später mit der Europameisterschaft tatsächlich funktioniert, obwohl viele gesagt haben: Wenn es drauf ankommt, schafft es die Steffen sowieso nicht. Ich habe dort letztendlich den Weltrekord geschwommen und den Durchbruch geschafft, der mir dann eben diesen „Ruhm" eingebracht hat.

Jeder weiß, wie einen ein Trauma, ein unbewältigtes schweres Erlebnis in der Vergangenheit blockieren kann und zum Beispiel verhindert, sich selbst zu finden. Sie sind als Kind fast ertrunken im Training. Können Sie mir eine nachvollziehbare Antwort geben auf die Frage, warum ein Kind oder junges Mädchen, das im Wasser so nah am Tod war, sich dann gerade dieses Element als Leistungsschwimmerin zu eigen macht?
Interessanterweise gibt es in meinem Freundeskreis einige, die Schwimmerinnen und Schwimmer geworden sind, obwohl sie auch eine solche Erfahrung gemacht haben. Man vergisst es. Es war so, dass wir damals nach dem Schwimmen immer spielen durften. Es wurden zum Beispiel Bademattten aufs Wasser gelegt und wir haben Insel gespielt. Wir haben uns gegenseitig runtergeworfen von dieser kleinen Insel und einmal bin ich unter diese Matte geraten, die war blau, genau wie das Wasser, und ich habe versucht, hochzukommen mit dem Kopf, bin aber immer wieder dagegengestoßen. Ich habe gedacht, oh Gott, was passiert jetzt hier? Im Alter von sechs, sieben Jahren, wenn man erst kurz schwimmen kann, ist das ganz furchtbar. Irgendwann spürte ich, dass mich eine Hand griff und an den Beckenrand setzte. Das war der Trainer und er fragte, ob alles in Ordnung ist mit mir. Ich habe eine Weile gehustet und ja, dann war alles gut. Irgendwann habe ich das dann auch vergessen, also nicht mehr dran gedacht. Allerdings manchmal, wenn mich jemand sehr unter Druck gesetzt hat, kam das Gefühl wieder hoch, wie bei dieser Begebenheit mit meiner damaligen Trainerin, die meinte, dass ich bei den Norddeutschen Meisterschaften die 200 m Kraul mal so richtig nutzen kann, um zu zeigen, was ich kann, und sie schubste mich fast beim Start noch. Da war ich so unter Stress und unter Druck, dass ich die ersten 50 m komplett falsch geatmet und mich total verschluckt habe. Ich bin nach dieser ersten Bahn rausgegangen, aber an der Seite saßen die Jungs meiner Trainingsgruppe, die sich totgelacht haben und meinten, ich müsste noch drei Bahnen. Ich sagte nur: Ich weiß. Bin

unter die Dusche gegangen und habe gedacht: Oh Gott, was war das jetzt? Und da kam tatsächlich dieses Bild wieder hoch. Der Versuch, irgendwie hochzukommen und Luft zu bekommen, und das Verschlucken. Dieses Verschlucken, keine Luft mehr zu kriegen und so unentspannt dieses Rennen zu schwimmen, das hat mich wahnsinnig geängstigt, dass mir das irgendwann noch mal bei einem großen Wettkampf passieren könnte. Also dass ich mich so schlimm verschlucke, dass ich rausgehen muss und ausgelacht werde.

Haben Sie als erwachsene Frau noch manchmal davon geträumt?
Ja, ganz oft.

Auch heute noch?
Heute nicht mehr. Heute sind es andere Träume. In einem Angsttraum, den ich hatte, fahre ich mit einem Fahrstuhl hoch, dann brechen die Wände weg und ich weiß nicht, wo ich mich festhalten soll. Das habe ich mal nachgeschaut, hat irgendwie mit Angst und Kontrollverlust zu tun.

Ein anderer Angsttraum, den Sie, glaube ich, der Süddeutschen Zeitung erzählt haben: Sie müssen ganz schnell schwimmen, jemand kommt und sagt: Du musst sofort schwimmen!
Aber ich habe in dem Traum keinen Badeanzug an. Man hatte ja oft sehr, sehr enge Badeanzüge an, die man erst kurz vor dem Durchgang angezogen hat, weil die eben die Muskulatur dann auch richtig fest werden ließen. Nun ging der Wettkampf doch schneller als geplant voran, ich kam in die Schwimmhalle, und habe gehört: Britta Steffen Bahn 4, aber ich hatte keinen Badeanzug an und das war ganz doof. Und das habe ich immer mal wieder geträumt und dachte: Oh Gott, das darf dir nicht noch mal passieren.

Sie haben, ohne dass ich danach gefragt habe, zweimal diese Mentaltrainerin oder auch das mentale Training erwähnt. Welche Rolle das spielt, erfahren wir gleich. Musik spielt nicht nur in der Vorbereitung der

Wettkämpfe eine Rolle, sondern auch hier in meiner Sendung. Jeder Gast bringt drei Lieder mit, die in seinem Leben eine große Rolle gespielt haben. Der erste Song, den Sie sich gewünscht haben, heißt „Entre dos tierras" von Héroes del Silencio. Den haben Sie immer vorm Wettkampf gehört. Hat er Sie aufgeputscht?

Ich hatte immer so vier bestimmte Songs dabei und habe versucht, eine ruhige Ecke zu finden, wo ich mich auf den Rücken legen konnte, die Beine hoch, und dieser Song war zum Beispiel 100 m Kraul und hat mir dann diesen Rhythmus eingeimpft und gab mir das Gefühl: Okay, jetzt hast du alles so weit getan, jetzt muss der Rest von allein laufen, jetzt musst du auch mal loslassen.

Wir sind jetzt das erste Mal dabei, wenn eine Spitzensportlerin sich vorbereitet. Wir schließen die Augen, legen die Füße hoch und gucken, was passiert.

[L i e d   w i r d   g e s p i e l t]

Hat Wasser einen Charakter?

Jedes Wasser hat einen anderen Charakter. Wasser schmeckt auch immer anders. Es gibt ja nicht umsonst so viele verschiedene Mineralwasser. Egal in welchem See du unterwegs bist, es schmeckt immer alles anders.

» Jedes Wasser hat einen anderen Charakter. «

Der Song, mit dem Sie uns quasi an der Vorbereitung auf Ihren Sprung ins Wasser teilhaben ließen, ist sehr kämpferisch. Würden Sie so weit gehen, zu sagen, dass Sie auch mit dem Wasser geredet haben?

Während des Wettkampfes nicht, da habe ich zu viele andere Aufgaben, aber im Training schon. Beim Einschwimmen verbünde ich mich halt mit dem Wasser, sage: Wäre cool, wenn wir Freunde sein könnten, denn nachher brauche ich deine Unterstützung. Wenn ich beispielsweise Kraul schwimme, muss es halt so sein, als würde mir das Wasser seine Hand reichen, dass ich mich wunderbar abdrücken kann, denn nur dann bin ich richtig schnell. Es gibt aber auch manche Wettkämpfe, da rutschst du so durch und hast kein Glück oder keinen Halt und dann schwimmst du meistens unrhythmisch und das funktioniert nicht so gut.

Fußballer oder auch Tennisspieler sagen, dass der Rasen in unterschiedlichen Ländern jeweils einen unterschiedlichen Charakter hat. Sie sind mehr oder weniger schon in der ganzen Welt geschwommen, würden Sie auch sagen, dass das Wasser in anderen Ländern anders ist?
Ich denke schon, aber ich würde das gar nicht länderspezifisch festmachen, sondern eher an den Wettkämpfen. Bei Olympischen Spielen beispielsweise empfand ich das Wasser immer als sehr hart und bei anderen Wettkämpfen hatte ich den Eindruck, dass es ein bisschen weicher war. Das hat allerdings auch immer mit der Temperatur zu tun und damit, dass es mittlerweile gar keine festen Becken mehr sind, sondern mobile Becken. Die sind dann überall in aller Welt gleich und ich fand es auch ganz spannend, diese Entwicklung mitzuerleben. Früher ist man tatsächlich in Schwimmbädern geschwommen und jetzt ist alles nur noch in irgendwelchen Festivalhallen, wo diese mobilen Becken aufgebaut werden. Die Tribünen sind sozusagen schon da und die Becken, im Prinzip ein Stecksystem, werden dort mit Wasser befüllt.

Aber billiger wäre es doch, man würde das einfach mal da lassen, wo es ist, und alle Schwimmerinnen und Schwimmer würden dahin kommen. Das wäre doch auch ökologisch vernünftig.
Hat man schon oft diskutiert, ja.

Sie haben sich intensiv mit mentalem Training beschäftigt und ich finde es sehr amüsant, dass Sie sogar Sprechgesänge umgemünzt haben. Als Sie in China geschwommen sind, haben die Chinesen, das nimmt nicht Wunder, immer „China, China" gerufen. Sie haben sich aber vorgestellt, dass sie „Britta, Britta" rufen.

Am Abend zuvor habe ich mit meiner Mentaltrainerin noch mal verschiedene Sachen diskutiert. Unter anderem, dass ich es schade fand, dass selbst an Tag fünf die Chinesen nicht begriffen haben, dass zwischen der Aufforderung, die Plätze einzunehmen, und dem Startsignal Ruhe zu herrschen hat. Das wäre einfach nur fair gewesen, denn jeder wartet auf das Startsignal. Aber die Chinesen waren natürlich in der Überzahl in der Halle und egal, ob ihre eigenen Leute schwammen oder nicht, sie riefen „China, China". Aber da hatte Frau Janofske den kreativen Einfall, dass ich mir vorstellen soll, sie rufen „Britta, Britta". Das hat mir sehr gutgetan und geholfen.

Ich bin ein Mensch, der sehr auf Düfte anspricht. Das scheint bei Ihnen ähnlich zu sein, denn der Zitronenduft spielt eine große Rolle in der Vorbereitung – warum gerade der?
Ich habe fast ein Jahr lang einmal die Woche bei Frau Janofske auf der Couch gesessen und wir sind dieses 100 m Kraul mental in Bildern durchgegangen. Wenn das fiktive Rennen gut gelaufen ist, ich keine Einwände hatte und es ein optimales Rennen für mich war, hat sie mir einen Tropfen Zitrone auf die Hand geträufelt. Das hat meinem Gehirn dann sozusagen das Signal gegeben, dass es eine tolle Erfahrung ist und ich mich gut fühle. Das habe ich auch vor meinem 100-m-Kraul-Rennen in Peking gemacht. Es waren meine dritten Olympischen Spiele und ich wusste, wenn ich das nicht schaffe, wird es schwierig, denn in vier Jahren wäre ich dann Ende 20 und keiner weiß, was dann ist. Frau Janofske hat mir dann erklärt, dass der Zitronenduft sofort die positiven Gefühle, die man damit verbunden hat, aktiviert, weil das Gehirn nicht unterscheiden kann, ob das jetzt in der Realität stattgefunden hat oder halt nur in meinem Kopf. Und eigentlich bin ich dann schon Olympiasiegerin. Das fand ich eine ganz spannende und interessante Info.

Frau Janofske hat Ihnen im Grunde den Gedanken nahegebracht, dass Sie schon Olympiasiegerin sind, bevor Sie überhaupt ins Becken gesprungen sind.
Richtig.

Könnte einen das nicht auch ein bisschen faul machen?

Oder selbstbewusst. Es war für mich nie ein guter Antrieb, wenn mir gesagt wur-de: Du musst jetzt! Das hat mich immer blockiert und ich habe dann eher mit Widerwillen gesagt: Ich muss gar nichts, macht es doch selbst. Für mich kann es nur heißen: Ich möchte. Ich möchte eine gute Leistung zeigen. Ich möchte das zeigen, was ich kann. Außerdem wünsche ich allen andern auch Glück, denn es soll ein gutes Miteinander sein. Competition heißt ja auch, miteinander nach dem oder der Besten suchen. Es war mir immer eine Herzensangelegenheit, dass es ein faires und gutes Rennen wird. Deshalb habe ich mich auch gefreut, dass im olympischen Finale durch Glück, Zufall, was auch immer, die damalige Welt-rekordhalterin, meine größte Konkurrentin, dann doch noch ins Finale kam. Eine Chinesin, die eigentlich drin gewesen wäre, hatte aber einen Fehlstart hinge-legt im Halbfinale und wurde disqualifiziert. Als wir beide vor diesem wichtigen Rennen kurz nebeneinandersaßen, habe ich ihr gesagt, dass es ohne sie für mich kein olympisches Rennen wäre, weil sie die Weltrekordhalterin ist. Und es wäre doof, nur weil man im Halbfinale zu hoch gepokert hat, rauszufallen. Zu mir hat man dagegen gesagt: Schade, dass die jetzt doch im Finale ist. Wenn nicht, hätte das deine Medaillenchance erhöht. Ich habe das aber immer anders gesehen:

> **» Wenn, dann will man gegen die Beste verlieren oder gewinnen! «**

Sie verbringen insgesamt viel Zeit mit den Konkurrentinnen, den Mitstrei-terinnen, denn Sie treffen sich immer wieder an unterschiedlichen Orten, in verschiedenen Ländern, aber immer am Beckenrand. Entsteht da so etwas wie Freundschaft?

Gibt es auf jeden Fall, aber ich wollte nie mit jemandem dort befreundet sein. Ich wollte immer ein faires, gutes Verhältnis haben, eher eine gute Bekannt-schaft. Wenn man befreundet ist, würde diese Freundschaft vielleicht unter dieser Wettbewerbssituation leiden. Ein nettes Miteinander zu pflegen, war mir da lieber, als wirklich eine tiefere Bindung einzugehen.

Haben Sie hässliche, unfaire Attacken von anderen Schwimmerinnen erlebt, wie beispielsweise: „Siehst aber nicht gut aus!" Oder: „Findest du den Badeanzug wirklich schön?" Gibt es so etwas?

Ich habe mich eigentlich immer eher im internationalen Kontext auf solche Sachen vorbereitet, aber es ist mir tatsächlich nur national begegnet, und das von jemandem, von dem ich es überhaupt nicht erwartet hätte. Das fand ich richtig doof. Aber normal war das nicht. Die internationale Konkurrenz, die hat sich immer sehr mit sich selbst befasst, doch national war ich natürlich vielen ein Dorn im Auge, weil die die Bühne gerne ganz für sich gehabt hätten. Und ja, im deutschen Schwimmsport gab's irgendwie immer nur eine Bühne für ein oder zwei Leute. Früher war's halt Franziska van Almsick, wo ich selbst gemerkt habe, wie viel Neider und missgünstige Leute sie um sich hatte. Ich wollte eigentlich nie mit ihr tauschen, aber wenn man in diese Sphären kommt, hat man keine Wahl.

Missgunst und Schadenfreude – eine deutsche Erfindung?

Nein, aber nach vielen Erfolgen war halt schon irgendwie eine komische Stimmung. Die blödeste Erfahrung habe ich nach meinen beiden Olympiasiegen gemacht. Nach den Schwimmwettbewerben bin ich direkt nach Hause geflogen, weil ich maximal erschöpft und einfach mit dem ganzen Thema durch war. Diese ganze Anspannung war sehr schwer zu ertragen und ich musste halt nach dem Olympiasieg irgendwie 25-mal sagen, wie toll ich das finde. Ich konnte es am Ende gar nicht mehr spüren, also der Moment war dann einfach durch. Aber es gehört halt zum Geschäft, dass man durch diese Medienzone muss.

Medienzone ist da, wo die Fotografen und Reporter sind, der rote Teppich sozusagen?

Genau, direkt nach dem Rennen musst du da durch, das gehört halt dazu. Als ich dann zu Hause angekommen war und ich mit meinem Freund die Tagesthemen geguckt habe, kam ein Bericht über meinen Trainer Norbert Warnatzsch.

Darin ging es um die DDR, Dopingtrainer bei Olympia und es wurden noch andere Trainer gezeigt. Direkt im Anschluss kam dann meine Siegerehrung und der Moderator meinte: Wir wollen damit nicht sagen, dass Britta Steffen gedopt ist, nur weil sie aus dem Osten kommt und von einem ehemaligen Dopingtrainer trainiert wird, aber wir wollen an dieser Stelle kritisch bleiben. Das fand ich richtig unfair und dachte, das kann doch nicht wahr sein, ich habe da gerade meinen größten Erfolg errungen und vielleicht auch den einen oder anderen Deutschen stolz gemacht, und dann so ein Echo – das hat wehgetan.

Das ist bitter.
Im Nachhinein haben aber viele zu mir gesagt: Britta, damit musst du leben. Neid und Missgunst sind die höchste Form der deutschen Anerkennung. Und da dachte ich nur: Wie schade. Wissen Sie, ich wundere mich gar nicht, wenn ein Sportler des Dopings überführt wird, ob es eine Schwimmerin ist oder ein Rennradfahrer oder sonst wer. Ich denke: Mein Gott, bei diesen Leistungen, die mittlerweile abverlangt werden von den Sportlern, erscheint es mir manchmal naiv, zu glauben, dass die alle nicht gedopt sind.

Sind Sie denn mal versucht gewesen, zu dopen, weil jemand sagte: „Komm, das merkt keiner und du schwimmst einfach besser"?
In der Form in mich zu investieren, hätte sich nicht gelohnt. Ich war ja schon immer topfit, ich konnte es nur manchmal psychisch nicht auf den Punkt bringen. Da hätte Doping auch nichts dran geändert. Ich habe wirklich eher die Struktur und eine gewisse Routine in Wettkampfabläufen gebraucht, ein konstruktives Feedback von anderen und das Ausmerzen von den doofen Glaubenssätzen, die ich hatte. Das hat mir dann auch letztendlich zum Erfolg verholfen.

Das waren die Bilder, die Sie eben erwähnten, die Frau Janofske in Ihnen wachgerufen hat.
Genau. Und dass ich gemerkt habe, ich selbst kann was verändern. Ich habe damals nach 2004, als ich die kurze Pause hatte, mit meinem Trainer einen

Vertrag abgeschlossen und gesagt: Ich möchte, dass unser Verhältnis auf Freundschaft und Respekt basiert. Ich möchte nicht wie eine Soldatin von dir behandelt werden. Wenn ich merke, das tut mir gut oder das eben nicht, dann möchte ich, dass du mir zuhörst und dass wir gemeinsam eine Lösung finden, einen Kompromiss. Das fiel ihm sehr schwer, aber auch heute noch, mit 74 Jahren, steht er am Beckenrand in Magdeburg und sagt: Das war toll, mit einer Athletin auf Augenhöhe zu arbeiten. Das gab's halt vorher nicht, denn unmündige Athleten sind leichter zu lenken.

Wenn man Kummer hat, das weiß ich, das weiß jeder, kann man nicht einschlafen. Ging Ihnen das auch so?
Ja, bei Kummer oder halt bei großer Anspannung.

Stichwort: Große Anspannung. Da hatten Sie ein Lied parat, dass Sie heute mitgebracht haben. Sie haben sich die Titelmusik von den „Drei Fragezeichen" gewünscht, weil Sie mit denen immer gut eingeschlafen sind.
Ich fand, die haben immer tolle Geschichten erzählt, da habe ich dann einfach zugehört und es war von der Stimmung her so wie früher, als meine Mutter mir Geschichten vorgelesen hat. Es war einfach heimisch und fühlte sich gut an. Deshalb hatte ich auf meinen Wettkampfreisen immer „Die drei Fragezeichen" dabei.

Das half also auch gegen das Heimweh?
Ja, da hat man sich gleich heimisch gefühlt. In jedem Bett. Klingt komisch, oder?

[L i e d   w i r d   g e s p i e l t]

Schön, dass Sie hier nicht eingeschlafen sind. Sie sind abergläubisch, nicht gläubig. Was haben Sie da im Programm? Was haben Sie an Ritualen, damit vor dem Wettkampf alles so ist, dass Sie sagen, das kann klappen?

Im Vorhinein habe ich halt meine Musik gehört, vier Titel waren das, 20 Minuten. Dann habe ich mir mein Buch „Flow im Sport" genommen, denn das ist meine Sportbibel, wenn man so will. In dem Buch wurden viele Athleten interviewt und unter anderem gefragt, wie sie sich gefühlt haben, wenn sie ihre beste Leistung abgerufen haben. Daraus sind neun Faktoren entstanden, wie optimale Leistung funktionieren kann. Das fand ich sehr spannend, wenn man versucht, diesen Zustand wiederherzustellen. Dann den Badeanzug anziehen und vor dem Startblock eben noch meinen Ring drehen, den meine Brüder mir geschenkt haben, und dann sagen: Okay, jetzt bin ich ausbalanciert und was auch immer kommt, damit kann ich umgehen.

>> **Es ist ja manchmal nicht leicht, mit Niederlagen umzugehen, aber mit Siegen auch nicht.** <<

Was fällt Ihnen da schwer?
Mit Niederlagen umzugehen, war insofern schwer, als dass ich so hart für einen Erfolg gearbeitet habe und ich es dann oft nicht verstehen konnte, warum es letztendlich nicht funktioniert hat. Ich habe da allerdings auch einen perfektionistischen Anspruch. Bei den Siegen war es ab und zu schwer, sich trotzdem mit den anderen verbunden zu fühlen. Jeder Sieg, den du mit dir allein feierst, wenn sich keiner mit dir freut, ist nicht schön. Es macht nur Spaß, wenn du andere hast, die sich mit dir freuen. Nach dem Olympiasieg beispielsweise waren halt alle schon beim Mittagessen, als ich zum Platz kam, und da war ich erst mal allein, aber im Nachhinein, als ich die anderen dann getroffen habe, war es dann auch schön.

Sie haben den schönen Satz gesagt: Man muss irgendwann mal lernen, für sich selbst zu schwimmen und nicht für seine Eltern. Wann ist Ihnen das gelungen, mit welchem Alter?
Das Interessante ist, es war mir überhaupt nicht bewusst, dass ich für meine Eltern schwimme oder für meinen Trainer. Es war einfach eine Gewohnheit und

ich habe nicht gemerkt, wie wichtig es mir war, dass andere stolz auf mich sind. Erst in den Gesprächen mit Frau Janofske kam heraus, welch große Motivation es für mich schon als Kind war, das stolze Strahlen in den Augen meiner Eltern zu sehen. Ja, es war das Schönste für mich, wenn ich spürte, jemand war stolz auf mich oder jemand freute sich mit mir.

> **» Man muss irgendwann mal lernen, für sich selbst zu schwimmen und nicht für seine Eltern. «**

Hatten Sie das Gefühl, Sie werden nur dann geliebt von Ihren Eltern, wenn Sie etwas leisten?

Nein, das hatte ich nicht, denn meine Eltern hatten überhaupt keinen Plan vom Schwimmen. Ich habe immer, wenn ich donnerstags Telefontag hatte im Internat, mit ihnen über Trainingsergebnisse gesprochen oder auch über Wettkampfergebnisse. Während des Gesprächs hörte ich, wie sie irgendwie mit einem Zettel genestelt haben, und als ich mal zu Hause war, habe ich geschaut und gesehen, dass am Telefon ein Zettel lag, auf dem sie meine Bestzeit notiert hatten, um nicht wieder fragen zu müssen, weil ich dann geschimpft habe. Sie hatten sie nicht im Kopf, sie haben immer nachgeguckt,

Das heißt, die Eltern haben auch gejubelt, wenn Sie mal eine ganz schlechte Zeit geschwommen sind?

Meine Eltern waren tatsächlich immer zufrieden mit mir. Sie haben gesagt, dass ich einen tollen Weg hingelegt habe, und wenn ich mein Bestes gegeben habe, waren sie mit mir zufrieden. Da war ich eher mit meinen Eltern unzufrieden, weil sie nicht ehrgeiziger waren, was mich betraf. Dafür war ich es umso mehr.

Sie wurden gefragt, welches Buch Sie gern lesen, und es ist von Hermann Hesse, „Siddhartha". Das ist interessant, denn es ist die Geschichte über einen Menschen, der auch sucht und auf dieser Suche über sich selbst

hinauswächst. Ich habe das Gefühl, dass auch die Auswahl Ihrer Bücher unter einem Coachingaspekt steht. Können Sie sich eigentlich auch mal so völlig frei fühlen und irgendwas machen, was Sie nicht optimiert oder motiviert?

Früher war das vielleicht schwer, als ich noch in diesem Leistungsmodell steckte, aber wenn man Mutter eines zweijährigen Sohnes ist, dann macht man alles just in dem Moment, ganz spontan, ohne zu wissen, wie der Plan ist.

Wird man demütig?

Auf jeden Fall. Man wird demütig.

Sie haben Niederlagen einstecken müssen und Häme, gab es nicht ein einziges Mal den Punkt, wo Sie gesagt haben: Warum tue ich mir das eigentlich an? Ich könnte jetzt in einer Disco sitzen, ich könnte mit einem Freund durch Ungarn reisen und was weiß ich für schöne Sachen machen, die andere Frauen in meinem Alter auch machen. Gab es diesen Punkt?

Ja, das war 2004, das erste Mal Olympia für mich, als ich so ernüchtert war, weil ich einfach von den Dimensionen erschlagen war. Da konnte ich überhaupt nicht schwimmen, denn ich war es nicht gewohnt, vor 15.000 Leuten zu schwimmen, und stand wahnsinnig unter Druck. Normalerweise waren es nie mehr Zuschauer als hier im Kloster.

Das ist aber schon ganz ordentlich.

Auf jeden Fall. Und diese Punkte kamen natürlich immer mal wieder. Als Kind war es sogar so, dass meine Mama dann immer zu mir gesagt hat: Komm, dann gehst du noch einmal zum Training und sagst danach deinem Trainer, dass du nicht mehr wiederkommst. Aber immer wenn ich gar keine Lust hatte, zum Training zu gehen, und mich dann aber überwunden hatte, lief das Training paradoxerweise wahnsinnig gut. Danach hatte ich natürlich vergessen, dass ich nicht mehr trainieren wollte, und bin wieder gegangen und wieder und wieder und wieder.

Das heißt, Frau Janofske, von der hier schon verschiedentlich die Rede war, hat im Grunde auch an Sie appelliert, die Sache nicht so ernst zu nehmen. Wenn Sie also eigentlich keine Lust haben und nicht verkrampft sind, kommen Leistungen dabei raus, mit denen Sie nicht gerechnet haben. Das kennen wir alle im Leben: Wenn du etwas unbedingt willst, passiert es häufig nicht, aber wenn du die Zügel locker lässt, siehe da, der Himmel beschenkt dich.

Da habe ich noch eine andere Geschichte. Meine Masterarbeit habe ich zum Thema „Gesundheit von Topmanagern in Deutschland" geschrieben und am Ende habe ich die interviewten Personen immer gefragt: Welchen Tipp würden Sie sich selbst geben, wenn Sie 20 oder 30 Jahre zurückgehen? Einer hat beispielsweise erzählt, dass man Sachen mit ganz fest geschlossener Faust festhalten kann, man kann sie aber auch etwas öffnen und ganz entspannt festhalten. So gibt es Schwimmer, die müssen wütend sein, es gibt Schwimmer, die müssen maximal freudig überdreht sein, und ich war immer so ein bisschen wie die Schweiz: sehr neutral.

> **» Wenn ich neutral war, ausbalanciert und in meiner Mitte, erzielte ich immer das beste Ergebnis für mich. «**

Wir wollen gleich noch darüber reden, was Sie im Moment beruflich machen. Ein wenig haben Sie es gerade schon im Blick auf Ihre Masterarbeit angedeutet. Aber vorher wollen wir der Tradition folgen und einen Song von Rod Stewart spielen und der passt heute ziemlich gut, der heißt nämlich „We can win".

[L i e d   w i r d   g e s p i e l t]

Nun wollen wir ein wenig über die Zeit nach dem Schwimmsport reden. Zunächst: Wo befinden sich mittlerweile die ganzen Medaillen der Vergangenheit?

Ganz viele habe ich direkt im Anschluss an die Wettkämpfe verschenkt an Menschen, die mich begleitet haben, die ich näher kannte oder auch nicht. Die wichtigsten Medaillen, das sind ja nur eine Handvoll, die liegen bei meinen Eltern in einer Schublade im Wohnzimmer.

Viele Ex-Sportler definieren sich darüber, Sportler gewesen zu sein, reisen durch Talkshows oder andere Sendungen und sagen: „Ich war mal Sportler." Sie haben eine wirklich ernst zu nehmende neue Richtung genommen, Sie haben Wirtschaftswissenschaften studiert und den Master gemacht.
Für den Bachelor habe ich Wirtschaftsingenieurwesen für Umwelt und Nachhaltigkeit studiert und meinen Master habe ich im Fach Human Ressources Management gemacht, also Personalwesen.

Wie sind Sie zu der Entscheidung, diesen Weg zu gehen, gelangt?
Nach dem Abitur hätte ich gern Medizin studiert, aber da hat man mir gesagt, dass im Sommer immer die sportlichen Höhepunkte sind, und da es damals noch keine Kooperationen zwischen den Universitäten gab, hätte ich nur im Winter Prüfung machen können. Dann wurde mir das Studium Wirtschaftsingenieurwesen empfohlen. Das fand ich sehr spannend und ich stelle mich gern Aufgaben, die für mich erst mal unlösbar scheinen. Ich bin wirklich nicht begabt, was Naturwissenschaft angeht, aber ich habe mich durchgebissen und darüber eine sehr gute Kommilitonin kennengelernt, die hat mir Nachhilfe gegeben und gesagt: Mann, Britta, was hast du eigentlich bisher in der Schule gelernt? Sie hat mir das wirklich super beigebracht und ihr eigenes Studium dann am Ende mit 1,0 absolviert. Sie sagte, das lag an mir, weil sie es mit mir so oft wiederholen musste, dass sie selbst es dann im Schlaf konnte.

Und jetzt coachen Sie deutsche Manager. Man könnte sagen, die Humorlosigkeit findet eine Fortsetzung.
Es ist eher so, dass ich im Jahr 2013, direkt nachdem ich mit dem Sport aufge-

hört habe, von einer deutschen Krankenkasse gefragt wurde, ob ich vielleicht einen Vortrag halten könne im Bereich „Gesunde Führung – ein Wettbewerbsvorteil", um unter anderem diesen Aspekt aus meiner sportlichen Perspektive zu beleuchten. So bin ich in diese Schiene gerutscht und werde für die verschiedensten Veranstaltungen gebucht, wie zum Beispiel im Kontext eines Kirchentags, oder ich spreche im Umweltbundesamt.

Sie auf einem Kirchentag?
Richtig. Da wollten sie extra jemanden, der so ist wie ich. Anders eben.

Was erzählen Sie denn auf einem Kirchentag?
Ich habe eine Vorgabe bekommen und die lautete „Erfolg ist alles?! Umgang mit Scheitern und Erwartungsdruck". Ich habe dazu einen Vortrag gehalten und bin dann ins Gespräch gegangen mit Herrn Leyendecker.

Herr Leyendecker ist ein hervorragender Journalist bei der Süddeutschen Zeitung, ein wunderbarer Mann.
Diesen kleinen Talk hatten wir vor 1.200 Leuten und sie wollten halt jemanden, der eben nicht unbedingt christlichen Glaubens ist.

Ich glaube, dass ein Mensch, der so viel Kraft aus sich selbst schöpft, in gewisser Weise schon glauben möchte, wenn auch nicht unbedingt im christlichen Sinne. Interessanterweise haben Sie, wo immer Sie auf Wettkämpfen waren, dann und wann in Kirchen oder Tempeln Kerzen angezündet. Was für eine Bedeutung hat das für Sie?
Ich finde, die Welt ist so fantastisch, dass man gerne an etwas glauben darf. Ich bin nur nicht im christlichen Glauben groß geworden. Manchmal hätte ich mir vielleicht etwas gewünscht, woran ich mich hätte festhalten können. Ich glaube, das ist schön, habe es aber selbst in der Form nie erfahren. Ich bin aber schon so unterwegs, dass ich sage, Spiritualität ist ein Mehrwert im Leben. Ich denke, das schenkt unserem Leben Sinn.

Wo würden Sie sich ansiedeln in der Spiritualität? Sind Sie vielleicht doch einer Religion gegenüber offen oder zieht Sie eher der Buddhismus an? Wo ist Ihre, sagen wir mal, seelische, gedankliche Heimat?

Ich habe kein Dogma in dem Sinne, aber der Buddhismus fasziniert mich schon. Zu sagen, man möchte gut zu anderen sein, man möchte gut durchs Leben gehen und ein guter Mensch sein, das finde ich schon toll, und so ein Miteinander fetzt halt mehr, als nur sein eigenes Ding durchzuziehen.

> » **Spiritualität ist ein Mehrwert im Leben, das schenkt unserem Leben Sinn.** «

Da sagen Sie was. Ich las, dass Sie noch immer täglich auf die Waage gehen.

Mittlerweile nicht mehr. Ich habe morgens keine Zeit mehr, denn mein Sohn weckt mich und dann ist erst mal Spielen angesagt und Fertigmachen für die Kita. Da schaffe ich es nicht mehr, auf die Waage zu gehen, aber bis vor zwei Jahren habe ich das tatsächlich noch täglich gemacht.

Wenn Sie nun im Hotel sind, kurz vor Ihrem Auftritt auf einer Veranstaltung, Sie trinken noch eine Tasse Kaffee und wissen, gleich muss ich dort vor die Truppe treten und sozusagen einen Mehrwert schaffen: Gibt es da Momente, wo Sie das Schwimmen vermissen, die Sorglosigkeit des Schwimmens?

Wettkämpfe zu bestreiten, war nie sorglos, weil ich immer Angst hatte, eventuell danach in den Medien zerrissen zu werden. Diese Angst habe ich heute nicht mehr, selbst wenn ich mal einen Termin verpatze oder eben nicht optimal auf dem Punkt bin. Dann habe ich schon ganz oft gehört, dass Leute gesagt haben: Hey, das ist menschlich und irgendwie macht dich das sympathischer, als wenn du immer nur perfekt bist.

Können Manager und alle, die hier jetzt zuhören, lernen, eine Niederlage auch Niederlage zu nennen? Ich habe das Gefühl, bei vielen Coaching-

programmen muss man lernen, aus einer Niederlage einen Sieg zu machen. Ich bin im Leben immer dieser Lebensphilosophie gefolgt: Man versucht etwas und manchmal klappt's oder manchmal auch nicht. Wenn Menschen einen dann trösten wollen und sagen, na ja, so schlimm war es auch nicht, dann habe ich immer entgegnet, dass es für mich doch ziemlich schlimm war, richtig schlimm. Es wird nie ein gelingendes Leben ohne Siege und ohne Niederlagen geben, ohne Enttäuschungen und ohne Triumphgefühle. Ich finde, man muss lernen, eine Niederlage auch Niederlage zu nennen, oder sind Sie anderer Meinung?

Wie man das nennt, ist mir eigentlich per se nicht so wichtig. Für mich ist wichtig, wie Sie es gerade gesagt haben, dass man diese Gefühle auslebt, denn das macht ein Leben tatsächlich sinnvoll und wertvoll, viele Gefühle gehabt zu haben. Es gehört auch einfach dazu, mal ganz unten gewesen zu sein, denn Niederlagen haben den Vorteil, dass man Erfolge dann ganz anders wahrnimmt, dass man sie noch mehr schätzen kann. Gestern war mir zum Beispiel total übel und ich habe mich richtig krank gefühlt. Ich dachte schon, ich kann heute gar nicht in die Sendung kommen. Gleichzeitig hatte ich genau das im Kopf, dass man vielleicht so einen Moment braucht, wo es einem richtig schlecht geht, um wieder umzuschalten in den Gesundheitsmodus, dass einem bewusst wird, wie gut es einem geht ohne Schmerzen und so weiter. Zu oft vergessen wir das. Deshalb denke ich, dass alles seine Relevanz hat: Siege, Niederlagen und auch das, was dazwischenliegt.

Wir vergessen in der Tat manchmal, wie gut es uns geht. Diesen Satz unterstreiche ich dick mit Filzstift. Schön, dass Sie ihn gesagt haben. Der dritte Song, den Sie sich gewünscht haben, ist von Heinz Rudolf Kunze und er heißt „Quentin Qualle". Und Quentin heißt auch Ihr Sohn. Ist das der Grund, warum Sie sich den Song gewünscht haben? Quentin hat ja etwas Unordnung in Ihr Leben gebracht, wie ich hoffe.

Absolut! Dieser Song gefällt mir halt total gut, weil er mich eben noch mal Kind sein lässt und ganz entspannt werden lässt.

Sie gelten als etwas pedantisch.

Das stimmt.

Es heißt, dass Sie Wasserflecken auf Badezimmerarmaturen hassen wie die Pest.

Aber nur auf meinen eigenen. Bei anderen kann ich gut damit umgehen.

[Lied wird gespielt]

Frau Steffen, die 2019 stattgefundene Weltmeisterschaft im Schwimm-sport konnte man, bis auf einen Tag, nur im Internet verfolgen. Woran liegt es, dass das offensichtliche Interesse des deutschen Publikums am Schwimmsport gesunken ist?

Ich denke, dass Sport im Allgemeinen nicht mehr den Stellenwert hat, den er mal hatte, und dass es gerade für junge Leute erstrebenswerter ist, einen eigenen Youtube-Kanal zu haben oder Influencer zu werden als Sportler. Ich glaube tatsächlich, dass junge Leute sich fragen, warum soll man das machen, wenn eine Britta Steffen sagt, die höchste Anerkennung war, dass man ihr Doping unterstellt hat, oder andere proklamieren, dass es ohne Mittel keinen Titel gibt. Ich kann schon verstehen, dass die Akzeptanz da nicht besonders hoch ist. Ich kenne auch viele Sportler aus anderen Bereichen, die irgendwelche mentalen Blessuren davongetragen haben und sich fragen, ob es das wert ist.

Ist es das wert?

Für mich war es das wert, denn ich habe immer auf nachhaltige Leistung ge-setzt. Beispielsweise habe ich mit meinem Trainer verhandelt, dass wir aus 120 Minuten Wassereinheit nur noch 90 Minuten machen, weil ich gemerkt habe, nach 90 Minuten wird mir immer so kalt, dass ich die Technik nicht mehr so gut ausführen kann. Das wiederum bedeutet, dass es dann nur noch um Quan-tität und nicht um Qualität geht. Das musste ich natürlich erst mal mit meinem Trainer diskutieren, denn für ihn war es halt so, weil man es immer so gemacht hat. Ich habe ihm dann gesagt, dass ich in Frau Jonofskes Doktorarbeit gelesen habe, dass nach 90 Minuten jedes menschliche Gehirn erst mal eine kleine Pause von fünf Minuten braucht, um sich wieder zu erholen. So könnte es gut sein, dass wir nach 90 Minuten den Vorteil haben, dass ich schneller in die Regeneration komme und letztendlich insgesamt besser schwimme. So war es dann auch. Mein Trainer ist den Weg mit mir gegangen und das war eine gute Entscheidung.

Zum Thema „schwimmen lernen": Sie sagen, Sie haben nie verstanden, warum die meisten Eltern ihren Kindern erst Brustschwimmen beibringen anstatt Rückenschwimmen. So war's bei mir damals auch und so habe ich es auch meinen Kindern beigebracht. Was ist daran falsch?
Richtig oder falsch würde ich gar nicht sagen. Als ich eine Weile in Australien war, habe ich beobachtet, dass die Leute mit Rückenschwimmen anfingen, und da habe ich natürlich nach dem Grund gefragt. Die Erklärung war, dass man beim Rückenschwimmen das Kind gut halten kann, es fühlt sich sicher und es kriegt kein Wasser ins Gesicht. Deshalb ist das wirklich eine ziemlich gute Herangehensweise, erst diese Schlagschwimmarten zu lernen. Brustschwimmen ist technisch tatsächlich die schwierigste Disziplin, mit Delfin dann im Anschluss. Rückenschwimmen ist tatsächlich einfacher und leichter zu lernen für die Kinder.

Wenn es nach Ihnen geht, nach der derzeitigen Lage, wird Ihr Sohn Quentin Amerika, Afrika und Asien oder welche Länder auch immer nicht kennenlernen – es sei denn, er fährt mit der Eisenbahn. Sie haben sich jedenfalls entschlossen, kein Flugzeug mehr zu besteigen.
Das stimmt.

Generell nicht mehr? Nicht nur innerhalb Deutschlands und innerhalb Europas? Ich kann nachvollziehen, dass die Treibhausgase dringend nach unten gehen müssen und dass wir alle etwas dafür tun müssen, damit die-

se Welt bewohnbar bleibt – das ist unbestritten. Aber ich befürchte, dass dann die Deutschen in Deutschland bleiben, die Franzosen in Frankreich, die Amerikaner in Amerika und das, was das Zusammenleben der Menschen im Grunde ausmacht, der Austausch von Kulturen, Ideen, Gedanken und vieles mehr, auf der Strecke bleibt oder nur noch per E-Mail oder sonst wie stattfindet. Wie sehen Sie das?**

In Europa kann man ja überall hinreisen und selbst nach Tokio kommt man in 14 Tagen mit dem Zug, das finde ich ganz spannend. Wenn ich irgendwo hingeflogen bin, ging mir das manchmal einfach zu schnell und ich fand, dass die Kosten und der Nutzen in keinem Verhältnis standen. Beispielsweise wurde ich in diesem Jahr angefragt, um für zwei Tage nach Amerika zu fliegen zur Swimming Hall of Fame. Ich fand es total bekloppt, genauso lange im Flugzeug zu sitzen, wie in Amerika zu sein. Dann habe ich im Blick auf die Fridays-for-Future-Bewegung und so weiter überlegt, wie groß denn eigentlich mein CO_2-Fußabdruck ist mit dem, was ich so mache. Ich fahre kein eigenes Auto mehr und nutze eigentlich nur noch öffentliche Verkehrsmittel, fliege nicht und bin trotzdem bei 8 Tonnen CO_2.

Trotzdem noch bei 8 Tonnen, wie kommt das?

Ich lebe, ich habe eine Heizung zu Hause und esse leider auch Fleisch.

Nein!

Doch! Das klingt alles immer so profan, aber ich glaube, solange wir keine größeren Leiden erfahren, wird sich nicht viel ändern.

Ich bin seit zwei Jahren Vegetarier. Ich esse wirklich nur noch Fisch. Aber aufs Fliegen verzichten?

Das ist sicherlich schwierig. Für alle.

>> **Genuss im Verzicht zu finden, wird für niemanden einfach.** <<

Aber wie wird der Schwimmsport aussehen, wie wird das Kräftemessen zwischen Sportlern aussehen? Man kann beispielsweise von südamerikanischen Sportlern nicht erwarten, dass sie mit der Eisenbahn nach Europa fahren. Ist das nicht eine Illusion?

Ich wünsche mir das ja nicht für andere. Jeder muss für sich selbst entscheiden, wo er ansetzt oder auch nicht. Wenn man mich angefragt hätte, um zur Olympiade nach Tokio zu fliegen, hätte ich das abgesagt, denn ich habe das erste Mal überhaupt nachgeschaut, was das für einen CO_2-Ausstoß ergibt, und es sind 6 Tonnen für eine Person hin und zurück. Ich esse nur noch einmal die Woche Fleisch, fahre kein Auto und fliege sonst auch nicht mehr, da kann ich das einfach nicht tun. Das klingt vielleicht alles illusorisch, aber sollte mein Sohn mich in zehn Jahren oder so fragen, warum ich weitergemacht habe, als ob nichts gewesen wäre, was soll ich ihm antworten?

Sie sind eine Sportlerin, die in Schwedt groß geworden ist, und leben heute in Berlin. Haben Sie das Gefühl, dass dieses Land zusammenwächst? Ich frage Sie das auch als Mutter eines kleinen Jungen.

Ich habe leider lange die Erfahrung gemacht, noch immer als Ostmädchen tituliert zu werden, und gespürt, wie unterschieden wurde im Sport, wer aus dem Westen kam und wer aus dem Osten. Da gab es immer noch die Grenze. Aber der Eindruck, der sich mittlerweile auftut, wenn ich die jungen Menschen angucke, dass es eben keine Rolle mehr spielt, macht Hoffnung, dass es ein Zusammenwachsen gibt.

Liebe Britta Steffen, vielen Dank für das Gespräch. Ich wünsche Ihnen und Ihrer Familie alles Gute!

Gleiches für Sie, danke schön.

Stephanie Stumph

Herr Gott, warum passt sie denn in keine Schublade? Ja, sie ist die Tochter von Wolfgang Stumph … ist aber aus seinem Schatten längst herausgetreten. Ja, sie hat neben ihm – in der TV-Reihe STUBBE – 50-mal seine Filmtochter „Chrissy" gespielt … aber sorgte dann dafür, dass diese ihr anvertraute Figur zu einer ernst zu nehmenden „Christiane" reifte. In der Episode DRITTE LIEBE hat sie neben Jana Schulz gespielt und mich zu Tränen gerührt … Ja, sie spielt in einer Rosamunde-Pilcher-Verfilmung mit (immerhin neben Maximilian Schell, Sebastian Koch und Vanessa Redgrave) … war aber auch eindrucksvoll in DER TURM zu sehen, glänzend geführt von Regisseur Christian Schwochow. Ja, sie ist nun festes Ensemblemitglied in DER ALTE (seit 2015) … und spielt neben Alexandra Maria Lara und Devid Striesow in ALFONS ZITTERBACKE. Ja, sie hat für Helene Fischer einen Hit komponiert und getextet … sitzt aber auch mit Bernhard Hoëcker, Jörg Pilawa und mir im Panel von KAUM ZU GLAUBEN.
Und wenn man sie auf ihre Vielseitigkeit anspricht, dann lacht sie und zuckt mit den Schultern. Sie ist von alledem nicht sonderlich beeindruckt. Sie nimmt ihr Publikum ernst und sich nicht wichtig.

Ich mag sie.

Ich freue mich sehr, denn mein heutiger Gast bei Meyer-Burckhardts Frauengeschichten ist Stephanie Stumph. Liebe Stephanie, herzlich willkommen!
Hallo, lieber Hubertus, ich freue mich sehr, heute hier bei dir zu sein.

Wir kennen uns schon eine Weile, haben zusammengearbeitet und duzen uns natürlich. Liebe Stephanie, du bist zwischen den vier großen Sehenswürdigkeiten, den Wahrzeichen Dresdens groß geworden: dem Zwinger, der Frauenkirche, der Semperoper und Wolfgang Stumph. Welches Wahrzeichen hat dir die meiste Orientierung gegeben?
Natürlich mein Vater, ganz klar. Er hat schon ganz früh meine Interessen geschult. Aber auch meine Mutter, muss man sagen, hat mich intensiv gefördert. Sie hat mich bereits sehr früh in den Chor gesteckt und insgesamt viel Zeit für mich aufgewendet, indem sie mich beispielsweise immer zum Gesangsunterricht gefahren hat oder in den Spatzenchor. Also beide Elternteile eigentlich gleichermaßen.

Wolfgang Stumph, ein berühmter Mann, ein sehr erfolgreicher Schauspieler, ein schwieriger Vater?
Nein, überhaupt nicht, denkt man das?

Ich frage es.
Ich meine, du kennst ihn ja auch. In Arbeitszusammenhängen ist er vielleicht schwieriger, schwierig im Sinne von bestimmender, aber nicht als Vater. Er hat natürlich gern die Kontrolle und er möchte auch jetzt in meinem hohen oder höheren Alter immer noch gern wissen, was ich denn so mache. Doch so sind vielleicht alle Väter, aber schwierig ist er nicht.

Er hat mir mal erzählt, es steht auch in seiner Biografie, dass er selbst ohne Vater aufgewachsen ist und aus dieser Erfahrung heraus versucht, ein besonders guter Vater zu sein.
Und das schafft er auch, auf jeden Fall! Es gibt keinen besseren.

Als du Kind warst in Dresden, gab es da einen Punkt, wo du sehr früh für dich entdeckt hast, dass der Beruf des Vaters auch was für dich sein könnte?
Ich habe das schon immer sehr bewundert, was er macht, konnte es aber nicht so richtig einordnen, ob ich das überhaupt alles kann. Ich war da schon unsicher, obwohl ich zu dem Zeitpunkt eigentlich schon sehr extrovertiert war. Bevor ich mit neun oder zehn Jahren angefangen habe, für „Stubbe" vor der Kamera zu stehen, konnte ich mich halt schon auf verschiedenen kleinen Bühnen in Dresden und auch im MDR, also im Sachsenraum, ausprobieren, indem ich zum Beispiel mal als Pflaumentoffel verkleidet irgendwelche Sachen verteilt habe.

Als Pflaumentoffel?
Das ist ein Glücksbringer bei uns in Dresden. Getrocknete Pflaumen werden in Form eines Männchens auf Holzstäbe gesteckt, dann bekommt die Figur einen Zylinder auf den Kopf und trägt eine Leiter. Diese Pflaumentoffeln gibt's dann auf dem Striezelmarkt, unserem Weihnachtsmarkt, zu kaufen und sie bringen Glück, also ein Schornsteinfeger quasi.

Das ist die Gelegenheit, zu sagen, dass der Striezelmarkt der älteste Weihnachtsmarkt der Welt ist. Es gibt ihn seit 1443.
Guck an, Hubertus, du hast dich gut informiert! Stimmt. Und er ist mittlerweile auch wieder sehr schön.

Gab es einen Berufswunsch, der in Konkurrenz gestanden hat zur Schauspielerei, wenn auch nicht wirklich ernsthaft?
Wenn überhaupt, dann ist es immer die Musik, die mir parallel noch ganz wichtig ist. Damit habe ich eigentlich auch angefangen, das Schauspielern kam dann erst später. Also ich habe viel eher gesungen oder am Klavier gesessen, als auf der Bühne Texte zitiert.

Aber die Bühne war immer wichtig?
Das klingt zwar ziemlich unsympathisch, wenn man sagt, dass man so eine

Bühne braucht, aber ich habe mich da schon immer wohlgefühlt – in einem kreativen Arbeitsprozess und etwas ausprobieren zu können.

Du hast eben ganz beiläufig erwähnt, dass du mit neun oder zehn Jahren das erste Mal vor der Kamera gestanden hast bei „Stubbe". Die ZDF-Serie ist eine der erfolgreichsten Reihen des deutschen Fernsehens geworden, was anfangs nicht absehbar war. Wie war das, mit neun Jahren neben dem Vater eine doch schon ziemlich große Rolle zu spielen?
Ich habe das damals als Kind noch gar nicht so wahrgenommen. Ich wusste natürlich um meine Aufgaben, denn da war ein Team von über 30 Leuten, die erwarteten eine gewisse Leistung. Dass ich meinen Text konnte, dass ich konzentriert war, und das alles als Kind. Dieser Verantwortung war ich mir durchaus bewusst. Was die Reihe allerdings für eine Aufmerksamkeit nach außen bekommen hat, das konnte ich nicht so verarbeiten. Für mich waren das wirklich Ferienspiele, denn ich habe ja nur in den Ferien gedreht, darauf hat man sehr viel Wert gelegt, damit ich keinen Unterricht verpasse. Meine Mutter war immer dabei als Betreuerin, also war alles eher spielerisch und ich habe eigentlich jeden Tag, jeden Drehtag, bis auf einen, sehr genossen.

> » **Ich habe mich auf der Bühne schon immer wohlgefühlt.** «

War das so eine Art doppelte Kindheit, doppelte Jugend, dass man auf der einen Seite nach Drehschluss den Vater als Privatperson hatte und während der Dreharbeiten hatte man den „Stubbe"? Eigentlich ist das doch ein Albtraum für ein junges Mädchen.
Nein. Als kleines Kind war es für mich durchgängig ein Familiengefühl, auch mit dem Team. Es war tatsächlich wie Familie. Ich habe meinen Vater nicht unterteilt in meinen Kollegen und in meinen Vater. Später, als ich dann auf die Schauspielschule ging, die ersten zwei Jahre, da gab's dann schon mehr Reibereien, weil mir dann natürlich andere Leute von außen gesagt haben, so geht's

auch, so könntest du es machen. Ich will nicht sagen, dass ich da anfing, alles besser zu wissen, aber die ersten zwei Schauspieljahre waren schon komisch, weil ich das ganz anders reflektiert habe. Das Spielerische, das Autodidaktische war dann plötzlich irgendwie kontrolliert. Ab da gab's dann halt ein paar Reibereien mit dem Vater, aber nur ganz wenig.

Du hast eben erwähnt, dass alle „Stubbe"-Drehtage mit deinem Vater von Anfang an eine ganz tolle Zeit waren, bis auf einen Tag.
Genau. Es war ein Nachtdreh, es war schweinekalt und ich musste immer in so einem wirklich hässlichen Pyjama vor einem Zelt sitzen. Das war, glaube ich, 1996 und es war wirklich kalt und ich war schrecklich müde. Ich habe immer im Wohnwagen geschlafen, wurde dann wach gemacht und musste mich in die Kälte vor das Zelt setzen und irgendwas sagen. Den Drehtag mochte ich überhaupt nicht. Wenn ich müde bin, mir kalt ist und ich auch noch Hunger habe, dann ist das eine ganz, ganz schlechte Mischung.

Schlechte Mischung! Du kamst dann eines Tages mal von der Schule nach Hause und da erwartete dich dein Vater mit einer Videokamera.
Stimmt. Er wollte mich vorbereiten fürs Casting.

Wie hast du das empfunden?
Nicht so schön. Ich hatte leider einen sehr kurzen Heimweg von der Schule bis nach Hause und den habe ich dann schon irgendwie ein bisschen verzögert, aber die Kamera war bereits bei uns im Wintergarten aufgebaut und dann wurde halt geübt. Der Hintergrund war, dass eine Tochter für den Kommissar Stubbe, den er spielte, gesucht wurde, und er hat mich gefragt, ob ich nicht Lust hätte, das mal auszuprobieren. Anscheinend habe ich damals Ja gesagt, ich kann mich aber nicht erinnern. Wir haben dann eine Szene einstudiert, er hat mir Regieanweisungen gegeben und das wurde schließlich mit der Videokamera aufgenommen. Hinterher musste ich mir das angucken – das war furchtbar. Aber gut, es hat ja letztendlich irgendwie funktioniert, mich gegen die anderen 30 durchzusetzen.

Rebelliert hast du aber nicht?

Nein. Ich wollte das schon. Seit seinem ersten Kinofilm „Go Trabi Go" habe ich die Claudia Schmutzler immer bewundert und wollte auch gern so wie sie sein. Wie sie da singt, mit der Gitarre, und wie sie zu Milli Vanilli tanzt, zu dem Song, den wir ja gleich hören werden, das fand ich toll. Ich habe es zwar nie laut geäußert, aber ich hab's mir schon gewünscht.

Einer der drei Songs, die du mitgebracht hast, ist also „Keep on Running" von Milli Vanilli. Was hat das für eine Bewandtnis mit diesem Song?

Das ist der Song aus dem Soundtrack des Films „Go Trabi Go" und dazu tanzt Jacqueline, gespielt von Claudia Schmutzler, ganz verrückt an der Stange und lebt sich komplett aus, in total verrückten Bewegungen. Ich war damals mit beim Dreh und durfte dann auch immer durch die Menge rennen, da war ich so fünf oder sechs.

Ach, du hast bei „Go Trabi Go" eine Miniminiminirolle gehabt?

Eine Rolle nicht, ich bin da aus Versehen durchs Bild gerannt, Komparsin sozusagen. Ich habe das echt sehr bewundert und dachte: Mensch, irgendwann möchte ich das auch mal machen, so komplett ausflippen und tanzen und alles. Sie war halt mein Vorbild.

Dann hören wir es uns mal an!

[Lied wird gespielt]

Wolfgang Stumph ist unter Kollegen sehr beliebt, weil er einen tollen Umgang mit Menschen pflegt. Hat die Tochter auch einen Nutzen davon gehabt oder ist er zu Hause ein anderer?

Er ist kein anderer zu Hause. Beruflich lässt er natürlich jeden Kollegen gern gut ausschauen. Er ist überhaupt nicht so eine Rampensau, die nur darauf aus ist, dass er mehr im Bild ist – ganz im Gegenteil, er möchte eigentlich immer, dass der Kollege sich wohlfühlt und dass der gut präsentiert wird. Klar, so wohlwollend war er zu mir auch vor der Kamera, aber genauso auch zu Hause. Ich kann mich über nichts beschweren. Er ist der liebevollste Vater, den es gibt, und er wollte natürlich immer nur das Beste für seine Tochter.

Er hat dich häufig „kleiner Teufel" genannt. Warum das?
Das hätte wahrscheinlich eher meine Mutter sagen können, denn ich hatte irgendwie einen kleinen Jähzorn in mir – so ganz unterschwellig. Ein Temperament und eine Energie, die man vielleicht nicht immer als positiv bezeichnen könnte. Aber ich habe das schon selbst ganz gut behandelt.

Nach dem Abitur bist du zunächst auf die Hochschule für Musik und Theater in Leipzig gegangen und hast da noch mal eine Ausbildung gemacht zur Schauspielerin. Ich glaube, Ballett auch?
Ballett nicht. Guck dir mal meine O-Beine an, das funktioniert leider überhaupt nicht, aber ich hätte es sehr gerne gemacht. Als ich Kind war, zwischen neun und zwölf, da habe ich ein bisschen Ballett gemacht, das heißt, ich habe mein Bein auf die Stange geschwungen, aber nicht „Schwanensee" getanzt.

Aber du warst auf der Hochschule für Musik und Theater in Leipzig. War das auch der Versuch, ein wenig aus dem Schatten des Vaters herauszutreten? Du hast mit neun Jahren begonnen, mit ihm zu drehen, du wirst wahrscheinlich 18, 19 gewesen sein, als du auf diese Schule gingst, also zehn Jahre später. War das eine Befreiung?
Eigentlich wollte ich es nur schriftlich haben, dass ich was kann. Ich wollte nicht mit 40 in eine Krise geraten und denken, ich kann eigentlich gar nichts. Diesen Abschluss, dieses blöde Stück Papier, das mir eigentlich überhaupt nichts bringt, das wollte ich unbedingt haben und deshalb habe ich mich an der Schauspielschule beworben. Ich bin auch immer noch froh, dass ich das gemacht habe, denn ich habe ganz viel dazugelernt, vor allen Dingen Mut, und es hat meine Fantasie enorm erweitert. Ich habe es definitiv nicht bereut.

» **Eigentlich wollte ich von der Schauspielschule nur schriftlich haben, dass ich was kann.** «

Deutschland hat viele Farben und auch viele Identitäten, glaube ich. Ein Bayer hat beispielsweise eine andere Identität als ein Friese und ein Rheinländer hat eine andere Identität als ein Sachse. Du warst fünf Jahre alt, als die Mauer gefallen ist. Hast du eine Erinnerung daran?
Null. Ich hatte immer meine Bananen, soweit ich weiß. Ich erinnere mich nur, dass H-Milch etwas Besonderes war, die war in so Pyramiden-Tetrapacks verpackt und mit Vanillegeschmack. Das weiß ich noch, aber an die DDR-Zeit kann ich mich eigentlich überhaupt nicht erinnern. Als ich eingeschult wurde, hatten wir alle schon die neuen Bücher und bestimmt auch im Kindergarten, aber ich kann mich nicht mehr erinnern.

Was bedeutet Heimat für dich?
Komischerweise nicht so viel.

Du hast eine Weile in Berlin gelebt.
Ich habe zwei Jahre in Berlin gelebt, sechs Jahre in Hamburg, zwei in Leipzig, dazwischen schon in Dresden, jetzt wieder in Dresden. Das hat aber wirklich eher praktische Gründe. Ich muss ja irgendwo meine Wäsche waschen, meine ganzen Klamotten, Schuhe und Taschen aufbewahren. Jetzt bin ich viel in Bayern. In München drehe ich „Der Alte", da verbringe ich momentan die meiste Zeit neben Berlin und, Gott sei Dank, auch hin und wieder Hamburg.

Aber du hast gesagt, du fühlst dich in München auch deshalb so gut, weil dort im Dienstleistungsgewerbe so viele Sachsen sind. Also doch heimatliche Gefühle?
Du kennst das doch, wenn man in Urlaub fährt, dann freut man sich über jeden bekannten Sprachklang, den man hört. Am wohlsten fühle ich mich, glaube

ich, in Hamburg, dann kommt München. In Dresden muss ich mich ja quasi irgendwie wohlfühlen, denn ich komme von dort und meine Eltern, meine Familie und meine beste Freundin wohnen da. Aber ich weiß nicht, ob ich Dresden jetzt als meinen Lebensmittelpunkt bezeichnen könnte. Ich glaube nicht. Im Moment habe ich eher das Gefühl, dass mir da die Decke auf den Kopf fällt.

Ich bohre noch mal nach. Ich habe einen italienischen Freund, ein Venezianer, und der hat gesagt: „Ich musste 30 Jahre alt werden, um zu begreifen, wie schön Venedig ist. Als Kind in Venedig dachte ich, dass alle Kinder in so einer Stadt leben." Du bist nun in Dresden groß geworden, ein barockes Juwel. Ist es nicht doch so, dass dich da etwas umfängt, wo du sagst: Ja, das ist meine Heimat, das hat ein Fluidum, was ich in Berlin oder in Hamburg suche, aber bis jetzt nicht gefunden habe?
Der riesengroße Berlinfan bin ich eh nicht. Aber Dresden ist eine wunderschöne Stadt und ich bin auch wahnsinnig stolz. Wenn ich an der Semperoper vorbeilaufe, die Hofkirche sehe oder die Frauenkirche, fühle ich mich selbst oft wie ein Tourist. Ich zeige auch Freunden gern diese Stadt, denn sie ist wunderschön, aber das ist es vielleicht, dass ich mich trotzdem als Tourist fühle.

Du hast in dem großartigen Film „Der Turm", nach dem Roman von Uwe Tellkamp, mitgespielt. Dieser Roman behandelt den Niedergang der DDR aus der Perspektive der Bildungsbürger und spielt in Dresden. Uwe Tellkamp beschreibt die Jahre von 1982–1989 und dadurch musstest du dich mit dem Thema auseinandersetzen. Hast du es manchmal bedauert, dass du so spät geboren wurdest und diese Schnittstelle zwischen DDR und BRD, die Wiedervereinigung, als Erwachsene nicht erleben durftest?
Ich finde es manchmal tatsächlich schade. Mein Bruder beispielsweise, er ist jetzt 51, hat das damals natürlich alles noch mitbekommen, der kann mitreden, der kann sich ganz anders eine Meinung darüber bilden, der hat einen Teil Geschichte miterlebt und ich halt nicht. Nichtsdestotrotz bin ich natürlich froh, dass ich in dieser Zeit lebe und jetzt die Möglichkeit habe, diese Freiheit

zu genießen, und viele Dinge frei wählen kann. Was ich studiere, wie, wann, wo, mit wem und das alles. Also richtiges Bedauern nicht, aber es bringt einem schon mehr, wenn man ganz andere Erfahrungen gemacht und ein anderes System erlebt hat, als nur auf diese heile, tolle Welt, in der ich aufgewachsen bin, zu schauen.

Eine letzte Frage zu Dresden. Der ganze Dresdner Raum war, das weißt du nicht, aber das wissen deine Eltern, für die ARD und für das ZDF während der Teilung ein Gebiet, wo man diese Fernsehsender nicht empfangen konnte. Da gibt es diese wunderbare Abkürzung „ARD: Alles außer Raum Dresden". Heute sagt man, es gibt in Dresden nur die PEGIDA. Dein Vater ist 2015 auch auf die Straße gegangen und hat dagegen demonstriert. Hast du das Gefühl, dass in Dresden nach wie vor eine Stimmung herrscht, die die PEGIDA begünstigt?

Man könnte jetzt sagen: Stephanie, du bist ja gar nicht so oft da, du kannst es vielleicht gar nicht richtig einschätzen. Du spazierst wahrscheinlich montags nicht gerade da am Schauspielhaus entlang oder am Postplatz … Natürlich kenne ich diese Bilder, es ist wirklich gruselig, wenn du in einem Restaurant sitzt, hast nicht dran gedacht, dass Montag ist, und dann hörst du entsprechende Parolen, aus welchen Ecken und von welchem Standpunkt auch immer. Ich finde es wirklich gruselig.

Bist du ein politischer Mensch?

Ich wünschte, ich hätte mehr fundiertes Wissen und wäre nicht nur populärwissenschaftlich unterwegs. Natürlich habe ich gewisse Haltungen, Normen und Werte und weiß, was für ein gemeinschaftliches Zusammenleben ich für gut befinde und welches nicht.

Das ist die Frage, ob dich das manchmal befremdet, wenn du aus Hamburg oder Berlin zurück nach Dresden kommst und siehst die Demonstrationen?

Total.

Du bist in Dresden eigentlich eine Fremde.

Ich liebe diese Stadt und ich möchte einfach nicht, dass damit was Negatives verbunden oder nach außen getragen wird. Ich finde, das wird dieser tollen historischen Stadt einfach nicht gerecht. Vielleicht bin ich auch einfach total angenervt, dass das immer wieder Thema ist. Ich werde ja auch von vielen angesprochen: Dresden, oh Gott, wie kannst du denn nach Dresden ziehen? Dann sage ich immer: Weil es eine tolle Stadt ist, weil sie viel bietet und dort viele tolle Menschen sind. Aber diese ständige Rechtfertigung nervt mich dermaßen, dass ich das vielleicht nach außen hin auch mal ein wenig ausblende.

„Ein Männlein steht im Walde" ist der zweite Song, den du dir gewünscht hast. Der wird mutmaßlich etwas mit deiner Kindheit zu tun haben.

Nachdem ich bei „Go Trabi Go" und „The Real Voices of Milli Vanilli" nur als Komparsin mitwirken durfte, war „Ein Männlein steht im Walde" mein wirklich erster Fernsehauftritt. Bei Wolfgang Lippert musste ich das Lied am Klavier spielen mit einem Finger. Die Sendung hieß „Glück muss man haben" und damit habe ich meinen Vater überrascht. Da war ich sehr aufgeregt.

Und für uns singt Nena das Lied.

[Lied wird gespielt]

Eine letzte Frage zu „Stubbe". 2014 habt ihr nach 20 Jahren aufgehört und es war euch schon wichtig, dass ihr gemeinsam aufhört, Vater und Tochter. Hast du mal mit dem Gedanken gespielt, früher auszusteigen?

Ja, ich hatte mal so eine rebellische Phase, wo ich gedacht habe, ich muss da raus, ich fühlte mich eingeengt. Ich spürte, dass ich da irgendwie nicht weiterkam, und hatte dann zwischendurch tatsächlich mit dem Gedanken gespielt, eher auszusteigen. Gott sei Dank habe ich das aber nicht gemacht. Es wäre undankbar und totaler Quatsch gewesen, diese Serie zu verlassen, und deswegen bin ich ganz froh, dass wir zusammen aufhören konnten.

Du hast dann, ich hatte es schon erwähnt, im „Turm" mitgespielt. Ein fantastischer Film unter der Regie von Christian Schwochow, ein Großer seines Fachs, mit dem du ja immer wieder drehst. „Pfeiler der Macht" beispielsweise und dann natürlich „Der Alte", diese Serie gibt es seit 1977.
Mit mir seit fünf Jahren.

Nein, aber du bist die erste Ermittlerin in dieser Serie. Susanne Porsche war damals die Produzentin. Wie ist die Zusammenarbeit entstanden, wie kamen sie auf dich?
Das weiß ich gar nicht. Damals wurde ein neues Dresdner „Tatort"-Team gesucht und da haben verschiedene Produktionsfirmen eben auch meinen Namen genannt. Susanne Porsche war dabei, allerdings hat das dann nicht geklappt. Vielleicht haben sie aber gedacht, dann stecken wir sie jetzt einfach in den „Alten" rein. Ich bekam irgendwann einen Anruf, ob ich mir das vorstellen könne, und ich hatte letztendlich gar nicht so viel Zeit, um großartig zu überlegen. Ich weiß, dass sie vorher eigentlich einen Mann gecastet hatten. Meine beiden Kollegen hatten Konstellationscastings mit zig Männern und als dann die Dreharbeiten losgingen, stand ich halt da als Frau. Und ich bin sehr glücklich darüber, in dieser Serie zu sein, eine feste Basis und trotzdem noch genügend Zeit für andere Dinge zu haben. Mittlerweile sind wir schon im fünften Jahr zusammen. Wie die Zeit vergeht! So neu bin ich da also auch nicht mehr und es ist auch schon wieder wie eine Familie. Ich habe die beiden Kollegen wirklich sehr, sehr lieb gewonnen.

Und man muss sagen, bevor du eingestiegen bist in die Serie, hat die Quote ein wenig geschwächelt und kaum warst du drin, war sie wieder bei 5 Millionen Zuschauern. Das ist nicht ohne. Wenn du eine Rolle angeboten bekommst, wie gehst du sie an, hast du eine Strategie?
Das Erstlesen finde ich ganz wichtig. Meistens ist es nicht das ursprüngliche Buch, der Roman, den man zuerst liest, sondern das Drehbuch. Ich versuche aber erst mal, dieses Drehbuch ganz neutral durchzulesen und mir nebenbei Notizen zu machen. Und zwar immer meine ersten Gedanken. Das wirst

du wahrscheinlich auch kennen, man bekommt ein Drehbuch vorgelegt und dann muss man sich entscheiden, ob es etwas für einen ist, ob es einen herausfordert – obwohl es vielleicht auf den ersten Blick gar nichts für einen ist. Ein wichtiger Aspekt, den man auch nicht vergessen darf: Geht das Ganze zeitlich überhaupt? Aber nun ist die Lage der Schauspieler nicht gerade so, dass man irgendwie 50 Drehbücher in der Woche zugeschickt bekommt, also muss man das dann auch schon wirklich zu schätzen wissen, gerade wenn man eine solche Rolle angeboten bekommt.

Hast du manchmal Angst vor der Verantwortung, die so eine Rolle mit sich bringt?
Nein. Gott sei Dank habe ich mittlerweile schon über 20 Jahre Erfahrung. Und ich habe es gelernt, ich habe das studiert. Von daher überwiegt einfach die Spielfreude. Angst habe ich nicht. Es gibt natürlich den einen oder anderen Drehtag oder Kollegen, vor dem ich Respekt habe und wo ich denke, da habe ich jetzt ein bisschen Schiss. Gerade die ersten Drehtage sind immer sehr spannend. Man beäugt sich gegenseitig und guckt, wie ein anderer spielt, wie er die Rolle angelegt hat. Deswegen sind gemeinsame Leseproben manchmal auch nicht ganz verkehrt.

Gab es einen Schauspieler, der eine Gastrolle gespielt hat in „Der Alte", wo du gesagt hast, da habe ich mir was abgeguckt, das hat mich beeindruckt oder gar verblüfft?
Wir haben viele tolle Gastrollen bei uns. Letztens war Golo Euler da, den finde ich total toll und ich schaue ihm wirklich sehr, sehr gerne zu. Wir haben so viele großartige Leute, die bei uns reinschauen, aber nach zwei, drei Drehtagen sind sie schon wieder weg. Und das ist schade.

Da frage ich doch gleich mal nach den „Muschelsuchern". Das war die Verfilmung von Rosamunde Pilcher, in der du mitgespielt hast. Man vergisst immer wieder, dass du eine sehr junge Frau, eine sehr junge Schau-

spielerin bist, die seit ihrem neunten Lebensjahr auf der Bühne, respektive vor der Kamera steht. Gab es da eine Begegnung, bei der du eine Gänsehaut bekommen hast?

Beim Dreh mit Sebastian Koch war ich natürlich schon nervös – und wäre ich wahrscheinlich heute immer noch, denn ich weiß, was er schon alles geleistet hat und was das für ein toller Schauspieler ist. Ich habe ihn sehr gern und auch wirklich ins Herz geschlossen, ein ganz super Kollege. Und bei Vanessa Redgrave wusste ich damals, ich war um die 20, eigentlich erst gar nicht, wen ich da überhaupt vor mir habe. Gott sei Dank vielleicht, denn so war ich total unbefangen. Bei Götz George war ich besonders aufgeregt, denn in den war ich heimlich ein bisschen verliebt mit 15 oder 16. Er hat auch mit meinem Vater gespielt. Er war richtig toll und ich vermisse ihn schon.

Bist du manchmal beschämt, weil du so ein Talent hast, so eine Begabung?

Dessen bin ich mir nicht wirklich bewusst und das würde ich so nie über mich selbst sagen. Ich finde es jetzt sogar etwas beschämend, wenn du das so sagst. Ich habe eher das Gefühl, an allem, was ich mache, muss ich wirklich hart arbeiten und viel dafür tun. Bei Talent denkt man immer, das fällt einem so in den Schoß, aber das Gefühl habe ich nicht.

> **» Ich glaube, bei mir ist es mehr Ehrgeiz als Talent. «**

Du hast vorhin angedeutet, dass der Markt selbst für sehr gute Schauspieler schwierig geworden ist, da der Wettbewerbsdruck hoch ist. Nun hast du schon als junge Frau mit Götz George, Vanessa Redgrave, Maximilian Schell oder Sebastian Koch gedreht. Nicht, dass du es dir nicht erarbeitet hättest, aber ist das auch ein Geschenk?

Es ist tatsächlich ein Geschenk. Allein die Möglichkeit zu haben, mit Götz George zu drehen, verdanke ich Jana Brandt, die auch beim „Turm" mitgemischt hat.

Wenn ein Drehtag zu Ende geht, hören die Aktivitäten nicht auf. Du hast einer Zeitung anvertraut, dass du dann entweder Fitness machst oder dein Russisch aufbesserst. Und ich weiß, dass du sehr musikalisch bist. Du hast ein Klavier zu Hause, eine Gitarre und eine Ukulele. Wie darf ich mir das vorstellen? Du kommst nach Hause und greifst zur Ukulele, bevor du ins Fitnessstudio gehst?

Vorweg muss ich sagen, dass meine Work-Life-Balance komplett gestört ist, das weiß ich. Ich kann sehr schlecht abschalten und kann sehr schlecht Dinge machen, die keinen Mehrwert haben. Wenn ich dann mal denke, entspannen zu müssen, und einen Film oder eine Serie gucke, was alle in meinem Alter anscheinend so tun, dann muss es halt auf Englisch sein, damit ich wenigstens noch ein paar Vokabeln lerne. Zum Sport muss ich mich wirklich überwinden, aber wenn ich in Hamburg bin und um die Alster laufe, entweder vorm Dreh oder danach, das liebe ich und genieße es. Und mit den musikalischen Aktivitäten zu Hause entsteht manchmal auch Druck, das ist nicht alles nur Spaß. Dann ruft auch schon mal der eine oder andere Produzent an, weil ich noch irgendeinen Text abliefern muss. Da sitze ich dann auch manchmal bis in die Nacht dran. Es ist immer was zu tun.

Wie tief du im Musikbusiness drin bist, darüber reden wir gleich. Du hast immerhin einen Song für Helene Fischer geschrieben, komponiert, arrangiert und so weiter. Aber vorher hören wir, wie gewohnt, Rod Stewart. In diesem Song erinnert er sich an eine Jugendliebe und die hieß „Julia".

[Lied wird gespielt]

Jetzt lass uns über Helene Fischer sprechen. Du saßt zu Hause auf dem Sofa, eine Packung Mon Chérie in der Hand, und im Fernsehen hörte man Helene Fischer. Genau da hast du die Entscheidung getroffen, ein Lied für Helene Fischer zu schreiben. Wie ging's dann weiter?

„Stubbe" war vorbei, ich hatte plötzlich unendlich viel Zeit und wusste nicht wirklich, was ich machen sollte, denn es gab gerade nichts zu drehen. Auf der Suche nach neuen Herausforderungen habe ich auch so eine Bucket List gemacht und ganz oben stand, dass ich einen Song für Helene Fischer schreiben will. Ich hatte sie gerade im Fernsehen gesehen bei der Fußballweltmeisterschaft 2014 und fand diese Frau einfach toll. Ich hatte sie schon eine Zeit lang beobachtet, wie sie sich entwickelt hat, wie sie auch durch „Atemlos" zu der geworden ist, die sie heute ist. Diese Entwicklung fand ich so spannend, dass ich gedacht hab', da muss man jetzt dran anknüpfen, dass Schlager eben auch sexy sein können. Also habe ich mich hingesetzt und einfach mal gemacht, hatte ja nix zu verlieren.

> **» Ganz oben auf meiner Bucket List stand, einen Song für Helene Fischer zu schreiben. «**

Nur deine Nichte war eingeweiht?
Genau. Meine Nichte war eingeweiht, ihr habe ich das dann vorher gezeigt, denn sie ist auch ein Helene-Fischer-Fan. Und sie hat immer wieder gefragt, ob ich es eingereicht habe und ob sie es singt. 2014 habe ich den Song geschrieben und 2017, glaube ich, ist er dann rausgekommen. Ich habe mich aber lange nicht getraut, es überhaupt zu zeigen oder vorzuspielen, geschweige denn es einzureichen. Ich dachte halt immer, es ist nicht gut genug, es reicht nicht. Mein damaliger Partner war natürlich auch eingeweiht. Er hatte das ganze technische Equipment und hat sich die Zeit genommen, das Stück mit mir zusammen am Keyboard aufzunehmen und zu arrangieren.

Der Song heißt „Herzbeben". Helene Fischer singt ja viele Songs, die andere geschrieben haben. Beispielsweise stammt „Atemlos" von Kristina Bach. Wie darf man sich die Zusammenarbeit vorstellen?
Es hat letztendlich drei Jahre gedauert. Ich habe den Song dann irgendwann eingereicht und ihn dem Management geschickt, bekam aber kein Feedback. Nachdem wieder ein Jahr vergangen war, habe ich noch mal mit meinem

damaligen Musikmanager darüber gesprochen und wir haben es dann noch einmal aus einer anderen Ecke heraus probiert. In der ganzen Zeit habe ich zig Versionen daraus gemacht, geblieben ist es dann aber bei der ersten Version.

Es war ein Hit auf iTunes.
Nicht nur das.

Die Premiere war auf der Reeperbahn.
Ja. ESC.

Eurovision Song Contest. Du warst Backstage, oder?
Ich war eh in Hamburg, habe Freunde besucht und da habe ich die Gelegenheit natürlich genutzt, mir das mal anzuschauen hinter der Bühne.

Wirst du denn weiter Spuren hinterlassen im Musikgeschäft? Gibt's da Pläne?
Ich schreibe ja immer irgendwie, zum Beispiel für Michelle den Titelsong oder für Bernhard Brink seine aktuelle Single. Im Hintergrund schreibe ich also immer ein bisschen weiter für andere.

Liegt dieser Tätigkeit auch der Wunsch nach Sicherheit zu Grunde? Nach dem Motto: Man weiß ja nicht, wie sich das Schauspielgeschäft so entwickelt?
Nach finanzieller Sicherheit?

Ja. Du bist doch ein Mensch, der Stabilität braucht, oder hast du einfach Spaß daran, das zu machen?
Ich glaube, ich langweile mich einfach schnell und wenn ich meine, das ist jetzt alles erschöpft, dann brauche ich halt was Neues. Ich liebe Herausforderungen. Aber finanzielle Angst habe ich eigentlich nie gehabt. Ich war nie verschwenderisch, habe immer solide gelebt, rauche nicht, habe kein Auto und pflege

insgesamt keinen expansiven Lebensstil. Ich versuche nur auf anderen Wegen, mir eine Marke aufzubauen. Ich habe gemerkt, dass ich schon so lange und fest im Fernsehen etabliert bin, dass ich für niemanden mehr neu bin und dass ich niemanden mehr überrasche, denn ich bin einfach schon da und das ist ziemlich langweilig. Ich würde gern mal ein unbeschriebenes Blatt Papier sein und da war die Musik halt eine gute Chance, dass manche vielleicht fragen: Wieso macht die das? Also mit ein paar Sachen überraschen, die man von mir nicht erwartet hat, um damit eben mal ganz frisch zu sein und neue Leute kennenzulernen. Und jetzt hänge ich einfach mal gern mit Musikern ab, denn die sind sehr inspirierend. Ich brauchte einfach ein wenig neuen Input.

> **» Ich bin schon so lange im Fernsehen, dass ich für niemanden mehr neu bin. Ich würde gern mal ein unbeschriebenes Blatt Papier sein und die Musik war eine gute Chance, mal zu überraschen. «**

Du regst die Fantasie vieler kreativer Produzent:innen an. Sei's früher bei „Stubbe" oder bei „Der Alte" und jetzt in der Musik. Auch der MDR kam irgendwann auf dich zu mit dem Angebot, gemeinsam mit Jörg Pilawa die erfolgreiche Talkshow „Riverboat" zu moderieren.
Das war in der Tat ein krasses Angebot.

Du hast das eine Weile gemeinsam mit Jörg gemacht, aber ihr habt auch gemeinsam wieder aufgehört.
Richtig. Es war ein großer Schritt für mich, zumal ich etwas zugesagt hatte, obwohl ich gar nicht wusste, ob ich das überhaupt kann. Learning by doing, ähnlich wie beim Songschreiben. Aber so eine Chance abzulehnen, wäre einfach doof gewesen. Und abgesehen davon, dass ich mich in einem neuen Feld, der Moderation, ausprobieren kann, wusste ich, dass ich einfach unheimlich viele Menschen kennenlernen würde. Ich habe tatsächlich ganz viele spannende und interessante Menschen kennengelernt, auch welche, die ich immer schon mal

kennenlernen wollte. Und mit Jörg wusste ich, dass ich eine sichere Bank an meiner Seite habe, dass er das Schiff schon gut führen wird. So hatte ich zwei Jahre lang, ich glaube es waren 44 Sendungen à 2 Stunden, die Chance, wertvolle Fernsehminuten zu haben, mich auszuprobieren, und die Leute konnten auch mich näher kennenlernen.

Zu welchem Endergebnis bist du gekommen? War es ein Test, der sich gelohnt hat?

Es hat sich auf alle Fälle gelohnt und es hat unheimlich Spaß gemacht. Es war eine super Zeit, wenn auch sehr stressig, denn es war zeitlich schwierig zu koordinieren mit den Dreharbeiten. Also mit wenig Schlaf und sehr viel Energieverbrauch, allerdings im positiven Sinne, denn ich bin daran gewachsen, habe viel gelernt und konnte in diesen zwei Jahren eine spürbare Entwicklung erfahren, das hat mir ganz viel gebracht.

Ist mein Eindruck richtig, dass du durch dein Leben hetzt?

Ja, vielleicht. Aber für mich sind alle Dinge immer nur Stufen und ich verweile nicht so gerne. Es ist schon ein kleines Wunder, dass ich seit fünf Jahren beim „Alten" bin, und bei „Kaum zu glauben" bin ich nun auch schon im fünften Jahr. Aber das macht mir halt unheimlich viel Spaß.

> » **Vielleicht hetze ich durch mein Leben, aber ich verweile nicht so gerne.** «

Die Quizshow im deutschen Fernsehen, die wir beide zusammen mit Jörg Pilawa, Kai Pflaume und Bernhard Hoëcker machen.

Genau. Da bin ich recht treu, aber manche Dinge sind für mich eben nur Stufen. Und „Riverboat" war eine Stufe zu einer anderen Sendung, die nicht weniger leicht ist – zu „Privatkonzert". Mit Wigald Boning, wieder ein neuer Kollege, macht es aber auch sehr viel Spaß und das ist letztendlich doch eher mein Metier, in dem ich mich wohlfühle, weil es da hauptsächlich um Musik geht.

Das ist das Stichwort. Wir haben noch einen Song offen. Der dritte Song, den du dir ausgesucht hast, ist von Lucilectric „Mädchen". Warum der?
1994 war ich in Zingst zur Kur und da gab es einen Wettbewerb, den ich gewonnen habe, indem ich mit einem anderen Mädchen, das auch dort war, den Song „Mädchen" von Lucilectric dargeboten habe. Der Gewinn war eine Ballonfahrt, die ich natürlich mitgemacht habe. Meine Mutter ist dann mit dem Begleitfahrzeug hinterhergefahren und sie hatte unheimlichen Schiss, dass mir irgendwas passiert. Außerdem bin ich ja auch froh, ein Mädchen zu sein.

[Lied wird gespielt]

Du bist richtig froh, dass du ein Mädchen bist?
Ja. In manchen Dingen haben es die Männer natürlich einfacher, glaube ich, aber ich bin schon froh, dass ich ein Mädchen bin. Allerdings wurde mir irgendwann gesagt, ich hätte zu viele männliche Attribute in mir und ich solle ein bisschen daran arbeiten.

Wer sagt denn so was?
Das hat eine Hexe gesagt. Keine Angst, ich gehe nicht zu Hexen, aber die haben wir erraten in unserer Sendung „Kaum zu glauben", und mit der habe ich mich unterhalten und sie sieht, wahrscheinlich durch diese Karriereorientiertheit und dieses Fokussierte, dass da sehr viele männliche Attribute in mir sind, und ich solle mehr die Frau in mir sprechen lassen.

Und setzt du diesen Hexenrat jetzt um?
Ich trage seit gestern nur noch Kleider und versuche, in Gesprächen mit Männern nicht ganz so fordernd und straight rüberzukommen.

Als du eben über „Privatkonzert" gesprochen hast, die Musikshow, die du mit Wigald Boning machst und die im Grunde entstanden ist aus „Riverboat", da hast du beiläufig gesagt, dass Musik dein Thema ist. Bist du eine

Musikerin, die nebenher ein bisschen schauspielert, oder eher eine Schauspielerin, die nebenher ein bisschen Musik macht? Wo ist die Priorität?

Schauspiel ist definitiv das, wo ich mich wohlfühle, wo ich mich viel mehr traue. Bei der Musik habe ich schon auch ein klares Bild, zumindest wenn ich für andere schreibe. Aber wenn es darum geht, was eigenes Musikalisches zu machen, auch wenn ich alle Möglichkeiten, auch vertraglich, habe, so drücke ich mich seit über einem Jahrzehnt davor, mal konkret was an den Start zu bringen. Da bin ich wieder extrem unsicher, trotz des roten Teppichs, der immer ausgerollt wird. Vor der Musik und vor Musikern habe ich echt Respekt und ich glaube wirklich, da bin ich noch nicht gut genug. Beim Schauspiel kenne ich meine Schwächen, aber ich weiß auch, wo meine Stärken liegen, und das kann ich halt bei der Musik noch nicht richtig einschätzen.

Du hast seit vielen Jahren einen Plattenvertrag mit Universal.

Auch die Geschichte um diesen Plattenvertrag würde den Rahmen dieser Sendung sprengen. Ich sag nur so viel: Alles begann mit einer falschen SMS und am Ende kam ein Plattenvertrag dabei raus. Ein Plattenvertrag stand auch auf meiner Bucket List. Ich habe mir immer gewünscht, einmal in meinem Leben möchte ich einen Plattenvertrag haben. Einfach so aus Spaß und das ist der eigentliche Grund. Dass ich den wirklich bekommen habe, damit war ich komplett überfordert. Plötzlich waren sogar mehrere Plattenfirmen im Spiel und ich dachte, was ist denn jetzt los? Eigentlich wollte ich nur mal zum „Echo" eingeladen werden und ich wollte unbedingt einen Musiker als Freund haben. Den hatte ich dann auch recht schnell und ich dachte, wenn ich zum „Echo" will und dafür halt einen Vertrag unterschreiben muss, um eingeladen zu werden, dann mache ich das eben mal. Dann hatte ich aber den Freund und damit war der Ehrgeiz, den Vertrag zu erfüllen, etwas nach hinten gerutscht.

Das ist natürlich nicht der normale Weg – du gehst das Ganze also spielerisch an?

Geplant, spielerisch, strategisch.

Und das nicht ohne Erfolg. Du sprichst immer wieder von der Bucket List. Ich würde eher sagen Wunschliste. Was steht auf der Wunschliste von Stephanie Stumph, die so viel erreicht hat in so wenigen Lebensjahren?
Also ganz oben steht jetzt, ein Album zu machen. Irgendwie, irgendwas unter einem Pseudonym. Ob die Welt das braucht? Keine Ahnung, aber es steht oben auf meiner Liste.

Auch selbst schreiben? Selbst singen tun alle.
Alles, genau. Und das mit den Teams, mit denen ich in der letzten Zeit viel zusammen gemacht habe, denn daran habe ich einfach Spaß und ich glaube, das eine oder andere könnte auch richtig gut werden. Das steht also ganz oben und dann möchte ich unbedingt gern noch mal mit Christian Schwochow drehen.

Das wäre dann ein drittes Mal. Der Regisseur, der im Moment zu den Top 3 gehört in Deutschland.
Genau. International eben auch. Auf jeden Fall will ich auch noch mal mit Maximilian Brückner und Hinnerk Schönemann drehen, und mit Devid Striesow, mit dem ich jetzt gerade vor der Kamera stehen durfte für einen Kinderkinofilm. Also da hätte ich total Bock drauf. Und ich würde gern, dieses unbeschriebene Blatt lässt mich einfach nicht los, irgendwie im europäischen Ausland, vielleicht Frankreich, was Kleines drehen. Das muss man hier auch gar nicht mitbekommen, einfach um neue, andere Eindrücke zu bekommen, wie man dort arbeitet. Das ist aber sauschwer und auch leicht utopisch, aber ein Song für Helene Fischer war utopischer.

> **» Schauspiel ist definitiv das, wo ich mich wohlfühle, wo ich mich viel mehr traue. «**

Aber noch mal die Frage, ob du nicht sehr gehetzt durch dein Leben gehst.
Jetzt, wo du es noch mal so deutlich sagst, fällt es mir schon auf. Ich meine, ich muss auch gleich wieder zum Zug, dann geht's zur Kostümprobe.

Aber mit Spaß!

Mit viel Spaß! Aber das ist natürlich kein Tempo, das man ein Leben lang oder über viele Jahre durchziehen kann. Das mache ich jetzt, wo ich jung bin und wo kein Mensch auf mich wartet. Wo ich einfach nur gucken muss, dass ich meine Basis im Blick habe, in trockenen Tüchern sozusagen, und ich mich irgendwann glücklich meinem Familienleben widmen kann.

Das führt mich zu meiner letzten Frage zu deiner Wunschliste. Gibt es einen persönlichen Wunsch auf dieser Liste?

Doch natürlich, aber das Blöde ist, dass man persönliche Wünsche weniger gezielt planen kann als berufliche. Ich könnte beispielsweise extrem viel Französisch lernen oder ich kann bestimmte Skills an mir verbessern, um meine beruflichen Ziele zu erreichen. Natürlich kann ich auch an mir persönlich arbeiten, meine guten Charaktereigenschaften ausbauen und ganz vorn anstellen, damit man in Zukunft in mir eine gute Partnerin hat, mit der man gut zusammenleben kann, mit der ich auch selbst gut zusammenleben möchte. Ich traue mich aber nicht, das überhaupt auf die Liste zu schreiben, weil das so unplanbar ist. Und das weißt du ja selbst, Hubertus.

Ja, das weiß ich!

Die Liebesdinge, sie sind unberechenbar.

Liebe Stephanie, schön, dass du meine Einladung angenommen hast. Und jetzt stürmst du zum Zug nach Dresden und wir winken dir hinterher.

Danke, Hubertus, aber vorher wirst du noch mal ganz doll gedrückt. So viel Zeit muss sein.

Insa Thiele-Eich

Wenn man Insa Thiele-Eich an einem Montag anruft, kann sie nicht ans Telefon kommen, weil sie gerade einen Kindergeburtstag ausrichtet. Wenn man sie am darauffolgenden Mittwoch anruft, kann sie nicht ans Telefon kommen, weil sie im Zuge ihres Trainings gerade tief unten in einer Höhle ist. Das gehört also auch zur Ausbildung einer angehenden Astronautin. Sie ist studierte Meteorologin, hat sich wissenschaftlich mit den Auswirkungen des Klimawandels auf Bangladesch befasst, ist Ehefrau, Mutter vierer Kinder und eine der humorvollsten Gäste, die je meine Einladung zu den FRAUENGESCHICHTEN angenommen haben.

Sie stammt aus einer Astronautenfamilie – ihr Vater Gerhard Thiele war bereits im Februar 2000 im All – und sie zögert keine Sekunde, ihre Kinder mit Pyjamas auszustatten, die mit Sonne, Mond und Sternen verziert sind. Im Grunde ist sie der Kopf einer Astronautendynastie und ich bin wahnsinnig stolz, dass ich sie damals im Funkhaus des NDR in Hannover treffen durfte.

Ich freue mich sehr! Heute zu Gast bei Meyer-Burckhardts Frauengeschichten: Insa Thiele-Eich, herzlich willkommen!
Hallo!

Ein besonderer Besuch insofern, dass Sie nicht allein gekommen sind. Sie sind mit Ihrem Baby gekommen, das hier im Nebenraum hoffentlich schläft.

Richtig, meine Freundin geht gerade mit ihm im schönen NDR-Innenhofgarten spazieren.

Wie ist es bestellt mit der Vereinbarkeit von Beruf und Familie als Astronautin? Sie sind ja von Berufs wegen häufig auf längeren Dienstreisen.

Das stimmt. Aber nicht nur als Astronautin, gerade komme ich von einer Dienstreise, die ich für die Universität unternommen habe. Das wechselt sich ab, aber wie so vieles im Leben ist es anstrengend, aber machbar. Aktuell zahnt der Kleine, der Vortrag möchte aber trotzdem gehalten werden, das Interview gegeben und die Bahnfahrt danach dauert auch fünf Stunden. Einfach ist das nicht immer, meistens bin ich aber sehr dankbar, dass ich so flexibel sein kann. Ich probiere, mir solche Situationen immer ein bisschen schön zu machen: Meine Freundin habe ich schon lange nicht gesehen und jetzt haben wir nachher noch ein bisschen Zeit zusammen, bevor wir in unsere jeweiligen Heimatstädte fahren.

Frau Thiele-Eich, Sie zahnten sozusagen in Heidelberg. Dort sind Sie geboren und verbrachten die ersten zwei Jahre, bevor es nach Amerika ging. Haben Sie so etwas wie ein Heimatgefühl?

Mit dem Heimatgefühl ist es vielleicht tatsächlich ein bisschen so wie mit dem Zahnen: Man zahnt ja mehrfach und Weisheitszähne bekommt man auch noch. Das war bei mir aber immer woanders. Durch die langen Auslandsaufenthalte ist mein Heimatgefühl mit verschiedenen Orten verbunden, vielleicht sogar eher mit unterschiedlichen Gerüchen oder anderen Sinneswahrnehmungen. Nicht spezifisch auf einen bestimmten Stadtteil oder auf einen Postleitzahlbereich ausgelegt, sondern der deutsche Wald zum Beispiel, an einem Herbsttag, wenn es vorher geregnet hat – diesen Geruch, der da entsteht, das hat man in Texas nicht. Das hat man bei uns im Siebengebirge, in so bestimmten Ecken, das ist für mich Heimat. Oder Momente mit Freunden, die man lange nicht gesehen hat, wenn man sich dann trifft und einfach ganz entspannt ist, weil sie einen schon so lange kennen und sie genau wissen, wie man eigentlich ist – das ist für mich Heimat. Aber es ist nicht einzeln verknüpft mit einem Standpunkt, wo ich vielleicht mal einen Zahn bekommen habe oder auch nicht.

> **» Durch die langen Auslandsaufenthalte ist mein Heimatgefühl mit verschiedenen Orten verbunden. «**

Ihr Vater, der Astronaut Gerhard Thiele, hat auf einer längeren Mission die Erde kartografiert. Mit ihm, mit Ihrer ganzen Familie waren Sie in Houston, Texas, und sind dort für einige Jahre aufgewachsen. Hat Texas so einen Geruch, der für Sie zumindest ein bisschen Heimat bedeutet?
Definitiv. Texas hat nicht nur sehr hohe Temperaturen, sondern vor allen Dingen eine sehr hohe Luftfeuchtigkeit. Es ist ein ganz spezieller Effekt – wenn man beispielsweise im Auto sitzt und man macht die Tür auf, bricht einem sofort der Schweiß aus. Man fährt auch deshalb überall mit dem Auto hin, weil es nicht möglich ist, mal kurz mit dem Fahrrad um die Ecke zum Supermarkt zu fahren, denn danach wäre man klitschnass. Gleichzeitig braucht man für die Klimaanlagen, die überall auf Hochtouren laufen, oft einen Pulli. Diese spezielle klimatische Situation lässt auch wieder Gerüche entstehen, die ich tatsächlich irgendwie mit Heimat verbinde. Oder auch die teilweise sehr gewaltige Natur in den USA.

Meine Eltern haben viele Ausflüge mit uns in die vielen State Parks unternommen. Meistens waren diese Touren von meiner Mutter initiiert, denn sie sagte, wenn wir schon hier drüben sein müssen, in der Hölle quasi, also in der Luftfeuchtigkeitshölle, dann wollen wir wenigstens auch etwas davon sehen. Da laufen dann im Park Alligatoren herum oder Gürteltiere und Schildkröten lassen sich in der freien Natur beobachten. Auch die vielen Nationalparks in den USA haben wir oft besucht.

Sie haben in einer Community gelebt, in der auch andere Astronautinnen und Astronauten mit ihren Familien zu Hause waren. Wann keimte der Gedanke in Ihnen auf, selbst Astronautin zu werden?

Mein Vater und ich haben mal versucht, zu rekonstruieren, ab wann ich nicht nur Interesse am Weltall allgemein hatte, sondern konkret diesen Beruf ergreifen wollte. Das muss so mit 16 gewesen sein, denn da hatte er schon zwei, drei Jahre in Houston trainiert. Er war vorher auch schon mal ein Jahr dort, da war ich in der vierten Klasse und habe natürlich viel mitbekommen, aber es war damals definitiv noch kein konkreter Berufswunsch meinerseits. Erst mit 16 habe ich wohl mal geäußert, dass ich das mal werden möchte. Ich weiß noch, dass ich mich damals auch konkreter informiert habe, wie man überhaupt Astronautin wird. In Amerika führt der Weg allerdings oft über das Militär, aber das dürfte ich als deutsche Staatsbürgerin natürlich gar nicht. Also habe ich geschaut, wie ich vielleicht irgendwie die amerikanische Staatsbürgerschaft kriegen kann, um zum Beispiel zur Coast Guard zu gehen. Darüber habe ich auch mit anderen Astronautinnen und Astronauten gesprochen die dort waren, das weiß ich noch sehr genau. Aber ich habe mich dann entschlossen, in Deutschland zu studieren, allein schon aus finanziellen Gründen: In den USA ist Bildung einfach unverschämt teuer. Das sind sechsstellige Beträge, die man dafür berappen muss, und als Europäerin hätte ich nur sehr geringe Möglichkeiten auf finanzielle Unterstützung durch Stipendien, deshalb war ganz klar: Warum in den USA studieren, wenn es in Deutschland kostenlose Bildung gibt? Damals war das jedenfalls so und dafür bin ich auch sehr dankbar. Deshalb bin ich mit 17 allein wieder zurück nach Deutschland gezogen, während meine Eltern noch in den USA geblieben sind.

Ihr Vater hat jahrelang auf einen Flug gewartet. Wie darf man sich dieses Warten vorstellen? War das ein Vater, der dann auch mal unter Anspannung stand, oder war er vielleicht enttäuscht, dass er nicht in eine bestimmte Mannschaft aufgenommen wurde und wieder nur Ersatzmann war?

Damals als Kind habe ich das gar nicht mitbekommen, dass das so ein Warten war, überhaupt nicht. Es war klar, Papa ist Astronaut, der damals für die D-2-Mission trainiert hat, und ich wusste ehrlich gesagt auch gar nicht so genau, was er da macht. Bei unserem zweiten Aufenthalt in Houston war ich schon älter und habe sehr viel näher mitbekommen, wie sein Training aussieht, aber auch da war das Thema „Mission Assignment" zu Hause nicht sehr präsent. Wir haben uns aber natürlich alle gefreut, als dann klar war: Papa darf ins All fliegen. Jetzt im Rückblick, wir haben gemeinsam ein Buch geschrieben, haben wir viel über diese Jahre gesprochen und festgestellt, dass es sehr interessant ist, wie unterschiedlich die Wahrnehmung derselben Situation von Vater und Tochter jeweils sein kann. Das ist eine sehr freundliche Umschreibung für das, was manchmal passiert ist bei uns.

> **» Ich wusste früher ehrlich gesagt gar nicht, was Papa da so macht. Mit 16 wollte ich dann auch Astronautin werden. «**

Inwiefern?
Zum Beispiel hatte er vor seinem Flug die grandiose Idee, dass man quasi als letzte Aktivität – potenziell letzte, denn es könnte ja etwas schiefgehen – noch einmal was Besonderes mit jedem Kind macht. Mit mir ist er dann ins Kino gegangen, wir haben einen Film gesehen und als Dank habe ich das Ganze erst mal komplett verdrängt. Ich kann mich weder an den Film noch an irgendetwas anderes von diesem Tag erinnern, weiß aber noch, wie absurd mir diese Situation insgesamt vorkam: Eigentlich hat er nämlich nie was allein mit mir gemacht, nie. Wir waren vier Kinder und die Familie hat am Wochenende immer was zusammen gemacht, zumindest in Teilen. Rückblickend hatte es vielleicht auch etwas Hilfloses, in jedem Fall würde ich das mit meinen Kindern so nicht machen. Ich würde das Thema potenzieller Tod anders angehen. Darum ging's ja auch eigentlich. Es war interessant, später noch einmal darüber zu reden und zu sehen, wie wichtig das für ihn war und dass ich das so komplett ausgeblen-

det habe, mich nicht mal dran erinnern konnte. Andererseits mussten wir von der NASA aus der Crew ein besonderes Geschenk machen, das sie dann im Weltall auspacken durften. Es war schließlich ein besonderer Moment und die Amerikaner gehen mit so was sehr speziell um. Das Geschenk durfte aber nur 10 x 10 cm groß sein und nur 10 g wiegen. Jetzt finden Sie mal mit 16, in der Pubertät, solch ein Geschenk für Ihren Vater, das diesem besonderen Moment gerecht wird. Das hat mich wochenlang wach gehalten.

Zu welchem Ergebnis sind Sie gekommen?
Mit meinen Geschwistern zusammen haben wir einen Kalender gebastelt, sodass er jeden Tag etwas von uns öffnen durfte. Mein Vater spielt Klarinette, ich Harfe und wir wollten eigentlich mal ein Duett spielen. Ich hatte dafür Noten gekauft und diesen Kassenzettel habe ich ihm an einem Tag eingeklebt – mein Geschenk durfte ja nur 10 g wiegen. Letztendlich haben wir dieses Duett nie zusammen gespielt, haben nie dafür geübt. Noch heute zucke ich manchmal zusammen, wenn ich meine Harfe anschaue und daran denke, dass wir da noch einen Gutschein offen haben – und wie ich mit dem Kino hatte er daran null Erinnerung, weiß es gar nicht mehr, aber hat sich natürlich sehr über den Kalender allgemein gefreut. Das finde ich superspannend – so unterschiedlich sind also die Erinnerungen der gleichen Situation!

Sie erwähnten eben fast beiläufig die Gefahr, die mit diesem Beruf verknüpft ist und die Sie selbst als junges Mädchen schon wahrgenommen haben. Sie haben damals auch den Sohn von Laurel Clark, der Astronautin, die tragischerweise mit dem Columbia Shuttle ums Leben gekommen ist, beaufsichtigt. Können Sie diese Gefahr, auch im Blick auf Ihre Familie, völlig ausblenden?
Überhaupt nicht. Ich glaube, es wäre auch gefährlich, wenn man Gefahren ausblendet. Ein großer Teil vom Menschsein bedeutet auch, dass man mit den eigenen Emotionen lebt, damit umgeht und sie nicht einfach wegsperrt. Besonders bei den Themen Gefahr und Angst, die gerade auch Kinder kennen, wäre

es absolut verkehrt, wenn ich sagen würde, da reden wir nicht drüber, oder ich verspreche, dass ich wiederkomme. Das kann ich nicht versprechen. Ich denke, dass die Kinder das auch merken würden, wenn ich nicht authentisch bin. Deswegen reden wir bei uns zu Hause auch darüber, dass etwas passieren kann – aber ich habe ja auch ohne Flug ins All keine Garantie, dass ich eine alte runzlige Ururoma werde, die gemeinsam mit ihrem Mann ihre Kinder aufwachsen sieht. Bezogen auf die Gefahren speziell in der Raumfahrt ist ein großer Vorteil für meine Kinder sicherlich, dass ihr Opa auch Astronaut ist und heile zurückgekommen ist.

> **» Es wäre auch gefährlich,
> wenn man Gefahren ausblendet. «**

Das baut Vertrauen auf.

Genau. Dieses Grundvertrauen, dass es prinzipiell erst mal keine total bescheuerte Idee ist, ins All zu fliegen. Ich glaube, das ist jetzt in meinem ganz persönlichen Fall sehr wichtig. Natürlich wissen die Kinder, dass etwas schiefgehen kann. Der beste Freund meines Vaters war auch auf der Columbia. Das hat uns alle geprägt. Wir alle, auch meine Geschwister, reisen immer noch zu den Gräbern, wir werden immer noch zu den Gedenkveranstaltungen eingeladen und sind weiterhin mit den Familien in Kontakt. Aber auch ohne Raumfahrt vermitteln mein Mann und ich beide sehr bewusst, dass der Tod mit zum Leben gehört. Ich fotografiere zum Beispiel für einen Verein ehrenamtlich Sternenkinder – also Babys, die im Mutterleib oder direkt nach der Geburt verstorben sind. Unsere Kinder wissen, dass ich das mache, und stellen dazu viele Fragen. Sie wissen also, dass man nicht unbedingt nur im Alter stirbt, sondern auch ganz jung sterben kann. Selbstverständlich gibt es dann auch eine kleine Lektion zum Thema „Wahrscheinlichkeit" (da kommt mein Vater in mir durch) und dass es sehr viel wahrscheinlicher ist, einen natürlichen Tod im Alter zu sterben. Aber als Eltern zu versprechen, dass wir immer da sein werden, das können mein Mann und ich beide nicht.

Der erste deutsche Astronaut im All war 1978 Sigmund Jähn. Die erste Frau im All war in den sechziger Jahren die Russin Valentina Tereschkowa. Wie viele Frauen aus Deutschland sind seitdem ins All geflogen?
Null.

Warum ist das so? In Amerika beispielsweise ist die Zahl der Frauen, die sich für diesen Beruf interessieren und die auch schon im All gewesen sind, recht hoch.
Ja, vor allem die letzten Auswahlen waren (nahezu) paritätisch, ohne dass es eine gezielte Quote gab.

Woran liegt's?

Woran das in Deutschland liegt? Es gab tatsächlich damals in den Achtzigern bei der D-2-Mission gemeinsam mit meinem Vater zwei Raumfahrtanwärterinnen. Es wurden seinerzeit insgesamt fünf Raumfahrtanwärter und -anwärterinnen ausgesucht: Heike Walpot, Renate Brümmer, Hans Schlegel, Ulrich Walter und mein Vater. Für die D-2-Mission wurden damals Hans Schlegel und Ulrich Walter ausgewählt und es sollte dann noch D-3, D-4, D-5 usw. geben. Diese Missionen wurden allerdings nicht mehr realisiert, da das Budget dafür gekürzt wurde, und so wussten halt mein Vater und die beiden Frauen nicht, was jetzt mit ihnen passiert. Sie waren trainiert, sie waren bereit für Missionen, aber es war nicht klar, wann sie fliegen. Das war 1991 und erst 1996 wurde mein Vater dann in das ESA-Korps aufgenommen. Fünf Jahre, eine lange Zeit für Astronautinnen und Astronauten, die ja vorher schon interessante Berufe ausgeübt haben. Renate Brümmer war, wie ich, Meteorologin, Heike Walpot ist Ärztin, Pilotin bei der Lufthansa und Olympiasiegerin. Im Prinzip alles Menschen, die nicht prädestiniert sind, fünf Jahre rumzusitzen und zu warten. Vielleicht gab es auch noch andere Gründe, wieso sie ausgetreten sind, das weiß ich tatsächlich nicht. 2008 hat die europäische Weltraumorganisation ESA dann noch mal eine europaweite Auswahl gestartet, bei der eine Italienerin ausgewählt wurde. Seitdem gab es bis zum Frühjahr 2021 keine Möglichkeit mehr, sich bei der ESA zu bewerben, und damit auch keine Möglichkeit für deutsche Frauen, ins All zu kommen. Bis 2017 unsere Initiative „Die Astronautin" daherkam. Das ist ein privates deutsches Raumfahrtprogramm mit dem Ziel, die erste deutsche Frau auf einem Kurzflug zur Internationalen Raumstation ISS ins All zu schicken. Das Programm wurde von der Raumfahrtingenieurin Claudia Kessler ins Leben gerufen und es wurden deutschlandweit Frauen aufgerufen, sich für eine Wissenschaftsmission zur ISS zu bewerben. Die Auswahl wurde wie auch die ESA-Auswahlen durch das Deutsche Luft- und Raumfahrtzentrum begleitet. Eine fertige Finanzierung für die letztendliche Mission seitens der Bundesregierung gab (und gibt) es aber nicht.

Wie viele Frauen haben sich beworben?
409.

Ich glaube, diese Zahl wurde dann gekürzt auf 120.
Genau. Nach Sichtung der Bewerbungsunterlagen waren wir noch 120, dann kam ein sehr ausführlicher medizinischer Fragenkatalog über 20 Seiten und wir waren noch 90, die zu den ersten Tests eingeladen wurden: Da ging's um die kognitive Leistung, um Mathe, Englisch und Physik. 30 Kandidatinnen kamen in die nächste Runde zu den gruppenpsychologischen Assessment-Tests, danach waren wir acht. Die flugmedizinische Prüfung vor einem internationalen Board haben dann noch sechs von uns bestanden. Zwei von uns wurden durch ein Auswahlkomitee für das erste Training ausgesucht, eine fliegt zuerst, die zweite soll dann auf der nächsten Mission starten.

> » Es haben sich 409 Frauen beworben.
> Zwei von uns wurden schließlich für das
> Training ausgesucht. «

Das heißt, die Wahrscheinlichkeit, dass Sie jetzt fliegen, liegt bei 99,9 %.
Das wäre schön! Tatsächlich bin ich sehr optimistisch, wenn wir auch immer

noch an der Finanzierung der ersten Mission arbeiten. Die Wahrscheinlichkeit, dass ich fliegen könnte, ist aber tatsächlich zumindest größer als noch vor zehn Jahren. Und durch meinen Vater bin ich das lange Warten auch gewohnt.

Sie fliegen zur ISS. Was ist die ISS genau? Bringen Sie mich mal ein bisschen auf Stand. Die Abkürzung steht für?
Die Abkürzung steht für „International Space Station". Das ist die internationale Raumstation, die gemeinsam von vielen Raumfahrtnationen gegründet wurde und betrieben wird. Russland ist dabei, Japan, Kanada, Europa über die ESA und die Vereinigten Staaten von Amerika natürlich. Alle Mitgliedstaaten steuern unterschiedliche Komponenten bei, zum Beispiel kommt das Kolumbusmodul aus Europa. Darin wird sehr viel Wissenschaft betrieben, auch von der NASA, es wird also mit den Partnern geteilt und es gibt klare Regeln. Zum Beispiel nutzen europäische Astronautinnen und Astronauten, die auf der Raumstation sind, ca. 8 % ihrer Zeit für Europa und für die eigene Wissenschaft in dem Modul, den Rest der Zeit wird für andere Partner gearbeitet, insbesondere was den Erhalt der Raumstation angeht.

Das wird festgelegt?
Natürlich, es sind ja Deutsche dabei und da wird alles geregelt. Da gibt es Normen und Prozeduren für alles.

Ich hab's befürchtet. Aber der Flug an sich ist kein geldwerter Vorteil, den man später versteuern muss, weil er von anderen bezahlt wird?
Wahrscheinlich hat das in Deutschland nur noch kein Finanzamt gemerkt – wobei wir, Spaß beiseite, tatsächlich bei meinem Training schon aus genau diesem Grund die Kostenübernahme meines Flugscheins sehr genau begründen mussten. Natürlich gibt es sehr viele Regeln und Prozeduren, was ja auch sinnvoll ist, wenn so viele Staaten an einer Sache mitarbeiten. Es ist jedenfalls ein sehr schönes Projekt, wie ich finde, denn es ist eines der wenigen Wissenschaftsprojekte, wo wirklich international zusammengearbeitet wird. Und

dann noch bei einer so emotionalen Sache wie der Raumfahrt! Es gibt große Fangemeinden in allen Nationen und insgesamt einfach viel Begeisterung, weil es ja auch um den menschlichen Entdeckungsdrang geht. Es ist schade, dass zum Beispiel China und Indien nicht dabei sind, aber die haben halt ihr eigenes Programm.

Unserem guten Brauch folgend, dass sich jeder Gast drei Songs mitbringt, ist Ihr erster Wunsch, liebe Frau Thiele-Eich, „Lemon tree" von „Fool's Garden". Warum?
Ich habe mich an die USA erinnert, als mein Vater im Training war und geflogen ist, zwischen 1996 und 2000 etwa, da lief das Lied oft bei uns. Deswegen fiel es mir als Erstes ein.

[Lied wird gespielt]

Wie lange dauert eigentlich der Flug zur ISS?
Das hängt immer davon ab, wo die Raumstation im Verhältnis zum Launch Pad gerade ist. Man kann es recht zügig in ca. sechs Stunden schaffen, das Andocken kommt dann noch hinzu. Bei Alexander Gerst dauerte es bei seinem letzten Start allerdings sehr viel länger, 36 Stunden.

Warum wartet man nicht, bis sie wieder möglichst nah ist? Man würde doch enorm viel Energie sparen.
So, wie ich es gelesen habe, hätte man die Raumstation in einen anderen Orbit bringen müssen, was auch viel Treibstoff kostet, also Geld und auch Zeit. Da ist dann der Komfort der Crew schon mal zweitrangig.

Wie lange werden Sie auf der ISS sein, wie lange sind Sie insgesamt unterwegs?
Im Moment ist das Ziel, 10 bis 14 Tage auf der Raumstation selbst zu sein. Eine Wissenschaftsmission braucht auch gar nicht so viel mehr Zeit. Die Shuttle-

mission von meinem Vater dauerte elf Tage, da kann man schon ordentlich viel leisten, wenn man sich nur auf die Wissenschaft konzentriert. Wir sind tatsächlich nicht dazu ausgebildet, auf der Raumstation auch Maintenance, also Reparaturen oder Instandhaltungen, durchzuführen. Dafür muss man tatsächlich Berufsastronautin bei der ESA oder bei der NASA sein. Wir sind reine Wissenschaftsastronautinnen.

Sie gelten als kommerzielle Astronautin. Warum wird da dieser Unterschied gemacht?

Kommerziell in dem Sinne, wie auch das NASA Commercial Crew Program in den USA kommerziell ist. In Deutschland zahlen wir etwa 1,3 Milliarden Steuergelder pro Jahr an die europäische Weltraumagentur ESA. Davon fließt ein Teil in die astronautische Raumfahrt und darüber wird dann das astronautische Raumfahrtprogramm unterhalten und bezahlt. Wir direkt erhalten momentan keinen Zuschuss aus Steuergeldern und keine Unterstützung aus der Politik. Noch nicht, vielleicht kommt das irgendwann, und deswegen sind wir einfach privat, unabhängig, kommerziell, man kann sich aussuchen, wie man es nennen möchte. Wir sagen gerne unabhängig, kommerziell hat so einen leichten „Wir übernehmen die Weltherrschaft und werden reich davon"-Charakter, was wir definitiv nicht anstreben.

In den USA ist es ähnlich, das Unternehmen Space X, dass mittlerweile sehr erfolgreich wieder Menschen von amerikanischem Boden aus in die Erdumlaufbahn bringt, gehört nicht zur NASA, hat aber auch sehr viele Steuergelder erhalten. Eine staatliche Finanzierung kann also auch bei „Commercial space flight" möglich sein.

Das Ganze kostet wie viel?

Wenn wir es wirklich schaffen, in den USA zu starten, kostet uns das ungefähr 40 Millionen Euro.

Und das Geld ist da?

Noch nicht alles. Wir streben gerade ein Modell an, bei dem die Startkosten von der Bundesregierung kommen sollen. Wir würden dann die restlichen Kosten (Training, Gehälter etc.) übernehmen. Das ist gerade im Gespräch, aber die Planungen sind noch nicht abgeschlossen.

Wenn Sie zehn bis zwölf Tage dort oben sind, wie sieht Ihr Tagesablauf aus? Sie sind ja aus rein wissenschaftlichen Gründen dabei, befürchten Sie deshalb, dass es Momente der Langeweile gibt?

Nein, das glaube ich nicht. Es ist alles exakt durchgeplant und es gibt eine Art Tabelle, in der alle Crewmitglieder aufgelistet sind und was sie, auf fünf Minuten runtergebrochen, gerade tun. Das kann vom Boden aus beobachtet werden, es gibt sogar Kameras auf der Raumstation, die halt auch in den Raum reingerichtet sind. Man kann sie zwar wegdrehen, aber das macht man natürlich eher nicht. Das heißt, der Druck ist natürlich noch mal viel höher, wenn ich zum Beispiel spät dran bin mit einem Experiment oder die Pause ein bisschen verlängern möchte, das geht einfach nicht.

Wenn Sie zu lange Pause machen, gibt's einen Anpfiff von unten?

Ich weiß nicht, wie streng es tatsächlich ist. Aber da es in Fünf-Minuten-Segmente aufgeteilt ist, glaube ich schon, dass da relativ schnell nachgefasst wird. Zwölf Stunden am Tag werden verplant und dieser hohe Grad an Fremdbestimmung durch diesen getakteten Arbeitsalltag ist nicht ganz ohne für die Astronautinnen und Astronauten, die – zumindest wie ich sie kennengelernt habe – gerne sehr selbstbestimmt sind. Man hat tatsächlich auch festgestellt, dass es psychologisch nicht so günstig ist, die komplette Zeit fremdzubestimmen und fest in den Kalender zu setzen, deshalb gibt es in den zwölf durchgeplanten Stunden immer Slots, da muss man pünktlich sein, da kann man nicht einfach sagen, man kommt zehn Minuten später angeflogen. Bei anderen Dingen darf man dafür selbst entscheiden, wann man sie erledigt, ob ich beispielsweise morgens Sport mache oder abends, ob ich morgens länger frühstücke oder mich abends länger beim Abendessen aufhalte. Das geht schon.

Nun sind Sie nicht nur ein Rädchen im Mechanismus, sondern ein Mensch, der Emotionen hat und viele besondere Eindrücke verarbeiten muss. Wie gehen Sie damit um?

Gerade bei so einer Kurzzeitmission ist es sicher eine Kunst, dass man lernt, innezuhalten und diese besonderen Momente festzuhalten. So ist es auch im Training. Ich bringe morgens die Kinder weg, bin dann in der Uni mit vielen Meetings, muss vielleicht noch einen Antrag vorbereiten usw., und dann ist es vier Uhr. Ich hole die Kinder ab, verbringe etwas Zeit mit ihnen, die Babysitterin kommt und ich muss zum Flugplatz, weil ich meinen Flugschein mache – oder eher: Ich darf zum Flugplatz! Da muss ich mir schon oft sehr aktiv sagen: Moment mal, halt mal inne und merke, was du wirklich gerade machst. Du darfst gerade eine kleine Cessna fliegen! Genieße das, spür das auf der Haut, wie fühlt sich das an, wenn man abends in der Dämmerung in so eine Maschine steigt? Das muss ich mir bewusst machen, weil mir sonst auch total viel flöten geht an Erfahrung und an Freude in so einem stressigen Alltag.

> » Moment mal, halt mal inne und merke, was du wirklich gerade machst. «

Das müssen Sie mir genauer erklären: Wie hilft das Fliegen einer Cessna in Vorbereitung auf einen Flug mit der Sojus?

Die Sojus oder auch andere Kapseln, mit denen wir zur Raumstation fliegen, steuern wir im Idealfall nicht selbst. Sie sind alle komplett automatisiert und nur im absoluten Notfall würde zuerst die Commanderin eingreifen, dann Nummer zwei, dann Nummer drei usw. Aber beim Fliegen genau wie beim Arbeiten auf der Raumstation orientieren wir uns an Prozeduren: Jeder Schritt ist erklärt, wann wie wo von wem welcher Knopf zu drücken ist. Jeder. Das wäre ungefähr so, als würde ich Ihnen eine Prozedur vorschreiben, wie Sie sich morgens anzuziehen haben. Die werden Sie einmal lesen oder vielleicht auch zweimal, beim dritten Mal werden Sie sie nur noch überfliegen und beim vierten Mal machen Sie vielleicht mal einen Knopf falsch zu.

Habe ich mir gemerkt.

Ja, aber Sie knöpfen vielleicht das Hemd falsch, was nicht sehr tragisch ist. In der kleinen Cessna ist es schon ein bisschen kritischer, wenn man nicht alle Schalter richtig bedient. Nach ca. 60 Landungen habe ich zum Beispiel mal übersehen, das Landelicht einzuschalten – dabei bin ich fast täglich geflogen, hatte also die Handgriffe, die ja auch noch auf der Checkliste stehen, sehr präsent. Das ist vielleicht nicht lebensgefährlich, aber es ist auch nicht toll, wenn der Schalter falsch gelegt war. Man lernt also beim Fliegen diese Achtsamkeit im Durchgehen von Prozeduren, die kognitiv zwar nicht sehr anspruchsvoll, aber trotzdem jede für sich sehr wichtig ist.

Es geht um Sensibilisierung?

Ja, total. Und auch darum, die eigene Kompetenz nicht zu überschätzen, gerade beim Fliegen. Momentan habe ich zusätzlich Tauchtraining und dort wird vorher immer gesagt, dass der Druckausgleich am Ohr funktionieren muss, ansonsten sofort abbrechen. So, nun bin ich im Tauchbecken und der Druckausgleich klappt nicht. Ich soll abbrechen. Mache ich das? Nein, natürlich nicht. Ich denke mir, komm, jetzt hast du nur noch drei Termine, der Kalender ist rappelvoll, wann soll ich's sonst machen? Ich probier's noch mal. Die Tauchlehrerin fragt, ob es klappt. Ich deute ein Problem an, gehe noch mal ein Stückchen hoch, probiere es wieder, aber es geht immer noch nicht wirklich gut. Der Drang ist dann schon da, zu sagen, ach komm, ich breche es einfach vom Zaun. Ich muss mich da tatsächlich zwingen, zu sagen, dass es einfach nicht funktioniert. Ich würde einen Schaden am Trommelfell riskieren und damit kann erst mal gar kein Training mehr stattfinden. Vielleicht können das andere Menschen schon besser, aber ich musste das tatsächlich erst mal lernen. Allerdings lerne ich so was natürlich nicht im Büro und das lerne ich auch nicht, wenn ich nur theoretisch darüber rede. Das muss man erfahren haben.

Es geht um Demut.

Stimmt.

Sie machen im Zuge der Vorbereitung auf Ihren Flug zur ISS auch sogenannte Parabelflüge. Das sind Flüge, bei denen die Schwerelosigkeit simuliert wird.

Ja, genau.

Das heißt, Sie fliegen steil hoch?

Man fliegt mehrere Parabeln hintereinander. Wenn der Flieger oben das Maximum der Parabel beschreibt, fällt man 20 Sekunden quasi durch die Maschine und kann so Schwerelosigkeit oder nahezu 0 G simulieren – und im Minimum der Parabel hat man das Doppelte an Schwerkraft, also 2 G.

Wird's einem schlecht?

Manchmal! Bei einem Raumflug erreicht man langsam die Schwerelosigkeit, aber bei den Parabeln wartet halt schon nach wenigen Sekunden die Phase mit doppelter Erdanziehungskraft auf einen. Und wieder 0 G. Und wieder 2 G. Da geht der Magen mit hoch, runter, hoch, runter, hoch, runter – wie sehr intensives Achterbahnfahren, und ja, da kann einem auch schlecht werden. Besonders wenn man währenddessen isst.

Sie freuen sich auf den sogenannten Orbital Shift. Der Orbital Shift ist die veränderte Perspektive auf die Welt, nachdem man oben war, gebe ich das richtig wieder?

Der Orbital Shift ist tatsächlich ein psychologischer Effekt, der bei einigen Astronautinnen und Astronauten nachgewiesen wurde. Ich bin gespannt darauf, ob ich den genauso erfahre wie die anderen, die mir schon davon erzählt haben. Und wenn ja, wie empfinde ich es? Was mich aber noch neugieriger macht als der Orbital Shift, ist, wie es sich anfühlt, wenn man räumlich komplett getrennt ist von allem und was man dann so an Heimatgefühlen hat. Deutschen Waldgeruch wird es auf der Raumstation sicher nicht geben. Und alle, die man liebt, in meinem Fall natürlich ganz besonders meine Kinder und meinen Mann, meine ganze Familie, die Freunde – sie sind alle da unten und ich bin ganz oben, zwar nur 400 km von ihnen entfernt, aber ich kann nicht mal gerade hin. Jetzt bin ich in Hannover, der Rest der Familie ist zu Hause, aber das ist noch auf dem gleichen Planeten. Wie ist das, wenn man so komplett losgelöst ist? Und auch dieses Schwarze, wenn man dieses Schwarz neben der Erde sieht, was fühlt man da?

Haben Sie Angst vor einer Veränderung in sich? Viele Astronauten, über die ich gelesen habe und die im All waren, sagen, die Erde kommt einem sehr zerbrechlich vor, wenn man sie von oben aus der Distanz sieht. Einige Astronauten sind sehr religiös geworden, nachdem sie wieder zurück auf der Erde waren, oder sie haben sogar Identitätsprobleme gehabt. Fürchten Sie so etwas?

Das befürchte ich nicht nur, das bemerke ich schon jetzt. Das geht tatsächlich damit einher, dass ich plötzlich als angehende Astronautin in der Öffentlichkeit stehe – „nur" als Wissenschaftlerin wäre es ja auch ziemlich unwahrscheinlich, dass ich hier in der Sendung sitzen würde. Selbst beim Tauchtraining wurde ich hinterher schon angesprochen. Leute, die mich gesehen haben und kombiniert haben: Da ist eine Frau und ein Mann mit einem Baby und zwei weiteren Kindern, ist das vielleicht die Astronautin? Man wird in der Dusche und in der Sauna angesprochen, beim Bäcker oder im Hotel im Urlaub mit der Familie. Also man ist als Astronautin schon irgendwie auf einem Prüfstand und nicht mehr einfach „Insa". Die geht bei solchen Begegnungen hinter dem Begriff Astronautin verloren. Das ist schon jetzt so, wo wir noch nicht so bekannt sind – wie das erst nach einem Flug wird?

Wenn Sie abends aus dem Fenster schauen und der Mond scheint – sind Sie noch im Stande, einen romantischen oder vielleicht sogar kindlichen Blick auf den Mond zu haben?

Definitiv. Egal, ob ich hier davon erzähle, ob in Vorträgen oder mit Kindern darüber rede. Gerade heute Morgen, während eines Vortrags vor Studierenden, habe ich versucht, den Moment und das Gefühl zu beschreiben, als mein Vater mir das erste Mal die Andromedagalaxie gezeigt hat. Ich könnte direkt wieder eine Gänsehaut bekommen, wenn ich daran denke, dass man da den Mond sieht oder eine Galaxie. Was heißt das eigentlich und wo ist unser Platz hier im Universum? Ich finde, da kann man gar nicht anders, als sich zu freuen, aufgeregt zu werden.

> **» Vielleicht wird man auch mal ein bisschen nachdenklich, was den Gedanken an den eigenen Platz hier auf der Erde angeht. «**

Auch Rod Stewart hat einen romantischen Blick auf den Mond gerichtet. Zu Ihren Ehren nun, liebe Insa Thiele-Eich, „Fly me to the Moon".

[L i e d   w i r d   g e s p i e l t]

Während Rod Stewart sich alle Mühe gab, das Lied zu singen, haben Sie überlegt, ob das ein Slow Fox ist. Tanzen Sie?
Früher, als mein Mann und ich noch Zeit zu zweit hatten.

Das geht jetzt gar nicht mehr?
Es ginge vielleicht schon, aber wir sind zu oft abends bereits anderweitig beschäftigt, da wägen wir gerade mit den Kindern schon sehr ab, wie viel wir unterwegs sind. Ich glaube aber, wir haben über sieben Jahre getanzt – Standard- und Lateintänze. Meine Eltern tanzen übrigens auch. Die haben sich beim Volkstanz kennengelernt.

Reden wir noch mal über die Gefahr Ihres Berufes. Hin- und Rückflug – ist das gleichermaßen gefährlich? Gibt es eine Phase des Fluges, vor dem Sie mehr Manschetten haben als vor einer anderen?
Ich denke, die Reihenfolge ist Start, Landung, Aufenthalt – so ungefähr.

Also Start erscheint Ihnen am gefährlichsten?

Von der Statistik her auf jeden Fall. Allerdings gibt es noch keine Erkenntnisse über die zukünftigen kommerziellen Programme, da es natürlich noch keine Statistiken dazu gibt, man simuliert allenfalls am Rechner, wie hoch die Risiken sein können. Im Moment ist es tatsächlich so, dass der Start das gefährlichste ist. Bei den Landungen gab es bisher noch nicht so viele Unfälle und während des Aufenthalts gab es zum Glück noch gar keine Unfälle, was aber nicht heißt, dass es völlig ungefährlich ist.

Hilft Ihnen Religion? Sind Sie ein frommer Mensch, eine religiöse Frau, sind Sie Christin?
Christin ja, bei fromm muss ich grad überlegen. Ich weiß nicht, ob ich fromm bin, weil ich gerade unsicher bin, wie man fromm genau definiert.

Sind Sie zum Beispiel ein Mensch, der die letzte Woche, den letzten Monat, bevor Sie fliegen, noch mal nutzt, um eine Kirche aufzusuchen?
Ich habe mir fest vorgenommen, mir bei unserem Pfarrer in unserer Gemeinde einen Reisesegen zu holen, ja, das werde ich. Ich bin evangelisch erzogen worden und trage auch oft ein Kreuz. Nicht aus ästhetischen Gründen, sondern wegen der Symbolik. Ich vermische das sonst nicht so mit meinem Alltag, aber es begleitet mich auf jeden Fall. Und wie schon bei meinen Eltern lassen auch wir unsere Kinder in einer Gemeinschaft des christlichen Glaubens aufwachsen, sind aber durchaus auch offen für alles andere, was kommt.

Frau Thiele-Eich, es gibt ja immer noch Menschen, die glauben, dass der von Menschenhand verursachte Klimawandel gar nicht existiert oder nicht so schlimm ist, wie prognostiziert wird. Was sagen Sie denen?
Ganz klar: Das ist keine Glaubensfrage, das wissen wir. Also mit „wir" meine ich das kollektive Wissen der Menschheit. Ich bin in der Beziehung auch sehr unnachgiebig und ungnädig, breche auch schon mal Unterhaltungen an der Stelle ab, wenn jemand anfängt, mir zu erklären, dass die Sonne ja gerade wärmer oder kälter oder was auch immer ist. Es gibt online genug zusammenge-

tragenes Wissen aus seriösen Quellen, wie zum Beispiel „klimafakten.de" oder „scientists4future.org", wo sich jeder, der möchte, ernsthaft mit dem Thema auseinandersetzen und sich informieren kann.

Es ist leider ein Übel, dass es immer noch Menschen gibt, die das wirklich komplett ablehnen und behaupten, es gibt keinen Klimawandel. Jedes Mal, wenn ich öffentlich darüber spreche, bekomme ich hinterher Zuschriften, die mir zeigen sollen, dass ich falsch liege. Leider wird diesen Leuten viel zu viel Raum gegeben in den Medien und das macht wirklich sehr hilflos und ist frustrierend. Hoffnungsvoll dagegen ist auf jeden Fall „Fridays for Future", denn mit dieser Initiative ist Bewegung in die Sache gekommen und sie bleibt uns hoffentlich noch lange als Treiber in Sachen Klimaschutz erhalten.

Es darf nicht mehr darüber diskutiert werden, ob es einen Klimawandel gibt und ob nicht vielleicht doch alles glimpflich ausgeht, sondern darüber, wie man die vielfältigen Herausforderungen angeht, die sich daraus in allen Bereichen ergeben. Dann können wir uns immer noch drüber streiten, was wir wie erreichen wollen.

» Wir sollten beim Thema Klimawandel nicht über das OB, sondern über das WIE diskutieren. «

Der dritte Song, den Sie auf Ihre Wunschliste geschrieben haben, ist von Reinhard Mey. „Aller guten Dinge sind drei" – was bedeutet dieses Lied Ihnen? Was verbinden sie damit?

Der lief früher immer bei uns im Auto, wenn wir in Urlaub gefahren sind. Wir hatten die Kassette „Mein Apfelbäumchen" und dieses Lied fand ich damals schon immer toll. Bevor ich Astronautin werden wollte, wollte ich übrigens laut diverser Poesiealben Mutter werden. Es sind zwar jetzt vier Kinder, aber man muss das ja nicht immer alles so genau nehmen.

[Lied wird gespielt]

Dann gehen wir mal zurück in Insa Thiele-Eichs Kindheit. Sie haben mitgesungen. War das noch mal ein Nachempfinden von Familienausflügen?

Auf jeden Fall. Wir hören das tatsächlich auch jetzt mit unseren Kindern und aus dem „Mein Apfelbäumchen"-Album können wir viele Lieder mitsingen. Das ist immer sehr schön, besonders weil es halt so passt.

Welche Welt hinterlassen wir den Kindern? Wir sprachen über Klimaschutz. Was können wir tun, um Schlimmeres zu verhindern?

Es gibt natürlich auf individueller Ebene vieles, was man machen kann: weniger oder gar kein Fleisch essen, langsamer, weniger oder gar kein Auto mehr fahren, nicht mehr fliegen, den eigenen Energieverbrauch zu Hause evaluieren und auf erneuerbare Energiequellen umstellen. Allerdings finde ich es sehr wichtig, dabei nicht den Verzicht in den Vordergrund zu stellen, sondern den Mehrwert der Umstellung: Ich gewinne kulinarisch ja absolut dazu, wenn ich neue Rezepte mit regionalen Gemüsesorten entdecke, Bahnfahren empfinde ich persönlich als sehr viel angenehmer, als zu fliegen, und mehr Fahrrad zu fahren, tut Körper und Geist gut. Und: Lieber erst mal einen Bereich aussuchen und mit einer kleinen Sache anfangen, als direkt an sich selbst zu verzweifeln, weil man nicht in allen Bereichen perfekt ist. Ich merke es ja an mir selbst, wie schwer manches umzusetzen ist, wie schwierig sich manche Routinen aufbrechen lassen. Ich probiere zum Beispiel, unter allen Umständen innerdeutsche Flüge zu vermeiden, selbst Hamburg–München ist nicht nötig, sondern ein Luxus. Aber manchmal fliege ich halt trotzdem noch: Ich setze mich nicht in den Nachtzug nach Wien, das tun Kollegen und Kolleginnen von mir, aber ich kann es mir gerade mit Baby nicht leisten.

Noch wichtiger ist es allerdings, dass die Politik entsprechend reguliert, steuert und ja: auch Einschränkungen gesetzlich festlegt. Ob man das jetzt Verbot nennen will oder nicht, die Zeit, abzuwarten, dass der Markt irgendwas von alleine regelt, oder über Anreize im individuellen Bereich probiert wird, Klimaschutz zu betreiben, ist vorbei, dafür wurde zu spät gehandelt. Es braucht jetzt eine konsequente Klimaschutzpolitik, ansonsten werden wir und die nachfolgenden

Generationen sowieso nämlich von ganz alleine sehr viel stärkere Einschränkungen erfahren.

Frau Thiele-Eich, Ihr Mann, Daniel Eich, ist von einer Großbäckerei zum Spitzenvater des Jahres gekürt worden und hat dafür auch noch 5.000 € bekommen. Schirmherrin dieses Preises ist Franziska Giffey. Wie haben Sie darauf reagiert?

Tatsächlich ist es so, dass wir beide den Preis für gleichberechtigte Partnerschaft bekommen haben. Leider hat der Preis nicht den Namen „Spitzeneltern für gleichberechtigte Partnerschaft", das könnte nämlich ein neues Vorbild sein, sondern der Preis heißt halt noch wie vor 14 Jahren „Spitzenvater". Meine Chefin hat uns vorgeschlagen, weil sie es toll findet, wie wir das machen. Schon seit neun Jahren führen mein Mann und ich eine sehr gleichberechtigte Elternschaft, wechseln uns zum Beispiel bei der Elternzeit ab. Meine Chefin weiß genau, wie selten diese Aufteilung von Carearbeit heute noch ist. Und Frau Detmers, die Initiatorin dieses Preises, sieht das genauso. Sie hatte übrigens zuerst den Preis für die Managerin des Jahres ins Leben gerufen und nach ein paar Jahren festgestellt, wie wichtig die Beteiligung der Väter bei den Lebensläufen der Preisträgerinnen ist. Deshalb gab es zunächst einen Preis für die Väter, wobei man mittlerweile schon am Formular für die Einreichung potenzieller Elternpaare sieht, dass es vielmehr um gleichberechtigte Partnerschaft geht. Scheinbar ist dies für viele Menschen immer noch ein neues Konzept, denn ich werde immer wieder auf Veranstaltungen gefragt, wo denn die Kinder sind. Bei der Oma? In der Kita? Dass sie einen Vater haben, der auch noch freiwillig seinen Anteil an der Elternschaft übernimmt und das sogar gerne macht, steht gar nicht als Option zur Debatte. Der Titel des Preises ist vielleicht nicht mehr zeitgemäß, aber wir konnten uns mit den Werten dahinter identifizieren. Ich habe sogar vorher noch das Shitstormpotenzial recherchiert und online gesucht, wie in den vergangenen Jahren die Reaktionen so waren. Sagen wir es so: Es war nie groß Thema. Aber dann hat ein Sender darüber berichtet, und zwar ungefähr so: „Wenn die erste deutsche Frau nächstes Jahr ins All fliegt, ist das nur möglich, weil ihr Mann Daniel Eich für ein Jahr Elternzeit genommen hat. Dafür bekommt er die Auszeichnung Spitzenvater des Jahres." Zuerst wurde sich bei Twitter darüber empört – zu Recht, wie ich finde –, dass in der Berichterstattung der Name der Astronautin überhaupt nicht genannt wurde. Dann stimmt es natürlich auch überhaupt nicht, er hat den Preis nicht alleine bekommen und erst recht nicht für ein Jahr Elternzeit.

Letztendlich war es eine sehr skurrile, aber auch teilweise amüsante Erfahrung – wir sind sogar als Comic im „Stern" gelandet, da konnten wir sehr drüber lachen. Und positiv daran: Es gab immerhin eine Zeit lang eine sehr konkrete Auseinandersetzung mit moderner Vaterschaft, bevor das Thema wieder in der Versenkung verschwunden ist.

Das macht Mut!

Ja, es macht Mut, das sollte es auch, das war die Intention. Es gibt sehr viele Onlineportale, die auf junge Menschen ausgerichtet sind, die mittlerweile ebenfalls Reihen zum Thema Väter in Deutschland machen. Das finde ich total toll, denn sie zeigen, wie unterschiedlich Vatersein in Deutschland ist, denn auch hier fehlen die Vorbilder, genauso wie den Frauen die Vorbilder in vielen Berufen und in Führungspositionen fehlen. Wenn ich immer nur sehe, dass ich als Mann mindestens 40 Stunden die Woche zu arbeiten habe, Überstunden machen muss, um der vermeintlichen gesellschaftlichen Erwartung Haupternährer zu entsprechen, fällt das doch genauso schwer, wie als einzige Frau im Vorstand eines Unternehmens zu sitzen und sich dort mit den gängigen Vorurteilen und Klischees herumärgern zu dürfen. Es ist ja oft so, dass man das macht, was im Umfeld bereits akzeptiert und beliebt ist – und damit gleichberechtigte Elternschaft bekannter wird, ist es schön, dass es diesen Preis gibt.

Insa Thiele-Eich, Sie haben sich als letzten Song von Fiona Apple „Container" ausgesucht – warum?

Da muss man sehr genau auf den Text achten. Meine Begeisterung für die Raumfahrt begann ja mit den Galaxien, zu entdecken, dass es andere Galaxien gibt. Wenn ich mal aus Versehen frühmorgens aufwache und ins Grübeln komme, so um vier, mit niedrigem Serotoninspiegel, und darüber nachdenke, wie viel Bedeutung man überhaupt als kleiner Mensch hier im Universum hat, und wenn ich erst die eigene Zeitskala und dann die des Universums betrachte, da wird mir schon ganz anders zumute. Dieses Lied hat einen sehr schönen Text, der das ein bisschen aufgreift. Ich will's gar nicht zu sehr vorwegnehmen.

[L i e d   w i r d   g e s p i e l t]

Haben Sie in diesem Song eine Lieblingsstelle?
Das erste Mal, als ich ihn hörte, bin ich bei „I have only one thing to do and that's be the wave that I am. And then sink back into the ocean" hängen geblieben. Das sind die Momente, wo man fast erdrückt wird von den Dimensionen des Universums und von der eigenen Bedeutungslosigkeit. Man weiß ja nicht, wie bedeutend man ist, und man kann auch nur bedingt etwas daran ändern. Man ist man selbst und dann ist man halt die Welle, die man ist, und danach sinkt man wieder in den Ozean. Und dann gibt's neue Wellen.

Ich habe auch das Gefühl, man ist nicht mehr als eine kleine Ameise, aber ich fühle mich mit diesem Gedanken sehr wohl, dass man nicht bedeutend ist. Das ist ein guter Übergang zu meiner Schlussfrage. Sie machen sich nun auf den Weg in die unendlichen Weiten des Alls. Und das frage ich jetzt die Wissenschaftlerin: Vermuten Sie, dass irgendwo auf einem anderen Planeten ebenfalls intelligentes Leben existiert?
Es wäre sehr unwahrscheinlich, wenn das nicht so ist. Das war jetzt irgendwie mit einer Verneinung geantwortet … also, es ist sehr wahrscheinlich, dass es so ist. Es gibt unendlich viele Planetensysteme und da sind mit Sicherheit auch Prozesse gelaufen wie bei uns, die die Erde und das Leben auf ihr entstehen ließen. Interessant ist die Frage, wie das Leben dort aussieht. Ich glaube, es wäre vermessen, zu behaupten, dass es menschenähnlich ist. Ich glaube nicht, dass es so ist wie in den ganzen Science-Fiction-Filmen, wo die Aliens immer sehr

anthropogen dargestellt werden. Können wir uns überhaupt kennenlernen, haben wir die gleichen Sinne? Wir haben sechs, aber schon in der Tierwelt sind diese anders ausgeprägt als bei uns. Da gibt es so viele Möglichkeiten und ich finde es total spannend, darüber nachzudenken. Ich bin mir also relativ sicher, dass es da draußen noch irgendwas anderes gibt, ja!

> **» Es ist sehr wahrscheinlich, dass auf einem anderen Planeten ebenfalls intelligentes Leben existiert. «**

Liebe Frau Thiele-Eich, ich wünsche Ihnen Glück, Gesundheit und Zuversicht bei Ihrer abenteuerlichen Reise ins All, die Sie nicht allein antreten werden. Sie werden begleitet von Muffin und Pepper, das sind zwei Stofftiere?

Ja, meine Kinder geben mir auf Dienstreisen immer kleine Kuscheltiere mit, aber es sind nicht immer Muffin und Pepper. Es gibt jedes Mal ein Auswahlverfahren, wer letztendlich mitkommen darf, heute haben wir zum Beispiel ein Reh dabei, und die Kuscheltiere schicken immer Fotos zurück. Als Mutter ist es oft schwierig zu erklären, was ich tagsüber mache. Manchmal ist auch nicht viel Zeit oder es geht schlecht wegen der Zeitverschiebung. Ich rufe vielleicht genau dann an, wenn zu Hause gerade der abendliche Wahnsinn eingesetzt hat und nur Gezeter herrscht, wer jetzt das Handy für FaceTime halten darf. Dann ist es besser, man schickt einfach nur ein Foto oder Video vom Kuscheltier, schreibt einen kleinen Text und sendet eine Sprachnachricht. So halten wir den Kontakt.

Herzlichen Dank, Insa Thiele-Eich!

Christiane Woopen

HUBERTUS MEYER-BURCKHARDT

Christiane Woopen war zunächst Vorsitzende des Deutschen Ethikrates, seit 2017 ist sie Vorsitzende des Europäischen Ethikrates. Ich gebe zu, dass ich unserem Gespräch, das wir beim WDR in Köln geführt haben, mit etwas Lampenfieber entgegengesehen habe. Mit Sittenlehre und Moralphilosophie habe ich mich in meinem Leben bisher nur am Rande befasst, um es vorsichtig zu formulieren. Umso erleichterter war ich, dass die ersten Worte, die ich von Christiane Woopen beim Betreten des Studios vernahm, Worte der humorvoll vorgetragenen Entrüstung waren. Sie führte Klage darüber, dass ihr Ehemann sie mal wieder in einem wohl zu temperamentvollen Fahrstil zum Termin gebracht habe. Das Ganze gefärbt mit dem Kölner Idiom, dessen Charme ich mich in meinem Leben noch nie entziehen konnte. Ich würde es vorziehen, lieber rheinisch beleidigt als hochdeutsch gelobt zu werden.

Es entwickelte sich dann ein Gespräch, das ich mir selbst immer mal wieder angehört habe und großen Gewinn daraus gezogen habe. Wir sprachen über das methodische Nachdenken über Moral. Was ist eigentlich der Mensch? Hat er einen fließenden Ethikbegriff oder einen festgefügten? Wir sprachen über Katholizismus und Motivation, das Göttliche, das für sie ein umfassendes Ja an jeden einzelnen Menschen bedeutet, der damit eingebunden und aufgehoben sei.

Aber verzeihen Sie bitte meine kleine Schwindelei: Wir sprachen nicht. Ich fragte und sie antwortete und ich hätte ihr noch stundenlang zuhören können. Christiane Woopen sagte übrigens auch, dass der freie Mensch ein Recht habe, sich ungesund zu verhalten, sofern er sich darüber Rechenschaft ablege. Diese Erkenntnis mag ihr auf der Rückfahrt Kraft und Zuversicht gegeben haben, wieder auf dem Beifahrersitz neben ihrem stürmisch chauffierenden Ehemann.

Eine Wissenschaftlerin von internationalem Rang ist heute unser Gast. Ich freue mich, Frau Universitätsprofessorin Dr. Christiane Woopen begrüßen zu dürfen. Ich verspreche Ihnen, ich lasse den Titel der Professorin ab sofort weg. Sie baten mich darum, weil Sie gesagt haben, es klingt so funktional.
Ja, es ist nur ein Beruf.

Sie wollten eigentlich Pianistin werden, dann hätte man sich den Professorentitel weitgehend sparen können. Warum haben Sie Abstand genommen von diesem Berufswunsch?
Es war nie ein Berufswunsch, es war mehr ein Anliegen oder ein Angebot, dass ich diesen Weg gehen könnte. Ich habe mir das dann gut überlegt, denn die Vorstellung, dass Kritiker das, was ich an Seele in die Musik lege, in der Zeitung zerfetzen – wenn ich denn überhaupt mal erfolgreich geworden wäre –, ist mir so nahegegangen, dass ich dachte, das halte ich emotional nicht durch, dann lass ich die Musik doch lieber das schönste Hobby in meinem Leben bleiben.

Jeder Mensch oder fast jeder Mensch, der einen Beruf mit Leidenschaft ausübt, kann sich an ein Erlebnis erinnern in der Jugend, ein Schlüsselerlebnis, wo man sich gesagt hat: Ich mache das jetzt, nach dem Abitur oder später ... Gab es so einen Moment bei Ihnen, wo Sie gesagt haben, ich werde Medizinerin?

Nein, ich habe immer gehadert mit dem Unterschied zwischen dem Studium und dem Beruf. Medizin zu studieren, fand ich ultralangweilig, weil es den Geist nicht sehr fordert, man muss viel auswendig lernen. Es gibt wenige Bereiche, in denen wirklich ein tiefes Denken so erforderlich ist wie in der Philosophie beispielsweise. Aber ich konnte mir mit der Philosophie keinen Beruf vorstellen, den ich ein Leben lang hätte ausüben wollen. Also hab' ich gedacht, ich nehme das Medizinstudium in Kauf, denn der ärztliche Beruf ist für ein Leben lang etwas ganz Großartiges. Leider habe ich nicht rechtzeitig die Idee gehabt, beides gleichzeitig zu studieren, das wäre damals vielleicht noch besser gegangen als heute. Aber ich habe die Philosophie einfach als Hobby noch ein bisschen nachgeholt – nicht abgeschlossen, aber nachgeholt und studiert –, so bin ich letztlich über die Kinder dann doch in diesen Beruf hineingekommen. Und im Nachhinein kann ich mir gar nichts Besseres vorstellen.

Ihre Mutter war katholische Religionslehrerin. Fand vor diesem Hintergrund das Gespräch über ethische Fragen, über religiöse Fragen zwischen Ihnen beiden sehr früh statt? Wurde darüber diskutiert? Haben sie das Gespräch vielleicht sogar gesucht?

Nein. Meine Mutter hat erst katholische Theologie studiert und eine Zeit lang als Religionslehrerin gearbeitet, da war ich um die 15 Jahre alt. Vorher war das gar kein Thema, sie war eigentlich medizinisch-technische Assistentin. Ich habe eher mit meinem Vater sehr grundsätzliche Gespräche geführt, aber nicht mit moralischem Inhalt. Das, was mich vielleicht moralisch beeinflusst hat am Familienleben, ist, dass meine Mutter sehr gerne etwas moralisierte. Das hat mich als Jugendliche natürlich immer wieder aufgebracht. Dagegen habe ich mich dann verwehrt und es hat mich letztlich dazu gebracht, mich zu fragen: Wie kann man denn über Werte nachdenken, ohne zu moralisieren, ohne auch objektive Ansprüche in Anschlag zu bringen, die es eigentlich gar nicht gibt? Also das Nachdenken über die Relativität von Werten und den Unterschied zwischen den universalen Prinzipien und dem, was ein einzelner Mensch für Vorstellungen hat von einem gelingenden Leben.

Sie sagten eben, es hat Sie aufgebracht, wenn Ihre Mutter moralisiert hat. Was waren die Themen, die Sie in Harnisch gebracht haben?
Beispielsweise, wenn ich nicht wirklich jubelte bei der Frage, ob ich denn jetzt nicht mal spülen könnte …

Ach, solche Dinge.
Ja, wenn einer situativen Laune direkt ein moralischer Wert zugeschrieben wurde, fand ich das schlicht übertrieben.

>> **Wir müssen ethische Überlegungen angesichts der Gegebenheiten einer Zeit überdenken.** <<

Sie waren lange die Präsidentin, die Vorsitzende des Deutschen Ethikrates und sind jetzt die Vorsitzende des Europäischen Ethikrates. Die Ethik ist ja ein elementarer Bestandteil der Philosophie und die Philosophie ist eine Wissenschaft. Ist insofern Ihr Ethikbegriff etwas fest Gegründetes oder etwas Fließendes?
Beides. Er ist fest gegründet in bestimmten Überzeugungen zur Würde des Menschen, zu einem hohen Rang der Freiheit des Menschen. Außerdem, was auch in unserer Verfassung an Grundrechten niedergelegt ist, zur Selbstbestimmung, zur freien Entfaltung der Persönlichkeit, zur Nichtdiskriminierung, zu Gerechtigkeitsfragen. Auf der anderen Seite ist er aber fließend insofern, als dass wir ethische Überlegungen angesichts der Gegebenheiten einer Zeit überdenken müssen. Etwa technische Entwicklungen. Es gibt in unterschiedlichen Kulturen unterschiedliche Sichtweisen auf zu Grunde liegende Konzepte wie: Was ist eigentlich der Mensch? Was macht den Menschen aus? Was ist das Verhältnis zwischen der Individualität eines Menschen und seiner sozialen Eingebundenheit? Das fasziniert mich persönlich immer wieder in besonderem Maße. Die ethischen Fragen so weit aufzubohren, dass man sich letztlich Rechenschaft darüber abgeben muss, was sind die zu Grunde liegenden Auffassungen davon, was den Menschen ausmacht.

Hilft Ihnen dabei der Katholizismus?

Der hilft mir sehr dabei, weil er für mich selbst eine tiefe Verankerung im Glauben bedeutet und eine hohe Motivation, mit einem liebevollen Blick in die Welt zu gehen. Der katholische Glaube, auch wenn es nach außen nicht so scheinen mag, stellt die Freiheit in den Vordergrund. Gott ist derjenige, der den Menschen als freies Wesen erschaffen hat in einer Radikalität, die man sich stärker nicht denken kann, indem er ihm eben in dieser Freiheit die Möglichkeit gegeben hat, auch zu scheitern, auch das Böse zu wählen. Dieser Glaube ist aber für mich nicht in dem Sinne Orientierung, als dass ich jetzt ganz spezifische Lehrauffassungen aus der katholischen Kirche meine, gesamtgesellschaftlich verankern zu müssen. Für mich ist der Glaube Motivation und nicht Regelwerk.

Ich zitiere Sie: „Der Mensch ist ein verletzliches, schwaches, sterbliches Wesen, das Fehler macht, aber bei aller Fehlbarkeit ist er als selbstbestimmtes Wesen frei." Was ist für Sie das Göttliche?

Das Göttliche ist das Absolute, das die vollumfängliche Geborgenheit, die umfassende Zusage an den Menschen bedeutet, ein umfassendes Ja für jeden einzelnen Menschen: „Es ist gut, dass es dich gibt, ich bin für dich da." Das Unvorstellbare und dieses Konfrontiertsein mit dem letztlich Unvorstellbaren, Unbeschreiblichen, Uneinholbaren vermittelt mir persönlich ein wunderbares Gefühl des Eingebundenseins, der Demut der Beziehung und des Sich-aufgehoben-Fühlens.

Sie haben sich selbst mit den Worten beschrieben: „Ethische Fragen haben mich, was manchmal für meine Kommilitonen und Kollegen etwas anstrengend gewesen sein mag, bereits im Studium und dann auch in meiner ärztlichen Tätigkeit in der Gynäkologie und Geburtshilfe immer persönlich berührt." Warum waren Sie da anstrengend? Das ist doch zunächst mal eine sehr edle Motivation.

Ja, während des Studiums ist es sicherlich einfacher, ethische Fragen einzubinden in die Gespräche, als wenn Sie im Klinikalltag unterwegs sind, wenn

Sie die Ambulanz lange besetzen, weil Sie ein Gespräch führen mit einer schwangeren Frau, die überlegt, ob sie eine vorgeburtliche Diagnostik durchführen lassen möchte, wenn man mit ihr diskutiert, was das für Konsequenzen hätte, falls jetzt eine Auffälligkeit entdeckt würde. Dann braucht man dafür Zeit und dann stehen die Kollegen draußen und sagen: Warum blockierst du hier die Ambulanz so lange? Dann sage ich: Weil ich gerne ein vernünftiges Gespräch mit dieser Frau in dieser Situation führen möchte, damit sie eine gute Entscheidung für sich treffen kann, und das erfordert Zeit. Und da wird's anstrengend! Oder man hat einen schwierigen Fall auf der Station. Eine Frau, die schwer an Krebs erkrankt ist, wo die Diskussion ansteht, wie viel Chemotherapie setzt man jetzt noch ein, welche Gespräche werden mit der Familie geführt, und man das dann problematisiert, während die Kollegen sich möglicherweise lieber mal erholen möchten nach einem 36-Stunden-Dienst. Dann ist das für den einen oder anderen anstrengend. Glücklicherweise hatte ich aber auch etliche Kollegen, mit denen man sehr gut darüber sprechen konnte, und deswegen hat mir diese Zeit in der Gynäkologie auch ausgesprochen viel gegeben.

Sie haben es gerade angesprochen in einem Nebensatz: Eine Patientin, die herausfinden möchte, ob ihr Kind gesund zur Welt kommen wird – also pränatale Vorsorge. Ich bin kein Mediziner, wenn ich das ein oder andere falsch formuliere, bitte ich um Korrektur. Sie sind selbst Mutter von vier Töchtern. Haben Sie sich pränatal untersuchen lassen oder nicht?
Nein, ich habe keine genetische Diagnostik gemacht, sondern die ganz normale Mutterschaftsvorsorge, weil ich gerne wollte, dass alles gut geht. Für mich ganz persönlich hätte eine genetische Diagnostik keine Konsequenzen gehabt. Das Risiko, das mit so einer Fruchtwasseruntersuchung einhergeht, ist zwar sehr gering, es sind 0,5-1 % eingriffsbedingtes Fehlgeburtsrisiko, aber die Vorstellung, dass so etwas passieren würde, war mir unerträglich. Zumal es keine Konsequenzen gehabt hätte, da das für mich nicht infrage kam und für meinen Mann genauso wenig. Insofern waren wir uns da auch einig.

Sie haben an anderer Stelle formuliert: „Es gibt ein Recht auf Wissen, aber es gibt auch ein Recht auf Nichtwissen." Hat das nicht vielleicht einen zynischen Beiklang in den Ohren von Eltern, die ein schwerbehindertes Kind haben, wo man sagt, das hättest du vielleicht vorher herausfinden können, dass dein Kind schwer behindert zur Welt kommt?

Das hätte ich so nie gesagt, würde ich so nie sagen. Das Recht auf Wissen bezieht sich ja immer nur auf das Wissen über mich selbst, nicht über andere. Es gibt ohne dessen Einwilligung kein Recht auf Wissen über einen anderen. Das würden wir uns im Erwachsenenleben nicht zubilligen und ich gehöre zu denjenigen, die auch das Recht darauf, alles über das ungeborene oder über das geborene Kind zu wissen, für sehr problematisch halten. Man darf das über das Kind wissen, was dem Kind selbst nutzt, wenn man also eine Therapie einleiten kann. Und pränatal ist es gerechtfertigt, das über das Kind in Erfahrung zu bringen, das möglicherweise für einen schweren, ja existenziellen Schwangerschaftskonflikt relevant sein könnte. Aber es gibt kein Recht der Eltern, alles über dieses Kind zu erfahren. Ich weiß, dass das eine ausgesprochen seltene Einstellung ist, habe aber persönlich die Auffassung, dass wir die Kinder von Anfang an, also auch die ungeborenen Kinder, in ihrem Lebensverlauf sehen sollten und auch in ihrem Entfaltungspotenzial. Da bin ich vielleicht sehr aristotelisch geprägt, mit einem teleologischen Menschenbild, also einem, wo sich der Mensch halt entfaltet in unterschiedlichsten Hinsichten. Da müssen wir schon beim Ungeborenen die Dinge schützen, die später in seinem Leben eben auch relevant sein können. Dazu gehört auch seine Privatsphäre.

> **» Es gibt kein Recht der Eltern,
> alles über dieses Kind zu erfahren. «**

Sagt Christiane Woopen, Vorsitzende des Europäischen Ethikrates. Helfen Sie mir: In der Diskussion, die über Jahrzehnte leidenschaftlich geführt wurde, ob Abtreibung legitim oder nicht ist, wusste ich als Hubertus Meyer-Burckhardt nie, wo ich hingehöre. Hörte ich die wertkonservativen

Ärzte, habe ich gesagt, irgendwas ist da dran, eigentlich ist Abtreibung ethisch nicht vertretbar. Auf der anderen Seite geht es zurück bis zum „Stern"-Titelbild in den siebziger Jahren. „Ich habe abgetrieben", „Mein Bauch gehört mir", das waren die Zitate der Frauen, die es getan haben. Das konnte ich genauso gut verstehen. Wo ist die ethische Grenze zwischen der Entscheidung, ich treibe ab, und ab welchem Punkt ist es nicht mehr vertretbar?

Es hängt davon ab, welches Menschenbild man zu Grunde legt. Wenn wir das Ungeborene schon als einen Menschen betrachten, der dieselben Rechte hat, über dieselbe Würde und über denselben Schutz verfügt wie der geborene Mensch, dann kommt ein Schwangerschaftsabbruch natürlich nicht in Betracht. Es sei denn, das Leben einer Frau ist durch die Schwangerschaft wirklich in Gefahr.

Wenn man aber von einem zunehmenden Würdeschutz und einem zunehmenden Lebensschutz spricht, weil man sagt, ein Embryo, mit wenigen Zellen vielleicht, ist noch nicht in derselben Weise schutzwürdig beziehungsweise hat nicht in derselben Weise Schutzansprüche wie der geborene Mensch, sondern es nimmt graduell zu, mit der körperlichen Ausdifferenzierung, mit der Entwicklung des Gehirns, mit der Möglichkeit, selbst Empfindungen zu haben, dann sind solche Abwägungen zwischen dem Lebensrecht des Ungeborenen und dem Selbstbestimmungsrecht der Frau zulässig.

Ich glaube, wir können da als Gesellschaft keine abschließende Vorschrift machen, wie der Einzelne das zu sehen hat. Wir müssen gleichwohl zum einen als eine Gesellschaft, die Solidarität praktiziert, für Frauen in Not da sein, aber natürlich auch für die Ungeborenen, das heißt der Frau Angebote machen, wie sie möglicherweise eine Konfliktsituation bewältigen kann, ohne einen Schwangerschaftsabbruch durchzuführen. Aber die Rechtsordnung selbst kann die Frau nicht dazu zwingen, ihren Körper zur Verfügung zu stellen, um ein Kind auszutragen, das sie gar nicht haben möchte. Deswegen ist die Rechtsordnung halt darauf angewiesen, auf der einen Seite eine ethische Entscheidung zu treffen, wie sie es ja auch getan hat – der Embryo ist in Deutschland sehr stark geschützt, sowohl im Embryonenschutzgesetz als auch im Schwanger-schaftsabbruchsrecht –, auf der anderen Seite kann der Staat eine Frau nicht dazu zwingen, ein Kind auszutragen.

Erleben Sie als Vorsitzende des Europäischen Ethikrates auch Diskussio-nen, die national geprägt sind? Wo Sie das Gefühl haben, in den unter-schiedlichen europäischen Ländern – eigentlich ja eine Wertegemein-schaft – werden in ganz wesentlichen Fragen, Abtreibung zum Beispiel, unterschiedliche Ethikbegriffe ins Feld geführt?
Es gibt natürlich kulturelle Unterschiede, aber die ziehen sich nicht nur zwi-schen den Ländern durch, sondern die sind auch innerhalb der Länder gegeben. Mehr als im europäischen habe ich im internationalen Bioethik-Ausschuss bei der UNESCO sehr starke kulturelle Unterschiede wahrgenommen, wenn wir etwa über die Bedeutung der Gene für den Menschen mit den Südamerikanern, mit Asiaten, mit Afrikanern gesprochen haben. Da gibt es ganz unterschied-liche Erfahrungshintergründe, auch mit genetischer Forschung beispielsweise. Ich finde diese kulturellen Unterschiede immer ausgesprochen fruchtbar, weil sie einen noch mal herausfordern, zu differenzieren. Wo dürfen kulturelle Unterschiede keine Rolle spielen und wo ist es gerechtfertigt, Unterschiede zu machen, weil es eben gesellschaftlich anders kontextualisiert ist, weil andere Hintergrundvorstellungen über den Wert des Lebens, über den Wert der Selbst-bestimmung oder die Einstellungen zum Tod damit verbunden sind.

» Ich finde kulturelle Unterschiede ausgesprochen fruchtbar, weil sie einen herausfordern, zu differenzieren. «

Es ist guter Brauch bei Meyer-Burckhardts Frauengeschichten, dass unser Gast immer drei Musikstücke mitbringt, die wir gemeinsam hören. Für Sie zunächst von Frédéric Chopin „Études" für Klavier C-Dur, Opus 10 Nr. 1 – warum?

221

Weil ich das immer unglaublich gerne gespielt habe und weil ich es so lebendig finde – fließend und strömend. Ich liebe diese Etüde.

[L i e d   w i r d   g e s p i e l t]

Frau Woopen, die Digitalisierung, ein anderes großes Thema, mit dem Sie sich im Deutschen sowie im Europäischen Ethikrat befassen, hat von der Medizin, wie von jedem anderen Lebensbereich auch, Besitz ergriffen. Fluch oder Segen?

Es kann beides sein. Es beschäftigt uns vor allen Dingen auch in der Datenethikkommission, die im Laufe des nächsten Jahres die Empfehlungen geben soll für den ethisch-rechtlichen Entwicklungsrahmen, wie mit Daten, künstlicher Intelligenz und algorithmengesteuerten Entscheidungen oder Prozessen und Schlussfolgerungen umgegangen werden soll. Die Digitalisierung, diese technologischen Entwicklungen können in vielen Bereichen sehr viel Großartiges bewirken – im Gesundheitswesen, aber auch in der Verkehrssteuerung, im Finanzwesen, in den sozialen Medien oder in Sicherheitsfragen. Auf der anderen Seite kann sie aber auch erhebliche Risiken mit sich bringen.

Ich las kürzlich im „Spiegel", dass 58 % der Deutschen ihre Symptome bereits vorher googeln, also bevor sie zum Arzt gehen. Nach dem Praxisbesuch sind es sogar 62 %, die noch mal überprüfen, ob der Arzt ihnen auch das Richtige gesagt hat. Führt das nicht dazu, dass der Arzt quasi ersetzt wird durch Google?

Ganz und gar nicht. Es heißt ja auch immer „an apple a day keeps the doctor away", aber ich glaube, dass das die Chance eröffnet, dass die Patienten oder Menschen, die sich um ihre Gesundheit kümmern, besser informiert sein können. Sie müssen halt nur auf verlässliche Informationen stoßen. Wenn Sie bei Doktor Google irgendwas eingeben, landen Sie in der Regel bei Wikipedia oder auf anderen Seiten. Die, die eigentlich qualitätsgestützt sind, wie gesundheitsinformation.de, Stiftung Gesundheitswissen, die werden meistens nicht so schnell gefunden und denen wird auch leider nicht so sehr geglaubt wie Wikipedia. Dazu gibt es auch entsprechende Umfragen. Das heißt, da haben wir noch eine Menge zu tun, damit die Gesundheitsinformationen wirklich qualitätsgestützt bei den Menschen ankommen. Erst dann sind sie eine wirkliche Chance, mit eigenen gesundheitlichen Fragen selbstbestimmter und kompetenter umzugehen.

Aber wie kommen wir zu verlässlichen Daten? Es gibt ja mittlerweile Algorithmen, die Sie als einen Kunden identifizieren, der kein Zeitungsabonnement abschließen darf, weil er offensichtlich finanziell nicht flüssig ist. Und das liegt wiederum daran, dass er in einer Nachbarschaft wohnt, wo viele finanziell nicht flüssig sind. So nicht selbst erlebt, aber beobachtet. Wie kommen wir zu Daten, die verlässlich sind? Denn das ist ja die Voraussetzung, dass ein Patient Vertrauen findet, seine Daten weiterzugeben.

Das Beispiel, das Sie ansprechen, hat natürlich einerseits etwas damit zu tun, dass die Daten stimmig, qualitativ gut und strukturiert erhoben worden sind, aber das Problem ist ja im Grunde ein anderes. Es bezieht sich auf die Profilbildung von Menschen. Es werden Daten aus unterschiedlichsten Lebensbereichen zusammengeführt und dann wird diesen Menschen eine Art Etikett aufgesetzt oder ein Wert zugeschrieben. Oder ihm wird ein Score zugeordnet, der darüber entscheidet, ob er kreditwürdig ist, ob er einen Telefonvertrag bekommt, wie hoch die Versicherungsprämie ist oder wie hoch der Hotelpreis ist, den er dann auf der Homepage angezeigt bekommt. Das halte ich für eine ausgesprochen schwierige Entwicklung, die wir so auch nicht unreguliert weiterlaufen lassen können.

Die Profilbildung der Menschen führt in China etwa dazu, dass dort offensichtlich eine Art „Bürgerscore", eingeführt werden soll, wo der Staat den Menschen in all seinen Verhaltensweisen beobachtet und ihm einen Wert zuschreibt. Im Grunde ist das ja dann eine Art Preis, denn so wird entschieden, auf welche Schule seine Kinder gehen können, ob er ins Ausland reisen darf oder in welcher Wohngegend er etwas erwerben darf. Das sind totalitäre Systeme, und ob diese nun staatlicherseits ausgeführt werden oder ob sich bestimmte Unternehmen anheischig machen, die Umgebungen von Menschen zu gestalten, aufgrund der scheinbar individualisierten Bedürfnisse und Erkenntnisse, das macht natürlich erstens einen erheblichen Unterschied und zweitens ist die Wirkung trotzdem in beiden Fällen zu unterbinden.

Ist der Mensch mehr als seine Daten?
Ja, das ist er!

> » **Im Grunde sind wir dabei, unsere gesamte Umgebung zu einer Art Computer auszubauen.** «

Aber das ist jetzt genau das, was mich bedrückt oder beschäftigt. Als Patient habe ich das Gefühl, ich werde immer durchsichtiger, weil meine Daten zur Verfügung stehen. Doch das, was mich durchsichtig macht, die mich umgebende Technologie, ist für mich allerdings immer undurchsichtiger. Das ist ein Missverhältnis – wie kann man das auflösen?
Das ist die große Frage, darüber denken wir ja nach, wie man da ein gutes Gleichgewicht findet. Im Grunde sind wir dabei, unsere gesamte Umgebung zu einer Art Computer auszubauen. Überall sind Sensoren, alles wird erfasst, vieles wird dadurch auch recht bequem und deswegen nehmen die Menschen es ja auch in Anspruch, mich eingeschlossen. Die Problematik besteht darin, die ethisch entscheidenden Stellschrauben so zu justieren, dass der Einzelne seine Selbstbestimmung erhalten kann, dass er also nicht unter 60-seitige Datenschutzbestimmungen einfach nur einmal klickt: Ja, akzeptiere alles, ohne irgendwas davon wahrgenommen zu haben. Eine weitere Problematik zeigt sich auch darin, eine Transparenz sowie eine Kontrolle für technische Systeme herzustellen. Es ist schon wichtig, bei der Entwicklung, bei dem Design einer künstlichen Intelligenz auch die damit verbundenen ethischen Fragen mit zu bedenken – der sogenannte Ethics-by-Design-Ansatz.

Die Zerbrechlichkeit des Menschen ist ein Thema, das uns heute beschäftigt und untrennbar mit dem Thema Ethik verknüpft ist. Insofern nimmt der zweite Musiktitel von Christiane Woopen nicht Wunder: Sting singt mit Stevie Wonder gemeinsam „Fragile". Ich glaube, Sie haben es sich nicht ohne Hintergedanken gewünscht.

Ja, es ist zum einen musikalisch faszinierend, gerade in dieser Fassung mit Stevie Wonder, und der Text strahlt für mich eine tiefe Wahrheit aus.

Die da ist?

Dass der Mensch ein verletzliches, ein fragiles Wesen ist und dass unser ganzes Leben zwar aufgehoben ist, aber in sich verletzlich.

[Lied wird gespielt]

Frau Woopen, es gibt Fachleute, die sagen, dass 80 % der ärztlichen Leistungen eines nicht fernen Tages durch Technik ersetzt werden können. 80 %! Teilen Sie diese Auffassung?

Das kann gut sein. Ich glaube, dass wir in der Entwicklung des ärztlichen Berufes eine interessante historische Entwicklung durchmachen. Früher in der Antike gab es für die Ärzte kaum irgendwelche Handlungsmöglichkeiten. Da war es vor allen Dingen eine sprechende Medizin, eine körperliche Medizin, Handauflegen, all diese Symbole, die sich ja nun auch in der Kultur gehalten haben. Dann kam die technische Entwicklung in den letzten Jahrhunderten und der Kontakt, der Dialog, ging mehr und mehr verloren. Es wird ja auch bemängelt, dass so etwas in der Gebührenordnung nicht wirklich abgebildet wird und dass deswegen unsere Medizin so technisch geworden ist. Wenn jetzt aber die Techniken diese Aufgaben übernehmen können, dann kann der Arzt ja eigentlich wieder zurück, also vorwärts zurück zur sprechenden Medizin kommen. Er kann seine Stärke dadurch deutlich machen, dass er einen Partner für den Patienten darstellt, der ihn in seinem Krankheitsprozess begleitet und ihm zur Verfügung steht, um gemeinsam mit dem Patienten die Entscheidungen zu treffen. Er kann ihn informieren, kann Dinge kontextualisieren und schauen, welche Bedeutung es für das Leben des Patienten hat. Kurz: Er kann als Dialogpartner, als Mensch für den Patienten zur Verfügung stehen. Die Vorstellung, die mich am ehesten schreckt, ist nicht diejenige, dass Techniken viele Dinge übernehmen können, sondern dass wir dann nachher nur noch mit Chatbots sprechen, also der Dialog mit technischen Systemen stattfindet. Da halte ich es tatsächlich für sehr wichtig, dass das im Rahmen einer menschlichen Beziehung abgebildet bleibt.

> **» Es ist immer gut, wenn man über den Tellerrand hinausguckt. «**

Der Deutsche Ethikrat hat die Empfehlung ausgegeben, dass man dem Krankenhausmanager mehr medizinisches Wissen vermitteln sollte und dem Mediziner wiederum mehr Managementwissen und ökonomische Grundlagen nahebringen sollte. Was ist der Hintergrund dieser Empfehlung? Was versprechen Sie sich davon?
Es ist immer gut, wenn man über den Tellerrand hinausguckt und möglichst viel von dem, was das eigene Handlungsfeld prägt, wenigstens in groben Zügen versteht. Der ärztliche Direktor einer Klinik oder der Assistenzarzt muss jetzt nicht der Spezialist in der Gebührenabrechnung und im Controlling werden, aber er muss schon die Grundzüge der ökonomischen Bedingtheiten eines solchen Krankenhausbetriebes kennen, um auch damit umgehen zu können. Sonst ist er den Vorgaben ausgeliefert, die aus der Verwaltung kommen, und durchblickt nicht, wie man es vielleicht anders machen könnte. Umgekehrt reicht es auch nicht, ein Krankenhaus nur nach wirtschaftlichen Kriterien zu führen, sondern das Krankenhaus gibt es ja nun, um Patienten zu versorgen. Also müssen sich die ökonomischen Bedingtheiten in den Dienst der medizinischen Versorgung stellen. Insofern ist es gut, wenigstens grundlegend etwas darüber zu wissen, damit man die Gesetzlichkeiten der jeweiligen Zugänge versteht.

Ich bin in der glücklichen Lage, eine Krankheit besiegt zu haben, und kann insofern ganz persönlich sagen, dass in dieser Zeit die heilende Kraft der menschlichen Nähe für mich unabdingbar war. Ich kann es zwar nicht beweisen, aber ich denke, es hatte einen positiven Effekt auf meine Genesung. Kommt das nicht im Moment zu kurz?

Dass ich das nicht als pathetisch empfinde, können Sie ja daran sehen, dass ich es eben selbst in den Vordergrund gestellt habe. Ich halte es eben tatsächlich für das fast schon Ausschlaggebende. Natürlich ersetzt es kein Medikament gegen eine Krebserkrankung. Stellen Sie sich einfach diese Situation vor: Sie kommen zu einem Arzt in das Sprechzimmer und der Arzt schaut Sie an, er kommt auf Sie zu, er stellt sich vor, er fragt Sie, wie es Ihnen geht, was Sie hierherführt, und hört Ihnen einfach zu. Oder er bittet Sie, Platz zu nehmen, guckt aber letztlich die ganze Zeit nur auf seinen Bildschirm auf dem Schreibtisch, stellt Ihnen vielleicht auch gar keine Fragen, weil die Symptome draußen schon von der Assistentin aufgenommen worden sind, unterbricht Sie aber, wenn Sie sprechen, und er fängt eigentlich dann direkt mit Therapievorschlägen an.

Das sind ganz unterschiedliche Szenarien und ich glaube, das gilt nicht nur für den Arzt-Patienten-Kontakt, das gilt eigentlich für jede menschliche Begegnung, sich erst einmal wahrnehmen, zuhören und nicht direkt machen, tun, planen, sondern sich in die Situation einfinden und einen Menschen erkennen als den, der er ist. Das ist unglaublich segensreich.

Ebenfalls ein guter Brauch bei Meyer-Burckhardts Frauengeschichten: Es wird immer ein Rod-Stewart-Song gespielt und wir haben uns für einen alten Song entschieden – über 70 Jahre alt und von Frank Henry Loesser geschrieben: „Baby, it's cold outside".

[L i e d   w i r d   g e s p i e l t]

Wir waren uns eben einig, Frau Woopen, dass der Arzt wieder mehr Zeit für die Patientin, den Patienten haben sollte. Steht da nicht mitunter die

Gebührenordnung der privaten wie vor allem der gesetzlichen Kranken-
kassen im Wege?

Ja, sie setzt jedenfalls nicht die richtigen Anreize, aber soweit ich weiß, wird die
Gebührenordnung für Ärzte gerade überarbeitet, und die sprechende Medizin
soll da durchaus einen höheren Stellenwert bekommen. Es liegt aber auch an
den Rahmenbedingungen, an der Einstellung, wie man mit den wirtschaftlichen
Gegebenheiten umgeht. Man muss die ökonomischen Dinge nicht bis zum
Maximum an Effizienz ausreizen. Dazu zwingt einen die Gebührenordnung ja
nicht, es ist immer noch der Mensch, der mit diesen Dingen umgeht. Jetzt will
ich wirtschaftliche Zwänge nicht banalisieren, aber ich möchte sie auch nicht
so verabsolutieren, dass ich sage, dem Arzt bleibt ja nichts anderes übrig. Es ist
eine Frage der Krankenhausplanung oder auch der Planung in einer Praxis, ob
man den Gewinn oder den Erlös unbedingt maximieren möchte oder ob man
eine Balance findet, die wirtschaftlichen Gegebenheiten zu berücksichtigen,
aber gleichzeitig die menschlichen Komponenten im Vordergrund zu lassen.

Mittlerweile locken die Versicherer ihre Kunden mit Tarifen, in denen steht:
Wenn du keinen Alkohol trinkst, wenn du nicht rauchst, wenn du dich
vegetarisch ernährst und siebenmal die Woche um die Alster läufst, dann
können wir uns vorstellen, dass wir dir eine sehr günstige Versicherung an-
bieten. Wenn du aber eine Sünde begehst, kulinarisch oder welche auch
immer, dann zahlst du mehr. Höhlt das nicht das Solidarprinzip vollkom-
men aus?

Ich glaube, dass diese Form, mit Versicherungen umzugehen, wirklich hoch-
problematische Folgen hat. Sie diskriminiert drei Gruppen von Menschen. Die
erste Gruppe sind die, die die ganzen Daten nicht zur Verfügung stellen wollen,
die ihre Privatsphäre wahren wollen und diese Daten halt nicht an die Versicherung geben wollen. Warum und wie soll das bestraft werden? Dadurch, dass
man dann eine im Vergleich höhere Versicherungsprämie zahlt?

Die zweite Gruppe sind diejenigen, die die von den Versicherungen definierten
Bedingungen gar nicht erfüllen können. Man kann nicht dreimal um die Alster

laufen, wenn man im Rollstuhl sitzt, die Schrittzähler nutzen da nichts. Die alleinstehende Frau mit drei kleinen Kindern kann sich auch nicht die ganze Zeit ins Fitnessstudio verabschieden, sondern muss sehen, wie sie ihr Leben sortiert bekommt. Und ausgerechnet das ist zum Beispiel die Gruppe von Menschen, die eigentlich unserer Solidarität bedarf.

Und die dritte Gruppe sind die, die vielleicht ganz andere Vorstellungen von Gesundheit haben. Das heißt, wir überlassen es den Versicherungen, zu definieren, was gesundes Verhalten ist. Dazu haben sie aber gar kein Recht. In der Gesundheits- und Ernährungsbranche etc. werden jeden Monat irgendwelche neuen Theorien nach vorne gebracht, von denen wir uns dann so weitgehend beeinflussen lassen? Ich halte das nicht für richtig. Dann müssen wir vielleicht einfach diejenigen belohnen, die jeden Morgen eine halbe Stunde meditieren und damit für ihre psychische Gesundheit einen Beitrag leisten, oder diejenigen, die ins Flüchtlingsheim gehen, um dort den Menschen zu helfen und damit zu deren Gesundheit beitragen. Also die Rechtfertigung dieser Belohnungssysteme ist für mich ausgesprochen fraglich.

Teilen Sie die Meinung der amerikanischen Ökonomin Shoshana Zuboff, die kürzlich gesagt hat, wir leben in einem neuen Überwachungskapitalismus, in dem wir alle Daten abgeben: „Der Überwachungskapitalismus pflegt andere subtilere Formen der Gewalt. Er beraubt uns unserer menschlichen Autonomie und gefährdet damit die Bedingungen der Demokratie." Wird man als Vorsitzende des Ethikrates nicht auch manchmal zur Kapitalismuskritikerin?

Wir machen im Europäischen Ethikrat eine Stellungnahme zur Zukunft der Arbeit und in dem Kontext haben wir über solche Fragestellungen sehr intensiv gesprochen. Was die Digitalisierung macht, wie sie die Gesellschaft verändert und wie sie auch in unsere sozialen Sicherungssysteme eingreift und ob man nicht über eine Abkopplung der sozialen Sicherungssysteme vom Arbeitsmarkt sprechen muss etc. Ja, man wird kritisch, zumal sich die Machtverhältnisse insofern verändern, als dass sie früher bei denen lagen, die über Ländereien verfügten in der Feudalgesellschaft, dann übergingen zu denen, die die Produktionsmittel besaßen im Kapitalismus und in der Industriegesellschaft, und die nun in die Hände derer kommen, die über Daten verfügen. Ich halte die Gefahr für unsere Demokratie und die freiheitlich-demokratische Grundordnung tatsächlich für gegeben, allein schon durch die Profilbildung, die wir schon angesprochen haben, durch den Einfluss, die die datengetriebenen Systeme auf unser ganzes Leben, auf unsere gesamte Umgebung und auch auf unsere Selbstwahrnehmung haben. Ein Wandel des Menschenbildes hin zu einem, wie sie eben schon sagten, Menschen, der nur aus Daten besteht. Nur das zählt noch, was sich in irgendeiner Form als Daten wiedergeben lässt, und das halte ich für ausgesprochen problematisch. Die Datenethikkommission empfiehlt der Bundesregierung ja auch, die ethischen Prinzipien und die Prinzipien der freiheitlich-demokratischen Grundordnung bei der Entwicklung der künstlichen Intelligenz in allen Stufen niederzulegen, zu berücksichtigen und zu beachten, von Anfang an.

> **» Ein Wandel des Menschenbildes hin zu einem Menschen, der nur aus Daten besteht. «**

Wie kann ich als Patientin, als Patient überhaupt noch mit einem gewissen Selbstvertrauen zum Arzt gehen in dieser komplexen Welt? Es verlangt viel Kompetenz und es verlangt viel Emanzipation. Sie haben 2014 eine Rede gehalten mit dem Titel „Emanzipiert euch!". Was ist denn der erste Schritt der Emanzipation? Wo fangen unsere Zuhörer am besten an, wenn sie glauben, dass sie vielleicht eine Krankheit haben, dass vielleicht eine Diagnose ins Haus steht? Was können sie sehr präzise, sehr konkret machen, um sich vom tradierten Patientenbild zu verabschieden?
Die klassische Antwort wäre jetzt: Informieren Sie sich, lesen Sie etwas darüber, unterhalten Sie sich mit Menschen, die Sie gut informieren können, werden Sie kompetenter, häufen Sie Wissen an etc. Ich halte das für wichtig und ich sag nur deswegen, das ist die klassische Antwort, weil es für mich einen Schritt früher beginnt. Eine Fähigkeit, die wir heutzutage viel mehr pflegen

sollten, ist die, erst mal in uns hineinzuhören und uns selbst wahrzunehmen, sich selbst zu erkunden und zu schauen, wie man reagiert. Welche Ängste, welche Nöte, welche Hoffnungen hat man? Wie nehme ich meinen Körper wahr, wie gehe ich mit meinem Körper um? Dazu muss ich noch gar nicht so viel wissen, sondern einfach eine Art Selbstaufmerksamkeit haben. Ein Begriff, der auch oft in diesem Zusammenhang fällt, ist die Achtsamkeit. Achtsam zu sein, sensibel zu werden, alle Sinne zu benutzen, um diese Welt und auch sich selbst zu erfahren. Das ist für mich der allererste Schritt, eine Selbstkompetenz zu entwickeln, dann können Wissen und Informationen dazukommen. Das erst ist die Grundlage dafür, dass dieses Wissen auch kontextualisiert wird, dass es irgendeinen Zusammenhang mit mir hat.

Mir haben Ärzte in einer misslichen Lage gesagt: Sie sind zur Vorsorge gegangen, jetzt haben Sie den Salat! Und jetzt zitiere ich Sie, Frau Woopen, man hat auch ein Recht auf Nichtwissen vor diesem Hintergrund. Sie empfehlen den Patientinnen und Patienten, was ich sehr plausibel finde, in sich zu gehen, in sich reinzuhören, ein Gefühl für sich selbst zu entwickeln, achtsam zu sein und dann gegebenenfalls auch zu sagen: Nein, ich gehe nicht zu einer Vorsorge, ich möchte nicht wissen, was mit mir los ist. Ist das unzulänglich?
Das ist überhaupt nicht unzulänglich, es gibt nicht nur ein Recht auf Nichtwissen, es gibt auch ein Recht darauf, sich ungesund zu verhalten, als freier Mensch. Wenn einem bestimmte Dinge wichtiger sind, als besonders gesund zu werden oder besonders gesund zu bleiben, dann ist das berechtigt, wenn man sich darüber selbst Rechenschaft abgelegt und eben diese Entscheidung getroffen hat. Was ich nicht gut finde, ist, wenn man sich nicht damit auseinandersetzt.

Es verdrängt.
Wenn man es einfach verdrängt, kann man sich sehr wohl bewusst dazu entschließen, sich nicht eingehender damit zu befassen. Dann ist einem aber auch klar, welche Entscheidung man trifft.

Manche fleischliebende Raucherin wird jetzt erleichtert seufzen. Ella Fitzgeralds „Summertime" ist der dritte Song für Sie. Die Musik mögen Sie einfach, es gibt keinen bestimmten Grund, glaube ich.

Keinen bestimmten für dieses Lied. Wir hatten mal das große Vergnügen, Ella Fitzgerald hier in Köln zu erleben. Dafür haben wir damals als Studenten ein Vermögen ausgegeben. Sie ist eine Legende, sie hat eine unnachahmliche Stimme und, ja, auch hier sind das Thema und der Text wieder tief berührend.

[Lied wird gespielt]

Christiane Woopen, wir haben über die Risiken der Geburt, über das Bedürfnis der Mütter, gesunde Kinder zur Welt zu bringen, und damit einhergehend über ethische und medizinische Fragen gesprochen. Wir haben über das Leben gesprochen, über Digitalisierung und über die Medizin der Zukunft, die schon die Medizin der Gegenwart ist, de facto. Sprechen wir über den Tod. Für Sie als Vorsitzende des Europäischen Ethikrates ist der Suizid eine Option, eine ganz normale Option unter vielen?

Der Suizid ist ein tragisches Ereignis, nicht nur für denjenigen, der ihn begeht, sondern auch für seine ganze Umgebung, für die Menschen, mit denen er eigentlich in Beziehung steht. Wenn der Suizid aus einem Affekt heraus erfolgt, wäre es wichtig, es so weit wie eben möglich zu verhindern und alles dafür zu tun, denjenigen davon abzubringen, das zu tun. Es gibt aber wohl auch die Fälle, bei denen ein Suizid auf einer freien Entscheidung basiert. Beispielsweise bei einer schweren und als unerträglich empfundenen Erkrankung. Das ist ja genau der Fall, über den in den letzten Jahren in der Medizinethik und auch in der Politik, in der Gesetzgebung diskutiert wurde. Ich persönlich bin der Auffassung, dass wir als Gesellschaft alles an Möglichkeiten dafür zur Verfügung stellen sollten, um das Unerträgliche zu verhindern: Beratungsangebote, alle Möglichkeiten palliativer Behandlung, guter Unterbringung in Palliativstationen, in Hospizen, in guter pflegerischer und ärztlicher Begleitung etc. Wenn aber ein Mensch nach reiflicher Überlegung dennoch zu dem Entschluss gekommen ist, seinem Leben ein Ende setzen zu wollen, und es nicht im Affekt erfolgt, dann hat er auch das Recht dazu.

Statistisch gesehen wurde jeder zweite Arzt in Deutschland schon um Suizidbeihilfe gebeten. Was darf der deutsche Arzt und was darf er nicht?
Die Musterberufsordnung der deutschen Ärzte der Bundesärztekammer, die aber nicht rechtlich verbindlich ist, sondern dann in Landesrecht überführt werden muss, untersagt es dem Arzt, Beihilfe zum Suizid zu leisten. Das hat sich vor wenigen Jahren durch eine Änderung der Musterberufsordnung verschärft. (Die rechtliche Situation hat sich mittlerweile geändert: Das Bundesverfassungsgericht hat den Paragrafen im Strafrecht einkassiert und auch die Musterberufsordnung wurde inzwischen geändert.)

Was ist die Musterberufsordnung?
Die Berufsordnung ist der rechtliche, der berufsrechtliche Rahmen für die ärztliche Tätigkeit.

Muster steht nur vorneweg?
Muster steht nur deswegen davor, weil es die Bundesebene betrifft. Ja, das ist das Muster für die Landesberufsordnungen und die sind dann wiederum für den Arzt verbindlich. Jetzt hat nicht jede Landesberufsordnung diesen Satz übernommen, das heißt, im Grunde gibt es unterschiedliche Verpflichtungen für die Ärzte in unterschiedlichen Bundesländern. Im Grunde halte ich es für angemessen, wenn der Arzt eine Gewissensentscheidung treffen darf. Wenn er also einen Patienten lange begleitet hat, wenn er sich ein konkretes Bild machen konnte, ob es eine freie Entscheidung ist oder nicht, wenn er alles dafür getan hat, um den Lebenswillen dieses Menschen zu stärken und zu fördern oder wieder zu wecken. Wenn er dann, nach wirklich eingehenden Gesprächen und eigener Gewissensprüfung, zu dem Schluss kommt, dass er diese Beihilfe mit seinem Gewissen vertreten kann, dann glaube ich, dass das der richtige Weg ist. Im Moment ist das in Deutschland aber schwierig. Wir haben

ja ein neues Gesetz zur geschäftsmäßig geförderten Suizidbeihilfe. In dem ist alles untersagt, was auf Wiederholung angelegt ist. Das ist jetzt ein schwieriger Begriff und darüber müssen wir lange diskutieren, aber die Suizidbeihilfe in Deutschland ist zurzeit in einer ausgesprochen schwierigen Lage. Wir haben die Entscheidung eines Obersten Gerichtes, wonach der Zugang zu todbringenden Medikamenten nicht ausnahmslos untersagt werden kann, sondern in ganz definierten Ausnahmefällen so ein Mittel auch zur Verfügung gestellt werden muss. Das wird aber derzeit vom Bundesgesundheitsministerium untersagt. Somit haben wir derzeit eine wirklich schwierige Situation in Deutschland.

Gibt es ein europäisches Land, wo wir uns da etwas abgucken könnten?
Mir ist keine Regulierung bekannt, von der ich sagen würde, die kann man einfach so übernehmen. Das liegt aber auch daran, dass es ganz unterschiedliche Traditionen gibt. Auch hier sind wieder diese gesellschaftlichen Kontextualisierungen so wichtig. Ich halte zum Beispiel die Regelung in der Schweiz, dass es Organisationen gibt, die das anbieten, für nicht gut. Weil das ein Signal in die Gesellschaft setzt, dass ein Suizid eine völlig normale Handlung ist und dass es ein leichter Ausweg ist, um aus schwierigen Situationen rauszukommen. Wenn dann noch eine Organisation in der Schweiz sagt: Na ja, wenn man alt ist und lebensmüde, dann sollte man das machen können, auch ohne irgendeine Krankheit. Das sind dann Signale, die ich für eine Gesellschaft für sehr ungut halte. Ich würde mir eine Regelung wünschen, die der Gewissensfreiheit des Arztes Raum lässt.

Frau Woopen, Sie sind katholische Christin. Haben Sie Angst vor dem Tod?
Nein. Jetzt kann man natürlich sagen: Gut, jetzt ist sie in den Fünfzigern, ist gesund und wahrscheinlich befasst sie sich gar nicht richtig damit. Das würde ich aber so nicht stehen lassen. Der Tod war für mich von Kindheit an ein ganz intensiver Begleiter. Er ist in meinem Leben im Grunde immer präsent. Das aber eigentlich als Freund.

Wie die Wiener und die Mexikaner, die pflegen, so unterschiedlich sie auch sind, ein freundschaftliches Verhältnis zum Tod.

Das mag sein, da kenn ich mich nicht so gut aus. Für mich ist es tatsächlich eher eine Art Weitergehen in eine andere Welt, in ein anderes Leben. Vielleicht ist das ja die typisch christliche Vorstellung, dass es ein ewiges Leben gibt. Diese Zusage Gottes an mich, an jeden Menschen, der diese Zusage annehmen möchte, zu sagen, ja es gibt dich, ist die Ewigkeit in sich. Und da ändert der Tod nichts an dieser Lebensgrundlage.

> » Der Tod ist in meinem Leben ein ganz intensiver Begleiter, aber eigentlich als Freund. «

Wird man, wenn man sehr religiös ist, irgendwann wieder fast kindlich in seinem Glauben und seiner Vorstellungskraft?

Ja, so jedenfalls ist auch die Aufforderung von Jesus: „Werdet wie die Kinder." Ich glaube, dass da insofern etwas sehr Wahres dran ist, als es sich immer wieder lohnt, einen Schritt zurückzutreten, einen frischen Blick auf etwas zu werfen und mal so zu tun, als hätte man es noch nie gesehen oder als wüsste man darüber nichts. Das ist eine wunderbare gedankliche Übung, um auch einen Perspektivenwechsel hinzukriegen. Denn wir laufen durch das Leben mit so vielen Gewohnheiten und diese Wiederholungseffekte, wir haben es früher 50-mal gesehen, den Sommer und den Herbst – ach, kennt man ja schon –, nein, man kann auf alles und jedes, auch wenn man es hunderte Male getan, gesagt, gelesen, gehört hat, noch einmal so schauen, als ob es das erste Mal wäre. Und das steigert die Lebensqualität und den Lebenswert ganz erheblich.

Sie sind Optimistin?

Ja!

Frau Woopen, ich danke Ihnen für das Gespräch!

Vielen Dank an Sie!

Annette Humpe

Manchmal spüre ich, dass die verbleibende Zeitspanne doch erschreckend kurz geworden ist.

Das Gespräch mit Annette Humpe habe ich im Hauptstadtstudio der ARD in Berlin aufgezeichnet. Sie betrat den Raum, eine Mischung aus Unsicherheit und Selbstvertrauen. Der Vater katholisch, die Mutter protestantisch – sie irgendwo in der Mitte. Zwischen Lebenslust und Disziplin. Sie spricht leise, man kann sie aber nicht überhören. Sie meidet nahezu jeden öffentlichen Auftritt, man kann sie aber nicht übersehen. Sie sucht die Anerkennung – wie jede Künstlerin – und hat dennoch die Bühne verlassen, ganz selbstverständlich. Ihre Karriere umspannt mehr als drei Jahrzehnte, aber die von ihr produzierte Musik wirkt jung und frisch. Seitdem sie Mitte der 70er-Jahre nach Berlin kam, ist sie einen weiten Weg gegangen, ohne Berlin je wieder zu verlassen. Annette Humpe ist eine Klasse für sich; keine andere deutsche Musikproduzentin hat so eine beeindruckende Spur hinterlassen wie sie. „Oh doch", widersprach mir ein junger Kölner Musiker, dem ich diesen Text vorgelesen habe: „Conny Plank!" Er wusste nicht, dass dieser Conny ein Mann war. Es sei ihm verziehen – Conny und Annette spielen nämlich in jedem Fall in derselben Liga. Und deshalb bin ich stolz und verdammt glücklich, dass sie, als elfte Frau, im Buch ist.

**Meine Damen und Herren, ich freue mich sehr, denn heute ist ein beson-
derer Gast meiner Einladung zu Meyer-Burckhardts Frauengeschichten
gefolgt: Annette Humpe. Herzlich willkommen!**
Hallo, guten Tag!

**Wir nehmen das Gespräch in Berlin auf, die Sonne scheint, es ist immer
noch das Berlin, in das Sie vor vielen Jahrzehnten aus Herdecke gekommen sind. Können Sie immer noch die Welt umarmen, wenn Sie durch ein
sonniges Berlin gehen?**
Die Welt kann ich noch umarmen, aber es ist natürlich überhaupt nicht mehr
das Berlin, das ich 1974 vorgefunden habe – da war die Mauer und es war eine
kuschelige Stadt.

Insel!
Insel, ja, das war wunderschön. Ich hab' mich sicher gefühlt und dachte, das ist
der beste Ort der Welt – war es auch.

**Und inzwischen haben Sie Gewöhnungsschwierigkeiten mit dem Berlin,
wie es sich heute präsentiert?**
Nein, es hat ja auch Vorteile: Diese ganzen Seen und dass man überall hin-
fahren kann. Früher stand man ja alle drei Kilometer vor der Mauer, aber das
war irgendwie auch etwas Besonderes. Jetzt ist es einfach nur eine schöne, tolle
Großstadt.

**Sie sind nach Berlin gegangen, weil Berlin am weitesten entfernt war von
Herdecke, dem Ort, in dem Sie aufgewachsen sind. Wie darf ich mir die
Kindheit vorstellen in Herdecke? Ihre Eltern haben ein Café und eine Kon-
ditorei betrieben.**
Es war – ich sag' das jetzt mal salopp – mit sehr viel Kinderarbeit verbunden.
Wir mussten am Wochenende zum Beispiel an die fünf Kilo Pflaumen für die
Pflaumenkuchen vorbereiten oder sechs Kilo Erdbeeren für Erdbeertorten. Wir

237

mussten unheimlich viel mit anpacken. Das habe ich als Kind nicht immer nur gerne gemacht, aber im Nachhinein, als Erwachsene, denke ich, es war sehr gut. Ich hab' die wichtigsten Sachen in der Konditorei meiner Eltern gelernt.

Wenn Sie heute in Berlin in eine Konditorei gehen, gehen Sie da auch als kompetente Tochter eines Konditormeisters rein und Ihnen fallen Dinge auf, die wir vielleicht nicht sehen, ist das so?
Auf jeden Fall! Ich bin ein Apfeltortenexperte, das konnte mein Vater besonders gut, und ich sehe, ob der Boden Mürbeteig ist und ob der knackt, wenn man reinbeißt, das kann ich schon beurteilen. Und wenn mir das gefällt, dann bestell' ich mir Apfeltorte. Und es muss mit Sahne sein! Es gibt tolle Konditoreien in Berlin, ich könnte täglich Torte essen!

> **» Ich bin ein Apfeltortenexperte,**
> **das konnte mein Vater besonders gut. «**

Ihre Schwester Inga Humpe hat gesagt, Ihr Vater war ein moderner Mann, und sie hat es untermauert mit dem Beispiel, dass er abgewaschen und gekocht hat. Er hat auf eine traditionelle Rollenverteilung keinen Wert gelegt.
Das stimmt, aber das war vielleicht auch nicht nur freiwillig. Erst mal bringt der Beruf es mit sich, dass man auch viel abwäscht. Aber kochen konnte er auch. Und in unserem Haushalt lebten meine Großmutter, der alles gehörte, meine Mutter, meine Schwester und ich. Also vier Frauen und ein Mann.

Beide Eltern, obwohl sie Konditoren, Bäckermeister, also Handwerker waren, waren musikalisch. Das ist doch ungewöhnlich, denn es ist ein harter Beruf, bleibt da noch Zeit für Musik?
Also meine Mutter war im Krieg Organistin in der Kirche, sie konnte aber nur vom Blatt spielen. Sie konnte „Ein Männlein steht im Walde" nicht ohne Noten spielen. Mein Vater hatte so eine Posaunenflöte, war sehr musikalisch und konnte alles damit spielen.

Sie haben gesagt, es handelte sich um ein sehr protestantisches Eltern-haus. Ich habe den Eindruck, da schwankt etwas Bedauern und Kritik mit. Irre ich?

Nein, es ist so, wie es ist. Meine Mutter war im Presbyterium, mein Vater war katholisch und deswegen konnte ich beide Seiten sehen. Natürlich war die katholische Seite meines Vaters wesentlich lustiger, sie haben ordentlich gefeiert und auch gerne getrunken. Die Protestanten in meiner Familie waren eher die Spaßbremsen. Da gab es mehr so dumme Sprüche wie „Der frühe Vogel fängt den Wurm" und …

„Schuster, bleib bei deinen Leisten."

Ja, so ein Zeug. Und ich hing irgendwie dazwischen, denn es war ja auch was dran. Aber sie waren halt enorme Spaßbremsen.

Sie haben vor vier Jahren in einem Interview in der „Zeit" gesagt: „Der Protestantismus hat mir alles kaputt gemacht. Aber hat mich auch vor viel Scheiß bewahrt."

Ja, in der Tat.

Was hat er kaputt gemacht?

Ich bin durch meine Mutter sehr moralisch erzogen worden: Dies macht man nicht, jenes macht man nicht. In der Popmusik lebt man auch davon, dass man über Grenzen geht und dass einem das egal ist. Ich hatte aber immer im Kopf, ich muss mich so anziehen und so texten, dass sich meine Mutter bloß nicht schämt. Ich habe mal ein Interview von Karlheinz Stockhausen gelesen, der war mit zwölf Jahren Vollwaise, und er hat gesagt, er hätte sich niemals getraut, diese Art von Musik, die anfangs auf so viel Widerstand gestoßen ist, zu machen, wenn seine Eltern noch gelebt hätten. Und ich hätte mich vielleicht auch noch viel wilder aufgeführt, wäre weitergegangen in meinen Aussagen und wäre weitergegangen in den Sachen, die ich getragen hätte. Ich war immer irgendwie vorsichtig, damit ich meine Eltern nicht verletze.

War die Konditorei in Herdecke im übertragenen Sinne für Sie auch eine Wärmestube?

Ja, aber es war auch ein taffes Zuhause, weil wir mit anfassen mussten. Es gab uns Sicherheit und wir haben den Umgang mit Geld gelernt. Wenn mein Vater eine neue Eismaschine gekauft hat, weil die alte kaputt war, bekamen wir in dem Jahr natürlich keine neuen Klamotten und mussten die Sachen von meiner Cousine auftragen. Das war völlig normal und sie haben uns eingebläut: Niemals auf Pump kaufen, nur das Geld ausgeben, was wir haben.

In einem der wenigen Interviews, die Sie gegeben haben und sich über private Dinge geäußert haben, erwähnten Sie, dass es eine Situation gab, wie Sie als kleiner Hosenmatz in einem Gitterbettchen gestanden und gebrüllt haben, aber es kam keiner, weil die Eltern natürlich sieben Tage die Woche hart gearbeitet haben. Gibt es – verzeihen Sie diese private Frage – heute noch Momente, in denen Sie das nachempfinden können?

Ja, natürlich.

Welche Momente sind das?

Erst einmal muss ich sagen, ich habe einige Therapien gemacht und es gab Übungen, wo ich eine Art Rückführung gemacht habe oder wo ich Situationen hatte, in denen ich dieses Gefühl wieder hochkommen ließ. Es war gut, das mal zu sehen. Und daran liegt es wohl, dass ich nie Lust hatte zu heiraten oder nicht so bindungsfreudig war. Als kleines Kind schon, aber wenn keiner kommt, denkt man: Na ja, ich brauch auch keinen, ist schon okay, ich kann mich auch selbst bespaßen.

Haben Ihre Eltern Sie ins Bett gebracht? Gab es so etwas wie Kinderlieder oder Lieder zur Nacht?

Wir hatten so eine Grundig-Musiktruhe und ich bekam zu Geburtstagen und Weihnachten kleine Schallplatten …

Singles!

Singles, ganz genau. Ich hatte eine Kollektion an Märchen – von Rotkäppchen bis Rapunzel –, die wurden abends noch mal gehört. Ich hatte die schönsten Kinderchöre der Welt, die sangen dann alles. Meine Mutter war viel zu überarbeitet, um mir was vorzusingen.

> **» Ich hatte die schönsten Kinderchöre der Welt, die sangen dann alles. «**

Jetzt stell ich mir vor, ein Kind wird in Herdecke groß, wächst dort zum Teenager heran und irgendwann kommt doch dieser Moment, wo man sich fragt: Wofür interessiere ich mich? Was mache ich beruflich? Wohin möchte ich mich entwickeln? Erinnern Sie sich an einen Moment, in dem Sie sich diese grundsätzlichen Fragen gestellt haben? Wo Sie gesagt haben: Ich möchte mit Musik beruflich etwas zu tun haben.

Ja, das hab' ich dauernd gedacht. Ich habe am Radio gehangen und es war so, dass ich durch die Musik, erst mal die der Beatles – ich war bestimmt der größte Beatlesfan in ganz Herdecke –, gesehen habe, da draußen gibt's noch eine andere Welt als die meiner Eltern und was die Leute mir hier in Herdecke erzählen. Ich hörte das doch in der Musik, dass es noch ein anderes Leben gab. Da waren Sängerinnen, Sandie Shaw zum Beispiel, und viele andere, die Männer im Hintergrund hatten, die die Songs für sie schrieben und die sagten, wie sie singen sollen und so weiter. Also gab es wenig Vorbilder und wenn, waren es halt Männer. Ich habe mir so sehr gewünscht, in einer Band zu spielen und vielleicht sogar am Klavier zu sitzen und selbst die Stücke zu schreiben. Klavier spielen konnte ich. Ich habe mich aber nicht getraut, zu sagen, was ich mir wünschte, weil ich wusste, wie meine Eltern reagieren: Ja geht's noch? Spinnst du denn?

Nur Flausen im Kopf!

Ganz genau – du kannst doch Musiklehrerin werden.

Was Sicheres!

Ja.

**Sie haben vielleicht völlig unbewusst Sandie Shaw als Beispiel herange-
zogen, aber deren größter Hit war „Puppet on a String", also eine Puppe
an Fäden, eine Marionette. Wenn ich Sie als Person, liebe Annette Humpe,
keineswegs mit irgendetwas assoziiere, dann wohl damit. Gab es Momente, bei aller Schwierigkeit in diesem Elternhaus, in denen Sie auch Wärme
spürten, Momente, in denen Sie sich Ihrer inneren Stärke und Unabhän-
gigkeit bewusst waren, einen solchen Weg, über den wir später noch sprechen werden, zu gehen? Gab es so ein Stärkeerlebnis?**

Na ja, es gab solche Erlebnisse. Meine Schwester und ich hatten ja praktisch
unsere erste Band. Meine Schwester an der Gitarre, ich am Klavier und dann
zweistimmig gesungen. Wir mussten dann an Geburtstagen, mein Vater hatte
neun Geschwister und die Katholiken feierten ja wild, für das Musikprogramm
sorgen. Wir wussten natürlich, wie wir es anzustellen hatten, damit die Familie
Glanz in den Augen hatte. Und wir wurden sehr liebevoll angeschaut, wenn wir
sangen.

Das Repertoire war damals?

Das Repertoire 1963 war „Marina", „Blueberry Hill" und „Schuld war nur der
Bossa Nova".

**Sie sahen die Beatles als Ihre Lehrmeister. Was haben Sie von den Beatles
gelernt in diesem ganz frühen Stadium?**

Ich habe alles nachgespielt, von „Please please me" bis zum weißen Album.
Ich habe mit vielen Leuten gearbeitet, mit vielen jungen Künstlern. Die spielen
heute alle nicht mehr nach. Ich weiß, was ein guter Chorus ist, wie der Chorus
aufmacht, warum ich mich nicht langweile bei einem Stück, wie eine Strophe
aufgebaut ist, wie ein Intro gemacht wird. Ich habe ja 1.000 Intros gehört, ich
weiß, was ein gutes Riff ist, das habe ich alles durch Nachahmen gelernt.

» Wir wussten natürlich, wie wir es anzustellen hatten, damit die Familie Glanz in den Augen hatte. «

Jeder Gast bringt drei Songs mit. Ihr erster Song ist „Strawberry Fields Forever" von den Beatles. Warum gerade der Song?

Weil er so anders war für mich damals. Er hatte diese Song-Spielregeln nicht – Strophe, Refrain und alle singen mit, sondern der hatte ein Geheimnis, wahrscheinlich geht es da ja auch ein bisschen um Drogen.

Wahrscheinlich.

Das wusste ich natürlich damals noch nicht, ich hab' das alles wörtlich genommen und ich dachte: Ja, da wird der John Lennon in der Natur durch die Erdbeerfelder gegangen sein, und es war so schön und es war so anders, dass es mich absolut im Bann hielt.

[Lied wird gespielt]

Was gingen Ihnen bei dem Lied noch für Gedanken durch den Kopf und welche Gefühle durch die Seele?

Ich möchte von einem Erlebnis erzählen: Ich habe Paul McCartney gesehen, als er in der Waldbühne war, so ungefähr vor einem Jahr, und alte Beatlesstücke gespielt hat. Ich konnte nicht aufhören zu weinen während des Konzerts – ich könnte auch jetzt schon wieder losheulen, wenn ich mich nur daran erinnere. Da kam so ein Lebensgefühl hoch, wie das damals war, so mit 16, dass wir dachten, die Welt verändert sich und es gibt den Weltfrieden. Wir waren so sicher, dass die nächste Generation es besser machen wird, dass es keine Kriege mehr geben wird und dass man sich an die Hand nimmt – sehr naiv, aber so habe ich es damals gefühlt und geglaubt, und alle meine Freunde ebenso … und heute: Es kommt mir alles schlimmer vor denn je.

243

Der einzige alternative Berufswunsch zur Musikerin, den ich gefunden habe – das haben Sie erwähnt, verschiedentlich –, war der Beruf der Psychologin. Und das Wesen der Psychologie ist ja, dass ich beobachte und analysiere, aber mich nicht mit dem Gegenüber identifiziere. Haben Sie je bedauert, diesen Beruf nicht ergriffen zu haben? Hilft Ihnen die Beschäftigung mit der Psychologie?

Ja, das hilft mir. Erst mal war ich sehr therapiefreudig und fand das für mich interessant. Nicht nur, weil der Leidensdruck so groß war, sondern weil ich das alles wissen wollte und viel gelesen habe. Außerdem hat es mir beim Songwriting geholfen. Als Produzentin war es hilfreich, zu wissen, wie man mit Künstlern umgeht, und das ist alles in allem eine feine Sache.

> **» Wir dachten, die Welt verändert sich und es gibt den Weltfrieden. «**

Ihr beruflicher Weg ist, was immer oder was Sie fast immer gemacht haben, von Erfolg gekrönt. Gleichzeitig erwähnen Sie Conny Plank, der gesagt hat: „Wenn ich etwas mache, geht es mir nicht um den zu erwartenden kommerziellen Erfolg." Sind Sie immer so an Ihre Arbeit herangegangen?

Ja, erst mal ist es eine Illusion, dass man den Erfolg am Reißbrett planen kann. Das gelingt nicht mal Dieter Bohlen.

Doris Dörrie, die Regisseurin, war vor einiger Zeit zu Gast bei Meyer-Burckhardts Frauengeschichten. Sie hat gesagt, dass sie in Amerika erkannt hat, dass man Drehbuchschreiben lernen kann. Drehbuchschreiben ist ein Handwerk. Das Geniale kommt dann unter Umständen dazu oder auch nicht. Ist Songschreiben, Frau Humpe, auch ein Handwerk, das man erlernen kann?

Ich finde fifty-fifty. Ich muss erst eine Idee haben, was ich überhaupt erzählen möchte, und ich muss eine Headline haben. Die fliegt mir zu, die wird mir geschick oder nicht. Und was nützt mir denn das Handwerk, wenn ich keine Idee habe? Das ist so, als wenn der Konditormeister das Handwerk beherrscht, aber die Zutaten für den Kuchen nicht hat. Also nur Handwerk allein geht gar nicht.

Fliegt eine Idee Sie an?
Ja, die kommt. Wenn ich meine Schleusen öffne und mitten im Schreibprozess bin, dann nehme ich alles wunderbar auf und überall könnte eine Inspiration lauern, und dann werde ich belohnt.

Sie sind ein Mensch, bei dem der Erfolg zwar kontinuierlich ist, aber die Partner, mit denen Sie arbeiten, die Bands, in denen Sie gespielt haben, das hat eine gewisse Halbwertzeit. Sie erinnern mich da ein bisschen an Alexis Korner, den großen Bluesmusiker, oder John Mayall, der auch immer wieder mit neuen Musikern arbeitete, oder Klaus Doldinger, der sagt, es war die Band „Passport", und „Passport" besteht immer wieder aus neuen Musikern. Wir alle erinnern uns natürlich an „Ideal". „Ideal" war eine Band, die eine Vorläuferband hatte, die „Neonbabies", und „Ideal" war stilprägend. Zunächst die ganz persönliche Frage: Was ist der Song für Sie, an den Sie sich am liebsten erinnern, wo Sie sagen, der ist für mich das Extrakt der „Ideal"-Zeit? Welcher Song ist Ihnen heute noch am nächsten?
Das sind drei Lieder: „Blaue Augen", „Ich steh auf Berlin" und „Komm, wir lassen uns erschießen".

Warum die drei?
„Komm, wir lassen uns erschießen" zum Beispiel ist für mich ein Berlingefühl, weil ich dachte, wenn man sich umbringen möchte, kann man das ganz einfach haben: Man stellt sich an irgendeine wichtige Stelle auf die Mauer und wenn man Glück hat, wird man vom Westen und vom Osten erschossen.

Anfangs interessierte sich keine Plattenfirma für „Ideal". Es war aber die Zeit, in der man Plattenfirmen brauchte, wo man einen Deal brauchte, wo

man „gesigned" sein musste, um überhaupt wahrgenommen zu werden. **Und dann war da der Klaus Schulze, der große deutsche Elektroniker unter den Musikern, der ein eigenes Label hatte. Und Klaus Schulze hat Sie unter Vertrag genommen unter dem Label IC. Sie kamen nicht nur in die Top Ten, Sie kamen bis zu welchem Platz – erinnern Sie sich noch?**

Ja, ich glaube, das Album war auf Platz 1. Und als das zweite rauskam, waren dann sogar zwei Platten von uns in den Charts. Ich habe das damals nicht genossen. Es hat mir nicht so viel bedeutet, das ging mir zu schnell und ich wusste ja eben aus meiner protestantischen Erziehung, dass das nur Äußerlichkeiten sind, auf die man sich nicht verlassen darf.

Aber es ist ohnehin ein Missverständnis. Ich glaube, wir haben die Neue Deutsche Welle – und ich nehme mich persönlich da auch nicht aus – als große Funwelle rezipiert, als Spaß. In Interviews deuten Sie immer wieder an: „Nee, mir war das gar nicht so heiter, ich war kein Teil dieser Spaßgesellschaft, ich hab' das, wenn man so will, ernst gemeint." Gebe ich Sie da richtig wieder?

Ja, also Ironie ist mir völlig fremd. Deine Rede sei: ja ja nein nein und so ist es.

Sie haben als Sängerin bei „Ideal" auch gemerkt, dass Sie keine Frau sind, die auf der Bühne stehen will. Sie haben hier in Berlin vor ich weiß nicht wie vielen Zuschauern als Vorband für Barclay James Harvest gesungen. Barclay James Harvest war damals, zumindest in Europa, ein Top Act. Und Sie standen auf der Bühne, haben sich die Matrosenmütze tief ins Gesicht gezogen und haben gesagt, hier will ich eigentlich gar nicht sein. Haben Sie sehr unter Lampenfieber gelitten?

Ja, das ist nicht nur Lampenfieber. Ich habe eigene Kriterien, wie ein weiblicher Popstar sein müsste, damit ich ihn gut finde. Sie müsste eine Stimme haben wie vielleicht Beth Dito oder Amy Winehouse. Und dann muss sie auch eine Bühnenshow machen können, das heißt, sie muss sich exponieren, sie muss schamlos sein auf der Bühne. Also jetzt nicht im moralischen Sinne schamlos, sondern sie muss das ausfüllen. Das aber fiel mir schwer. Erst mal habe ich die Stimme nicht und als protestantisches Mädchen traue ich mich eben nicht, mich auch mal derber aufzuführen auf der Bühne.

Ich habe Sie vor einigen Jahren mal auf der Bühne gesehen, gemeinsam mit Ihrer Schwester, Sie traten als Duo unter dem Namen Humpe & Humpe auf. Ich hatte, anders als Sie es gerade beschrieben haben, das Gefühl: Da performen gerade zwei ausgezeichnete Musikerinnen, die gerne auf der Bühne sind, die richtig viel Spaß zusammen haben.
Ja, das war mit meiner Schwester auch so, aber es ist jetzt nicht etwas, das ich immer machen würde. Es ist auch das Mindeste, professionell zu sein, wenn ich auf der Bühne stehe, und den Leuten nicht zu zeigen, dass ich eigentlich schüchtern bin.

Der zweite Song, den Sie mitgebracht haben, ist von XTC, „Making Plans for Nigel". Das ist ja in etwa die Zeit, in der auch „Ideal" existierte. War XTC damals für Sie eine kreative Quelle?
Ja, ich kann mich dran erinnern, wie ich das Stück zum ersten Mal gehört habe, wie elektrisiert ich war und wie alle auf die Tanzfläche gerannt sind. Es war für mich ein neuer Sound. Eine Art und Weise, wie sie Gitarre spielten, wie sie sangen und auch der Titel: Wir machen nur Pläne für Nigel.

Ja, das ist doch toll, also ein Lied für Annette Humpe: „Making Plans for Nigel".

[L i e d   w i r d   g e s p i e l t]

Songwriting lenkt ab vom Leben und manchmal auch von Problemen, haben Sie mal gesagt, dass es eine Art Therapie ist, Songs zu schreiben. Sie sind Mutter. Ihr Sohn Anton ist vor wie vielen Jahren verunglückt?
Ist schon ewig her, er war neun.

Es stand nicht gut um ihn, es war sehr ernst. Wie geht's ihm heute? Ich frage das überhaupt nur, liebe Annette Humpe, weil sie 2005 in der „Zeit", in der Rubrik „Ich habe einen Traum", gesagt haben: „Ich träume davon, dass mein Sohn wieder richtig leben kann, wieder richtig Brot schneiden kann, dass er auf eigenen Füßen stehen kann." Das war 2005 keineswegs sicher, deswegen: Wie geht's ihm?

Es geht ihm gut! Er hat natürlich immer noch diese Ataxie und ich hoffe, dass irgendwann noch mal etwas dagegen erfunden wird.

War Annette Humpe, die die Tochter einer protestantischen Mutter ist, der vielleicht das Mütterliche nicht so in die Wiege gelegt wurde, eine sehr warmherzige Mutter, als der Junge klein war?

Als er klein war, bestimmt, aber das müssten Sie jetzt meinen Sohn fragen. Also mein Sohn nörgelt schon, dass ich ihn zu wenig gelobt habe. Das würde ich heute auch anders machen, weil ich irgendwie immer optimiert habe. Wenn er was Schönes gemalt hatte, hab' ich gesagt: Ja, ist ganz schön, aber weißt du, du hättest da vorne noch oder hier oder da noch … Er hat zum Beispiel ein Lied geschrieben und ich habe ihn dann behandelt wie einen Profi und gesagt: Hmm, aber der Chorus ist nicht schön, … guck mal, der stimmt doch gar nicht, der Satz, den du da schreibst … Anstatt einfach mal zu sagen: Wie süß ist das denn, dass du ein Lied schreibst? Das tut mir heute wirklich sehr leid!

Fällt Ihnen Loben heute generell leichter?

Ja, es fällt mir jetzt leichter, weil ich mir das bewusst gemacht habe. Es wird generell viel zu wenig gelobt. Immer wird genörgelt, verbessert und optimiert, anstatt mal zu sagen: Ist doch prima.

1992 hätten Sie nach Japan gehen können, da gab es ein sehr attraktives Angebot, für einen dort sehr erfolgreichen Sänger zu arbeiten. Sie haben darauf verzichtet, für Ihren Sohn, für Anton. Ist Ihnen das schwergefallen? War das eher eine Pflichtentscheidung oder kam sie aus dem Herzen?

Ich bin es gewohnt, immer die Vor- und Nachteile zu sehen, und ich hab' dann gedacht: Na ja, es ist spannend, aber auch wahnsinnig anstrengend, denn zum Beispiel können dort nicht alle Englisch. Ich hätte den Anton in irgendeinen japanischen Kindergarten geben müssen, wo er nichts verstanden hätte. Ich weiß nicht, im Nachhinein, wenn ich Anton das erzähle, sagt er: Hättest du das doch gemacht, das wäre toll gewesen! So sieht's aus.

Lassen Sie uns noch einmal über Geld sprechen. Sie rekurrieren immer wieder darauf, dass Sie unabhängig sind, Sie haben vor der Sendung noch kurz berichtet, dass Sie mal versucht haben, Berlin zu verlassen. Sie waren in London, sind dann nach Hamburg zurück, haben dort in der Hochallee gewohnt, auf eigenem Grund. Sie können in der Tat stolz auf sich sein. Sie sagen aber gleichzeitig, Geld ist für Sie „gefrorene Energie". Was meinen Sie mit diesem Begriff?
Na ja, alles ist eine Frage von Energie und wenn ich jetzt mal sage, ich will ein Jahr nur reisen, dann ist es doch schön, dass ich finanzielle Energie eingefroren habe, die ich jetzt nur auftaue, damit ich schön durch die Welt reisen kann.

> **» Es wird generell viel zu wenig gelobt.
> Immer wird genörgelt, verbessert und optimiert,
> anstatt mal zu sagen: Ist doch prima. «**

Jetzt verstehe ich das Bild. Bernd Eichinger, der leider viel zu früh verstorbene Film- und Fernsehproduzent, hat gesagt, für ihn sei Geld Benzin. Ohne Benzin läuft das Auto nicht und für ihn ist es Mittel zum Zweck.
Genau, Benzin ist auch Energie.

Sie haben mal berichtet, dass damals in den Siebzigern und Achtzigern ein Studio am Tag 3.000 DM kostete, und das hat die Künstler auch in die Abhängigkeit der Plattenfirmen gebracht, denn die haben dann 100.000 DM vorgestreckt, um vernünftige Tonträger zu produzieren. Wie

beschreiben Sie die Situation der Künstler, der Musiker heute? Auf der einen Seite ist dieser Kapitalbedarf nicht mehr da, auf der anderen Seite haben die Plattenfirmen aber doch auch dafür gesorgt, dass ein Künstler wahrgenommen wurde. Würden Sie sagen, für Musiker, für ernst zu nehmende Bands ist es heute einfacher, sich eine Fanbase, eine Gemeinde zu erspielen, als vor 20 Jahren?

Das ist eine schwierige Frage, woran soll ich das festmachen? Nach wie vor würde ich einer Band immer noch raten, live zu spielen und sich das Publikum zu erspielen. Erst mal in der Stadt anfangen, dass sie Heroes, Local Heroes werden und dann nach und nach ins Radio kommen. Da hat sich im Vergleich zu früher nicht viel geändert.

Früher und heute – wir reden nachher noch ein bisschen über vergehende Zeit. Es ist gut, dass bei Meyer-Burckhardts Frauengeschichten immer ein Rod-Stewart-Song gespielt wird. Heute ein Song, den der eine oder andere noch von der Band „Badfinger" kennt. Er ist also nicht ein Song, den Rod Stewart selbst geschrieben hat: „Day after Day".

[Lied wird gespielt]

Vermissen Sie Rio Reiser?
Ja, sehr.

Der jetzt wahrscheinlich, schätze ich, Mitte 70 …
Nein, der ist genauso alt wie ich.

Dann wäre er 50.
Haha, charming.

Rio Reiser war ein Freund. Man muss für den einen oder anderen, der jetzt nicht so drin ist in der Musikgeschichte, sagen: Das war der Kopf von „Ton,

Steine, Scherben". Was war für Sie das Besondere an ihm?

Als ich die Stimme das erste Mal gehört habe, war ich geplättet. Das ist wirklich eine internationale Röhre, die er hat. Er hatte eine Wahnsinnsstimme wie sonst nur Eric Burdon. Außerdem hatte er ein unglaubliches Talent für Songwriting und das kommt sehr selten zusammen: Stimme und die Fähigkeit, Songs zu schreiben.

Ihr Lieblingssong von Rio Reiser war, glaube ich, unter anderem, „Bye bye Junimond".

Ja, ich habe viele Lieblingssongs von Rio.

Warum gibt es heute keine Politbands mehr, keine Bands mit großer politischer Aussage?

Ich glaube, das liegt daran, dass es heute so komplex und schwer geworden ist, politische Songs zu schreiben. Früher war das etwas einfacher, als die Begriffe links und rechts noch gefüllt werden konnten und man wusste, wo der Feind stand. Ich würde sofort eine Band unterstützen, die heutzutage richtig politische Songs schreibt.

Sie möchten mit dem, ich zitiere, „alten Sack Lieder machen über Zeit, die vergeht, über Leben, über den Tod." Eines ihrer vielen erfolgreichen Projekte ist „Ich + Ich" mit Adel Tawil, da singt ja ein junger Mann Ihre Texte. Ist das nicht schon etwas, wo Sie das realisieren können, nämlich Lieder über das Vergehen von Zeit?

Ja, aber das ist noch mal etwas anderes. Adel ist zu jung – und außerdem nach drei Alben, maximal vier, wechsle ich auch, weil dann die Routine kommt. Und Routine will ich nicht.

Wie erleben Sie das Vergehen von Zeit?

Indem ich manchmal spüre, dass die verbleibende Zeitspanne doch erschreckend kurz geworden ist. Ich habe vielleicht noch 20 Jahre. Mein Sohn ist länger auf der Welt und ich denke, das war doch gestern erst, als ich ihn bekommen habe. Dadurch wird mir die Zeit kostbarer und deswegen überlege ich mir ganz genau, womit ich meine Zeit verbringe.

> **» Manchmal spüre ich, dass die verbleibende Zeitspanne doch erschreckend kurz geworden ist. «**

Die aus meiner Sicht großartige Sängerin Petula Clark, die vor Kurzem 80 geworden ist, hat in einem Interview gesagt: „Ich habe noch Interesse an allem, solange es mir Spaß macht." Können Sie am Älterwerden etwas erkennen, wo Sie sagen, das ist positiv?
Ja, ich bin beispielsweise wesentlich entspannter als früher. Ich muss nichts beweisen. Ich stand früher immer ganz stark unter Druck, wenn ich irgendwas gut gemacht oder ein Song Erfolg hatte. Ich dachte dann: Ja, jetzt muss ich aber auch zeigen, dass ich das öfter kann, dass das nicht eine Eintagsfliege war und all so ein Zeug. Das habe ich jetzt alles nicht mehr.

Sind Sie mit den Jahren auch etwas intoleranter geworden? Ich frage das vor dem Hintergrund, weil Sie sehr klar sagen: „Ich möchte mit Fernsehen nichts zu tun haben, ich möchte in keiner Panelshow sitzen. Ich gucke auch kein Fernsehen, wir sind damals auch ohne ein Fernsehgerät in Herdecke aufgewachsen." Werden Sie dem Medium Fernsehen gerecht, wenn Sie pauschal sagen, das ist eigentlich nur Fremdschämen?
Das ist natürlich überspitzt formuliert. Ich gucke schon Fernsehen und ich habe in den letzten Jahren auch schon mal einen Film gesehen.

Der ging so, ja?
Genau! Nein, ich sehe gern Filme, ich gehe auch gern ins Kino. Aber diese ganzen Shows, die treffen mein Komikzentrum nicht. Ich habe sogar zweimal ins Dschungelcamp reingeguckt und kann verstehen, warum Leute das Format gucken: Es zeigt ein Polaroid unserer Gesellschaft. Manchmal gucke ich auch

Nachrichten und dann zappe ich noch mal durch und denke immer: Für wen ist das? Wer guckt das?

Würden Sie insofern Gnade walten lassen und sagen: Na ja, eine Casting-show ist dann gut, wenn der Sänger nicht für sich selbst schreibt. Also wenn er kein eigenes Repertoire hat? Ist das eine Bühne, wo Sie sagen: Okay, da-mit hat er die Gelegenheit, sich einem größeren Publikum zu präsentieren?
Jetzt muss man aber mal wirklich feststellen, dass aus diesen Castingshows nie echte Künstler hervorgegangen sind, die längerfristig schreiben oder perfor-men. Bei diesen Formaten geht es nicht um Musik, das ist Fernsehen. Das muss man auseinanderhalten. Darüber könnte ich mich aufregen!

Ich merke es, dann möchte ich Sie etwas beruhigen. Letzter und dritter Song ist von Donald Fagen, „Ruby Baby". Donald Fagen ist einer der bei-den Gründungsmitglieder von Steely Dan. Warum der Song?
Für mich ist der Song ein Beispiel von Eleganz in der Musik. Das sind zwei Musiker aus L.A. Ich kenne in Deutschland keine Band, die so groovt.

[L i e d   w i r d   g e s p i e l t]

Liebe Annette Humpe, Sie unterstützen die von Bodelschwingh'schen Stiftungen in Bethel. Sie haben dort einen Song gemacht, komponiert, entwickelt.
Nein, nicht komponiert, den hat die Band mit ihrem Sozialarbeiter getextet und komponiert. Ich habe ihn produziert.

„Taschen voll Gold" heißt er. Warum sind Sie dort in Bethel engagiert?
Ich habe eine Freundin, das kann ich hier ruhig sagen, Antje Vollmer, die dort Pastorin war, und ihr Sohn ist der Pressesprecher in Bethel. Sie haben mich gefragt, ob ich mir vorstellen kann, zur Feier „150 Jahre Bethel" – so lange gibt es das nämlich schon – etwas Musikalisches beizusteuern. Und dann hab' ich

gesagt: Ja, ich guck mir mal die Chöre und die Bands an. Dann bin ich nach Bethel gefahren, war schwer beeindruckt, wie die da arbeiten, und habe dann diese Band getroffen mit diesem reizenden Sozialarbeiter, der sehr musikalisch ist – und ich war begeistert.

Haben Sie bei diesen Musikern Qualitäten erkannt, die Sie bei Menschen ohne Behinderung noch nicht angetroffen haben?
Es ist mehr ihre Energie, die mich angeturnt hat.

Die wirkliche Freude, der Enthusiasmus.
Ja, diese unglaubliche Freude. Sie sind jetzt keine Virtuosen auf den Instrumenten und sie sind auch nicht die Übersänger, aber sie haben so schöne Ideen. Sie haben ein Lied geschrieben über die erste Liebe. Sie sind so zwischen 15 und 21 gewesen und dann schreiben sie so Sätze wie „Pass auf, dass dir mein Herz nicht runterfällt".

Schön!
Das sind Bilder, auf die käme ich gar nicht, das hat mich fasziniert. Da war der junge Mann, der sich selbst im Video sah, das Jim Rakete gemacht hatte, und sagte: „Ich hab' mich im Video gesehen, ich krieg 'ne Gänsehaut von mir selber."

Ach, wie schön!
Ja, ich habe so viel zurückbekommen, einfach an Freude und Energie. Und Eltern sind zu mir gekommen und haben gesagt, das Selbstbewusstsein ihrer Kinder hätte sich erheblich verbessert. Sie sind einfach alle top auf der Bühne, wie sie da nebeneinanderstehen, zusammen dieses Lied singen und der talentierte Sozialarbeiter spielt die Gitarre.

Liebe Annette Humpe, danke, dass Sie meine Gesprächspartnerin waren. Es war mir eine Freude und Ehre.
Ja, es hat Spaß gemacht. Vielen Dank!

Nachwort

Ein Nachwort ist ja einem Nachruf nicht unähnlich. In diesem Fall vielleicht eine Vergegenwärtigung des Vergangenen. Was nicht geht, dennoch versuchen wir es immer wieder. Was bleibt übrig von einem gelungenen Leben? Siege, Niederlagen, Triumphe, Mühe und Euphorie. Die ganze Bandbreite. Ein Leben in Sicherheit ist nicht das, was mich interessiert hat. Ich war ins Machen verliebt, nicht ins Beurteilen. Deshalb bin ich Produzent geworden und nicht Journalist. Vielleicht habe ich deshalb die in diesem Buch versammelten Frauen als Schwestern im Geiste empfunden. Sie alle haben sich durchgekämpft. Nicht, bis sie erfolgreich waren. Bis sie sie selbst waren! Und deshalb erinnere ich mich so gerne an diese Gespräche, an diesen Austausch. Ich habe es jedes Mal als intensiv, amüsant und sehr berührend empfunden. Wunderbar waren in allen Gesprächen die Momente, in denen die Musik spielte, die die Gäste mitgebracht haben. Jede Frauengeschichte hat einen Soundtrack, bestehend aus drei Songs. Das ist Tradition bei „Meyer-Burckhardts Frauengeschichten". Und dann ist manchmal ein sehr persönliches und privates Wort gefallen, weil Musik eben Erinnerungen auslöst. Ich werde Ihnen nicht verraten, was gesagt wurde. Aber vielleicht spüren Sie's, liebe Leserin, lieber Leser. Das Ungesagte ist oft aussagekräftiger als das Gesagte. Und das Hinhören noch etwas wichtiger als das Zuhören.

Bleiben Sie gesund und heiter und halten Sie es mit Rainer Maria Rilke: „Du musst das Leben nicht verstehen, dann wird es werden wie ein Fest."

Hamburg, im Januar 2022
Hubertus Meyer-Burckhardt

Weitere Gesprächspartnerinnen finden Sie unter:
https://www.ndr.de/nachrichten/info/podcast3000.html#items

IMPRESSUM

© 2022 GRÄFE UND
UNZER VERLAG GmbH,
Postfach 860366, 81630 München

EDITION

Gräfe und Unzer ist eine eingetragene Marke
der GRÄFE UND UNZER VERLAG GmbH,
www.gu.de

ISBN 978-3-8338-8230-2
1. Auflage 2022

Lizenziert durch Studio Hamburg
Enterprises GmbH

Projektleitung: Simone Kohl
Lektorat: Thomas Schmitz, Martin Kulik
Covergestaltung und Layout: ki36 Editorial
Design, Sabine Krohberger, München
Foto Cover und Außenklappe: Stephan Pick
llustrationen: Jessine Hein, die Illustratoren
Herstellung: Markus Plötz
Satz: Björn Fremgen, KONTRASTE
Reproduktion: Repro Ludwig, Zell am See
Druck und Bindung: Livonia, Riga

Umwelthinweis:

Dieses Buch ist auf PEFC-zertifiziertem
Papier gedruckt. PEFC garantiert, dass
Holz- und Papierprodukte aus nachhaltig
bewirtschafteten Wäldern stammen.

Wichtiger Hinweis:

Die Informationen in diesem Buch stellen
die Erfahrungen und die Meinung der
Autorinnen dar. Sie wurden von ihnen
nach bestem Wissen erstellt und mit
größtmöglicher Sorgfalt geprüft. Sie bieten
jedoch keinen Ersatz für persönlichen
kompetenten medizinischen Rat. Weder
die Autorinnen noch der Verlag können
für eventuelle Nachteile oder Schäden, die
aus den im Buch gegebenen praktischen
Hinweisen resultieren, eine Haftung
übernehmen.

Die GU-Homepage finden Sie unter
www.gu.de

GRÄFE
UND
UNZER

Ein Unternehmen der
GANSKE VERLAGSGRUPPE